GOLDMANN
Lesen erleben

Buch

Mendelsche Regeln? Prozentrechnen? Die Gründung Roms? Wie war das noch …? Mit diesem Buch können Sie nützliches Schulwissen auf unterhaltsame und leicht verständliche Weise auffrischen und damit die eine oder andere Lücke in der Allgemeinbildung schließen. Von Deutsch über Biologie bis hin zu Kunst und Musik erläutert P.M.-Redakteur Martin Tzschaschel kompetent und kurzweilig alles Wissenswerte. Ganz egal ob das Wissen aus Schulzeiten tief vergraben liegt oder zumindest noch in Teilen vorhanden ist – hier kann jeder noch etwas dazulernen. Was Sie allerdings garantiert nicht erwartet: Alles, was schon in der Schule langweilig war und die Ahnung hervorrief: »Das brauche ich nie wieder …«. So kann Schulstoff sogar richtig Spaß machen, und die Wissenslücken verschwinden beim Lesen fast von allein!

Autor

Martin Tzschaschel, Jahrgang 1954, wurde in Schleswig-Holstein geboren und lebt in München. Hier besuchte er die Deutsche Journalistenschule. Nach Abschluss seines Sozialpädagogik-Studiums und verschiedenen journalistischen Tätigkeiten kam er zum Wissens-Magazin P.M., wo er heute als Redakteur arbeitet.

Martin Tzschaschel

Wie war das noch?

Schulwissen, neu aufpoliert

GOLDMANN

MIX
Papier aus verantwor-
tungsvollen Quellen
FSC® C014496
www.fsc.org

Verlagsgruppe Random House FSC® N001967
Das für dieses Buch verwendete FSC®-zertifizierte Papier *Classic 95*
liefert Stora Enso, Finnland.

3. Auflage
Deutsche Originalausgabe Oktober 2011
Wilhelm Goldmann Verlag, München,
in der Verlagsgruppe Random House GmbH
Copyright © 2011 Wilhelm Goldmann Verlag, München, in der
Verlagsgruppe Random House GmbH
Umschlaggestaltung: Uno Werbeagentur, München
Umschlagillustration: FinePic®, München
Redaktion: Martin Asbach, Katharina Sporns-Schollmeyer,
Susanne Lötscher
Satz: Buch-Werkstatt GmbH, Bad Aibling
Druck und Bindung: GGP Media GmbH, Pößneck
KW – Herstellung: IH
Printed in Germany
ISBN 978-3-442-17201-6

www.goldmann-verlag.de

Inhalt

WELTLITERATUR

MATHEMATIK

PHYSIK

CHEMIE

BIOLOGIE

ERDKUNDE

GESCHICHTE

RELIGION

PHILOSOPHIE

KUNST

MUSIK

Vorwort

Schulwissen – endlich verständlich

Ist dieses Buch das richtige für Sie?

Eigentlich war es eine einfache Aufgabe, die Moderator Günther Jauch seinen Kandidaten in der beliebten Quizsendung »Wer wird Millionär?« zum Beginn der neuen Fragerunde stellte: Ordnen Sie den Begriff »Mann« in der Reihenfolge Nominativ, Genitiv, Dativ, Akkusativ. Zur Wahl standen vier Antworten: des Mannes, der Mann, den Mann, dem Mann.

Nur zwei der zehn männlichen und weiblichen Kandidaten schafften es, diese leichte Aufgabe zu lösen. Dabei haben wir das doch alle in der Schule gelernt: Wer ist das? Der Mann – Nominativ; Wessen Haus ist das? Das Haus des Mannes – Genitiv. Doch das ist lange her, und so hatten die Kandidaten der Quizsendung dieses einfache Grundwissen nicht mehr parat.

Sind solche elementaren Kenntnisse überflüssig, weil man sie im Alltag normalerweise nicht braucht? Sicher nicht. Deshalb ist dieses Buch entstanden: um verschüttetes Schulwissen wieder ans Licht zu holen.

Aber ist dieses Buch auch für Sie das richtige? Wenn Sie gerne in die Schule gegangen sind, wenn Sie wie ein Schwamm aufgesogen haben, was man Ihnen in spannenden Stunden beigebracht hat, wenn Sie dieses Wissen noch immer parat haben – dann legen Sie dieses Buch am besten gleich zur Seite. Es wird Ihnen nicht viel Neues bringen. Und das Alte, einst Gelernte, haben Sie ja noch im Kopf. Glückwunsch!

Vielleicht gehörten Sie aber zu den Schülerinnen und Schülern, die immer wieder unter langweiligem Unterricht litten, an dem sie früher oder später das Interesse verloren. Und die sich sagen: Das eine oder andere aus dieser Zeit würde ich heute doch ganz gerne wissen, aber nun ist es leider zu spät.

Nein, es ist nicht zu spät: Für alle, die sich der letztgenannten Gruppe zugehörig fühlen, wurde dieses Buch geschrieben. Es bietet nicht nur einen kleinen Ausschnitt von dem, was die Schule lehrt, sondern das Wichtigste aus 14 Fächern. Deutsch, Mathe, Englisch und die Naturwissenschaften kommen auf den folgenden Seiten ebenso vor wie Geschichte, Erdkunde, Religion und Musik. Lassen Sie sich überraschen – und entdecken Sie, dass Schulstoff, wenn er verständlich dargeboten wird, sogar Spaß machen kann. Dann schließen sich die Wissenslücken beim Lesen fast von allein.

Schulwissen kann Spaß machen

Der Autor dieses Buches hat seine Schulzeit so in Erinnerung: Nur wenige Fächer waren interessant, viele waren langweilig, manche blieben für ihn weitgehend unverständlich. Und wenn er etwas gelernt hatte, geriet es oft bald in Vergessenheit. Wäre es da nicht sinnvoller gewesen, ein Buch über Schulwissen von einem Fachmann schreiben zu lassen? Vielleicht von einem Lehrer?

Nein: Wer ein mittelmäßiger Schüler war, weiß am besten, wie die tückischen Stufen auf dem Weg zum Begreifen aussehen und wie man sie am besten überwindet. Das musste der Autor dieses Buches an manchen Stellen mühsam lernen, und nun kann er dieses Wissen so an Gleichgesinnte weitergeben, dass sie es garantiert verstehen. Der Fachmann dagegen erkennt die Stufen oft gar nicht als solche – er überspringt sie und lässt die Unwissenden ratlos zurück.

Als langjähriger Wissenschaftsjournalist weiß der Verfasser dieser Seiten, wie man auch schwierige Sachverhalte verständlich und unterhaltsam darstellt. Fachleute haben ihn dennoch unterstützt: indem sie die verschiedenen Texte kritisch gelesen und bei Bedarf korrigiert haben. Dafür dankt ihnen der Autor.

Für den schnellen Überblick: A, B und C

Um Ihnen beim Lesen die bestmögliche Überschaubarkeit zu bieten, sind alle Textabschnitte am Rand mit einem von drei Buchstaben markiert:

Ⓐ Für Ahnungslose
Was Sie unbedingt wissen sollten

Ⓑ Für Besserwisser
Vertieftes Basiswissen, mit dem Sie gut weiterkommen

Ⓒ Für Champions
Interessante Fakten, wenn Sie mehr erfahren wollen

So können Sie die einzelnen Abschnitte dieses Buches komplett lesen oder mithilfe der Buchstaben gezielt das heraussuchen, was Sie interessiert: Wenn Sie nur wenig Zeit und Vorkenntnisse haben, vor allem die jeweiligen A-Texte (wie Anfänger); wenn Sie Ihr Wissen vertiefen wollen, auch die B-Texte (wie Besserwisser). Und wenn Sie an zusätzlichen Aspekten interessiert sind, die das Thema bereichern, dann lesen Sie auch das, was unter C (wie Champion) steht. Dann wissen Sie wirklich gut Bescheid.

Deutsch

Grammatik und Co.: Eigentlich ganz einfach

»Ich liebe Dir. Ich liebe Dich. Wie man das schreibt, das weiß ich nicht. Ist die Grammatik auch nicht richtig, ich liebe Dir, und das ist wichtig.« So kann man es natürlich sehen. Aber fühlt man sich nicht doch besser, wenn man weiß, was richtig und was falsch ist? Und ist es nicht sogar ein bisschen peinlich, wenn selbst hochbezahlte Manager ihre Briefe »mit freundlichen Grüssen« (statt »Grüßen«) beenden? Womöglich schreiben sie auch noch ihrer Geliebten: »Ich küße Deine Füsse« – aber vielleicht fällt der das ja nicht einmal auf.

Es richtig zu machen, ist gar nicht schwer, wie die folgenden Seiten zeigen – gerade die Frage, ob man ein Wort mit »ss« oder mit »ß« schreibt, muss man sich nie wieder stellen, wenn man die kinderleichte Regel auf Seite 32 gelesen hat. Neben solchen Grundlagen der Rechtschreibung finden Sie in diesem Kapitel auch Wichtiges zu Grammatik und Zeichensetzung. Und am Ende folgen ein paar typische Deutschfehler sowie Tipps, wie man sie vermeiden kann.

Was Ihnen in diesem Kapitel erspart bleibt:

All das, was schon in der Schule langweilig war und die Ahnung hervorrief: Das brauche ich nie wieder. Zum Beispiel Textinterpretationen, Erörterungen und Gliederungen. Was ebenso fehlt, sind abstrakte Regeln, die sich kein normaler Mensch merken kann (»Im Plural dekliniert man meist stark wie nach Adjektiven ohne vorangehendes Pronomen«).

Grammatik: Imperativ, Infinitiv und Co.

Wer mit der deutschen Sprache aufgewachsen ist, macht sich über ihre Grammatik meist keine Gedanken – oder nur vorübergehend, wenn die Schule es verlangt. Man spricht so, wie man es von klein auf gelernt hat, nämlich nach dem Gefühl. Und darauf kann man sich ja meist verlassen. Aber nicht immer, und manchmal wüsste man vielleicht auch gerne genauer, was man da eigentlich spricht oder schreibt. Deshalb beginnt dieses Kapitel mit einer Übersicht über die wichtigsten Begriffe.

Buchstaben

a, e, i, o, u sind **Vokale** (auch Selbstlaute oder tönende Buchstaben genannt); ä, ö, ü sind **Umlaute.** Alle anderen Buchstaben sind **Konsonanten.** Eine Sonderstellung nimmt das Y ein: Es kann als Vokal (Sylt, Lydia) und als Konsonant (Yacht) verwendet werden.

Wortarten: Das Verb (Tätigkeitswort)

Die Grundform eines Verbs nennt man **Infinitiv** (z. B. gehen, essen, schlagen)
Aktiv: Ich schlage.
Passiv: Ich werde geschlagen.
Indikativ (Wirklichkeitsform): Der Koch arbeitet schnell.
Konjunktiv (Möglichkeitsform): Er sagt, er arbeite schnell.
Imperativ (Befehlsform): Sei still! Arbeite!

B

In den Wörtern kaufen und Kaufvertrag ist »Kauf« der **Wortstamm.** Er kann mit einem **Präfix** (Vorsilbe) erweitert werden: *ein*kaufen, *Ver*kauf. Und er kann mit einer Endung versehen werden, dem **Suffix:** kauf*te*, käuf*lich*.

Transitive Verben können die Passivform bilden: essen – der Kuchen wird gegessen; lieben – sie wird geliebt.
Intransitive Verben haben kein Passiv: gehen, arbeiten, sterben (die Passivform »gegangen werden« gibt es nicht).

19

Die Zeiten

Präsens (Gegenwart): Ich gehe.
Imperfekt (einfache Vergangenheit): Ich ging.
Perfekt (vollendete Vergangenheit): Ich bin gegangen.

B

Plusquamperfekt (Vorvergangenheit): Ich war gegangen.
Futur I (Zukunft): Ich werde gehen.
Futur II (vollendete Zukunft): Ich werde gegangen sein.

C

Es gibt starke und schwache, regelmäßige und unregelmäßige Verben. Was ist der Unterschied? Häufig werden schwache Verben mit regelmäßigen gleichgesetzt und starke Verben mit unregelmäßigen – doch das ist nicht ganz richtig:

Starke Verben enden im Perfekt mit »...en« (ich habe gesungen); sie verändern ihren Wortstamm (ich singe – ich sang). Eselsbrücke: Die starkEN VerbEN endEN im Perfekt auf -EN.

Schwache Verben enden im Imperfekt mit »...te« (schenkte, wanderte) und im Perfekt mit »...t« (geschenkt, gewandert).

Wenn sie ihren Wortstamm behalten, sind sie **regelmäßige Verben** (ich schenke – ich schenkte). Wenn sie ihren Wortstamm verändern, sind sie **unregelmäßige Verben** (ich denke – ich dachte).

B

Die Verben »haben« und »sein« nennt man **Hilfsverben,** weil sie einem »richtigen« Verb (**Vollverb**) helfen und allein noch keinen Sinn ergeben: Ich *bin* gelaufen, er *hat* gelacht. In manchen Fällen können sie aber auch zum Vollverb werden (Sie *hat* kein Geld; das Hemd *ist* schön.).

C

Verbformen, die wie ein Adjektiv verwendet werden, nennt man **Partizip.** Es gibt sie als Partizip der Gegenwart (Partizip Präsens): fließend, erwachend, laufend. Und als Partizip der Vergangenheit (Partizip Perfekt): geflossen, erwacht, gelaufen.

Es gibt sechs Verben, mit denen man keine Befehlsform bilden kann: können, wollen, sollen, dürfen, müssen, mögen. Dies sind **Modalverben.**

Ihnen folgt fast immer ein Vollverb: Ich will gehen; ihr könnt kommen.

A Indirekte Rede: habe, hätte – oder wie?

Mit der **indirekten Rede** gibt man Äußerungen wieder, ohne sie wörtlich zu zitieren. Am besten wählt man den einfachen **Konjunktiv** (Möglichkeitsform), damit liegt man immer richtig: Paul sagt, ihm *habe* der Film gefallen; Lena beteuerte, sie *sei* nicht am Tatort gewesen; Anja meint, sie *finde* den Sonnenschirm zu groß. ➔

Ebenso ist der **Konjunktiv II** möglich. Mit ihm lässt sich das Gesagte besser anzweifeln: Der Verkäufer sagt, der Teppich *wäre* ein Schnäppchen (statt »der Teppich *sei* ein Schnäppchen«). Außerdem kann man mit dieser Möglichkeitsform ausdrücken, dass etwas irreal, also nicht wirklich oder nur vorgestellt ist: Paul sagt, ihm *hätte* der Film gefallen, wenn ihm nicht mittendrin schlecht geworden *wäre*.

Wortarten: Das Substantiv (Hauptwort)

Hierzu gehören Personen und Gegenstände (Kind, Tisch), aber auch Namen (Schweiz) und abstrakte Dinge (Glück). Jedes Substantiv hat ein Geschlecht: der (männlich), die (weiblich) oder das (Neutrum = sächlich).

Singular (Einzahl): das Kind
Plural (Mehrzahl): die Kinder

Es gibt vier **Fälle,** in denen ein Hauptwort stehen kann. Am leichtesten erkennt man sie, wenn man danach fragt:

1. Frage: Wer? Antwort: das Kind = **Nominativ**
2. Frage: Wessen? Antwort: des Kindes = **Genitiv**
3. Frage: Wem? Antwort: dem Kind = **Dativ**
4. Frage: Wen oder was? Antwort: das Kind = **Akkusativ**

Hier ein Beispielsatz, in dem alle vier Fälle vorkommen: Er (Nominativ) sieht das Kind (Akkusativ), wie es mit dem Ball (Dativ) des Hundes (Genitiv) spielt.

B

Ein Substantiv wird auch **Nomen** genannt. Geschlecht heißt auch **Genus.** Singular und Plural sind der **Numerus.** Der Fall, in dem ein Wort steht (z. B. Genitiv) wird auch als **Kasus** bezeichnet.

Wortarten: Der Artikel (Begleiter/Geschlechtswort)

A

Man unterscheidet zwischen bestimmtem **Artikel** (das Kind) und unbestimmtem Artikel (ein Kind).

Wortarten: Das Pronomen (Fürwort)

A

Pronomen benutzen wir ständig. Ohne sie würden die meisten Sätze seltsam klingen: Der Mann geht vor dem Haus des Mannes spazieren, weil der Hund des Mannes Bewegung braucht. Stattdessen sagen wir: Der Mann geht vor seinem Haus spazieren, weil sein Hund Bewegung braucht. »Seinem« und »sein« sind Pronomen.

B

Man unterscheidet verschiedene Arten von Pronomen, unter anderem **Personalpronomen** (wir, euch), **Reflexivpronomen**

23

(sich, z. B. er wäscht *sich*), **Possessivpronomen** (sie zeigen Besitz an, zum Beispiel mein, euer), **Demonstrativpronomen** (sie weisen auf etwas hin, z. B. dieses, jene, diejenigen), **Relativpronomen** (sie leiten Relativsätze ein, z. B. »Pech, *das* unvermeidlich ist«).

Das lateinische Wort »pro« heißt »für«. Ein Pronomen ist also ein Wort, das für ein Nomen (Hauptwort) steht. Es ersetzt das Hauptwort.

Wortarten: Adjektiv (Eigenschaftswort) und Adverb (Umstandswort)

Ein **Adjektiv** beschreibt meist die Eigenschaft eines Hauptworts: das *große* Kind, der *süße* Kuchen. Und wenn es heißt, »Das Kind ist *groß*«? Früher lernte man in der Schule, dass es sich in diesem Fall um ein Adverb handele. Das gilt heute nicht mehr! Ein Adverb lässt sich nicht steigern. »Das Kind ist größer« ist aber als Steigerung möglich – »groß« ist also in jedem Fall ein Adjektiv.

B

Ein **Adverb** ist dazu da, das im Satz genannte Geschehen näher zu bestimmen. Es weist auf einen Ort hin (hier, dort), auf eine Zeit (sofort, bald), einen Umstand (teilweise, kopfüber) oder auf einen Grund (darum, trotzdem).
Die meisten Adjektive lassen sich steigern:

groß, süß = **Positiv** (Grundstufe)
größer, süßer = **Komparativ** (Höherstufe / Vergleichsstufe)
am größten, am süßesten = **Superlativ** (Höchststufe)

Wenn sich die Wörter bei der Steigerung verändern, nennt man das **unregelmäßige Steigerung:** gut, besser, am besten.

Auch wenn es rein sprachlich gesehen manchmal möglich scheint, ist es trotzdem falsch, Adjektive zu steigern, wenn das keinen Sinn ergibt. Eine Frau, die schwanger ist, kann nicht noch »schwangerer« werden; ein Ball ist entweder rund oder nicht, deshalb kann er nicht »runder« werden; und wenn ein Ergebnis optimal ist, dann lässt es sich ebenfalls nicht mehr steigern – es kann also nicht »optimaler« oder gar das »optimalste« Ergebnis sein.

Wortarten: Die Präposition (Verhältniswort)

Eine **Präposition** steht vor einem anderen Wort (»prä« heißt vor, also ist seine Position davor). Die Präposition verdeutlicht die Beziehung verschiedener Satzteile zueinander: Uwe *aus* Hamburg, Kuchen *mit* Sahne. Weitere Präpositionen sind zum Beispiel an, auf, durch, nach, bei.

Wortarten: Die **Konjunktion** (Bindewort)

Unter diesen Begriff fallen zahlreiche Wörter, die Verbindungen herstellen: und, oder, aber, denn, weil, dass, damit (und andere). Man kann sie in verschiedene Untergruppen einteilen, zum Beispiel zeitlich (temporal) und begründend (kausal).

Welcher Wortart gehören Ausrufe wie »Aua«, »Hallo«, »Hurra« und »Psst« an? Das sind **Interjektionen** (Ausrufe- / Empfindungswörter). Sie können anstelle eines ganzen Satzes stehen. Wenn man ein Verb verändert (gehen, ging, gegangen), nennt man das **konjugieren**. Bei Substantiven, Adjektiven und anderen Wörtern spricht man von **deklinieren** (der Ball, des Balls, dem Ball; dein, deines, deinem). Der Oberbegriff heißt **beugen** oder **flektieren**.

Satzteile: Subjekt, Prädikat, Objekt

Ein Satz besteht aus mehreren Satzgliedern. Beispiel: »Die Mutter lobt das Kind«. »Die Mutter« ist das **Subjekt** (erkennbar an der Frage »wer oder was?«); »lobt« ist das **Prädikat** (erkennbar an der Frage »was tut jemand?«); »das Kind« ist das **Objekt** (hier erkennbar an der Frage »wen?«). Wenn nach »wen oder was?« gefragt wird, handelt es sich um ein Akkusativobjekt, wenn nach »wem?« gefragt wird, um ein Dativobjekt.

Satzteile: Das Attribut

Ein **Attribut** (Beifügung) ist keine Wortart, sondern *besteht* vielmehr aus einer von mehreren möglichen Wortarten. Zum Beispiel aus einem Substantiv (der Garten *des Hauses*), aus einem Adverb (die Fahrräder *dort*) oder aus einem Adjektiv (das *schöne* Wetter). Das Attribut beschreibt dieses Wort näher.

Satzteile: Die Apposition

Auch eine **Apposition** ist ein Attribut, es folgt einem vorausgehenden Wort und steht im gleichen Fall: Fiona, *die Pilotin*, fliegt heute nach Rom. Oder: Ich gebe das Buch ihm, *dem Krimi-Liebhaber*.

Zeichensetzung: Hauptsache, der Sinn wird deutlich

Keine Angst, hier erwartet Sie kein Schnellkurs zum Thema »Wie mache ich Grundschullehrern Konkurrenz?«. Beschränken wir uns lieber auf wenige ausgewählte Regeln, die im Alltag besonders sinnvoll sind. Zum Beispiel, weil sie helfen, Missverständnisse zu vermeiden. Und fangen wir gleich mit dem an, wovor sich viele fürchten:

Das Komma

Lesen Sie zunächst folgenden Satz: »Eva sitzt neben dem dunkel gekleideten Markus und Oliver im grünen T-Shirt hat keinen Sitzplatz bekommen.« Haben Sie gedacht, Eva sitzt neben Markus und Oliver, bis Sie dann gemerkt haben, dass der Satz irgendwie keinen Sinn ergibt? Der entsteht sofort, wenn wir ein **Komma** setzen: »Eva sitzt neben dem dunkel gekleideten Markus, und Oliver im grünen T-Shirt hat keinen Sitzplatz bekommen.« Ähnliches Beispiel: »Franz ist klein und dick im Vergleich zu seinen Freunden ist sein Bankkonto.« Auch hier entsteht erst durch ein Komma die gewünschte Aussage: »Franz ist klein, und dick im Vergleich zu seinen Freunden ist sein Bankkonto.« Der kleine Franz kann also spindeldürr sein, denn das Wort »dick« bezieht sich nur auf sein gut gefülltes Konto. Wir haben hier **zwei mit »und« verbundene Hauptsätze,** und die trennt man am besten immer deutlich voneinander. Auch wenn das erstaunlicherweise gar nicht vorgeschrieben ist, hilft es, den Sinn des Ganzen besser zu verstehen.

Schlimmer als ein fehlendes Komma ist meist eines, das überflüssig ist. »Nach einem Besuch am Gyros-Stand, habe ich mich entschlossen, nach Hause zu gehen.« Falsch! Warum ein Komma nach »Gyros-Stand«? Wenn Sie in solchen Fällen unsicher sind, dann suchen Sie die Kernaussage (nach dem Besuch habe ich mich entschlossen) und fragen Sie sich, ob hier wirklich eine Pause gemacht werden soll. Denn dafür steht das Komma – um eine kleine Sprechpause zu markieren, um Satzteile voneinander zu trennen.

Sinnvoll (und vorgeschrieben) ist das Komma deshalb in solchen Fällen: »Ein Haus zu bauen, das dauert lange.« Lesen Sie diesen Satz einmal mit monotoner Stimme, laut oder leise, ohne Komma (»bauendas«). Fällt Ihnen auf, dass der Satz hier eine kleine Pause braucht, dass erst das Komma die richtige Satzmelodie entstehen lässt? Dasselbe gilt, wenn der Satz ohne »das« gebildet wird: »Ein Haus zu bauen, dauert lange«. Hier muss das Komma die zwei Verben voneinander trennen, denn würde man ohne Sprechpause »bauendauert« lesen, ergäbe das keinen Sinn.

Keine Pause ist beim folgenden Satz nötig, und niemand käme wohl auf die Idee, ihn mit einem Komma zu unterbrechen: »Ein Bausparvertrag ist sinnvoll.« Nach derselben Konstruktion entsteht auch dieser Satz: »Sich gut auszudrücken ist sinnvoll.« Hier neigt man schon eher dazu, vor dem »ist« ein Komma zu setzen – aber es wäre ebenfalls fehl am Platz. (Das gilt für alle Sätze, bei denen man fragen kann: Wer oder was ist …?)

Nicht vorgeschrieben, aber wichtig ist das Komma, um eine Aussage zu verdeutlichen: Der Satz »Wir empfehlen ihm zu helfen« ist auch ohne Komma richtig. Aber was ist hier gemeint? Es gibt zwei Möglichkeiten, und nur das Komma macht sie deutlich: »Wir empfehlen, ihm zu helfen« oder »Wir empfehlen ihm, zu helfen.«

Wo muss ein Komma noch gesetzt werden?
- Bei Gegensätzen mit »aber« und »sondern« (Er ist nicht groß, sondern klein. Er ist klein, aber schnell.)

- Bei Aufzählungen, wenn man hier anstelle des Kommas
»und« oder »oder« sagen könnte: Er ist groß, dick und stark
(man könnte auch sagen: groß und dick und stark). Kein
Komma dagegen: Er hat gute musikalische Fähigkeiten
(man würde nicht sagen: gute und musikalische Fähigkeiten).
- Beim erweiterten Infinitiv mit »zu«. Erweitert sind zum Beispiel die Formulierungen »um zu«, »ohne zu«, »anstatt zu«
(Wir beten, um zu gewinnen. Aber: Wir hoffen zu gewinnen.)

B

Ein **Semikolon** (Strichpunkt) setzt man, wenn ein Komma zu
schwach wäre, ein Punkt aber den betreffenden Satzteil unnötig abtrennen würde. Der folgende Satz aus einer deutschen
Tageszeitung enthält nur ein Komma, wo eigentlich ein Semikolon hingehört: »Auf den Straßen stören kaum lärmende
Autos, Radfahrer und Fußgänger prägen hier das Bild des Verkehrs.« Man liest zunächst in einem Zug: »Es stören kaum Autos, Radfahrer und Fußgänger« – aber es sind ja nur die Autos
gemeint, die hier (kaum) stören. Also besser: Auf den Straßen
stören kaum lärmende Autos; Radfahrer und Fußgänger prägen hier das Bild des Verkehrs.«

Der **Apostroph** (Auslassungszeichen) ersetzt fehlende Buchstaben. Zum Beispiel beim Genitiv von Namen, die auf -s,
-ss, -ß, -tz, -z oder -x enden: »Hans' Nachname lautet Meier«,
Weitere Beispiele: »So 'n Blödsinn« und »der Ku'damm in
Berlin« (statt Kurfürstendamm). Im Englischen: »Rock 'n'
Roll« (statt Rock and Roll). In allen anderen Fällen ist das

Auslassungszeichen unnötig und unschön, aber leider verbreitet: »Evi's Copyshop« wäre als »Evis Copyshop« genauso verständlich, auch wenn beide Versionen erlaubt sind, weil es hier um die Bezeichnung eines Ladens geht. In einem Text sind solche überflüssigen Apostrophe aber auf keinen Fall erlaubt. Also nicht: »Montag's bringen wir immer Peter's Auto's in die Waschanlage.«

Rechtschreibung: Ein paar einfache Regeln

Die junge Kandidatin in Günther Jauchs Quizshow wäre am liebsten im Boden versunken: »Ich blamiere mich bis auf die Knochen!« Dabei sollte sie nur sagen, ob »Verwandtschaft«, »Verwandschaft«, »Verwantschaft« oder »Verwandtschafft« die richtige Schreibweise ist. Aber wer von Scheinwerfern angestrahlt und von Kameras umringt ist, kann schon mal die Orientierung verlieren. Die Studentin, eine angehende Lehrerin, holte sich Rat beim Publikum. Ergebnis: Weniger als 60 Prozent tippten auf die richtige Antwort (»Verwandtschaft«). Aber, und da staunte selbst Moderator Jauch: Nur die Hälfte der Zuschauer im Studio hatte sich überhaupt getraut abzustimmen! Die Studentin war also mit ihrer Unsicherheit nicht allein.

Tatsächlich wissen selbst Experten nicht immer, wie man bestimmte Wörter richtig schreibt. Heißt es »Rad fahren« oder »radfahren«, »zuhause« oder »zu Hause«? Und warum schreibt

31

man »Rohheit« mit zwei h, aber »Hoheit« nur mit einem? Hier Fehler zu machen, ist keine Schande – denn die anderen wissen es meistens auch nicht besser. Weshalb man eigentlich ganz entspannt sein könnte. Aber sollte man nicht wenigstens wissen, ob es »viele Grüsse« oder »viele Grüße« heißt und wie man » wi(e)derspiegeln« schreibt? Ein paar Rechtschreibregeln können also nicht schaden, und manche sind ja durchaus sinnvoll. Hier und auf den folgenden Seiten stehen sie.

ss und ß: Masse oder Maße?

Wer in der Schweiz lebt, hat es leicht – hier gibt es kein »ß«, sondern nur das Doppel-S. In Deutschland und Österreich dagegen haben viele Menschen Probleme mit dieser Unterscheidung, dabei ist sie so einfach und logisch wie keine andere Rechtschreibregelung: Man schreibt hier, wie man spricht. Und zwar so: Gruß und Grüße, Fuß und Füße, schließen und draußen, Maß und Fraß, Fleiß und Sch… Nach einem langen (gedehnt ausgesprochenen) Vokal oder einem Doppellaut aus zwei verschiedenen Vokalen (ei, au) folgt das ß. Wenn es aber mit kurzem Vokal müssen und küssen, Masse und Tasse, Riss und friss heißt, dann schreibt man diese Wörter mit ss. Wenn man das einmal verinnerlicht hat, kann man es eigentlich nicht mehr vergessen.

Einen Doppellaut aus zwei verschiedenen Vokalen nennt man übrigens **Diphtong**. Im Deutschen gibt es folgende Diphthonge: au, ei, ai, eu, äu, ui

Lieber zusammen oder besser getrennt?

Auch diese Regel ist einfach – zwei Verben darf man immer getrennt schreiben. Muss man aber nicht. Am besten richtet man
sich danach, wie man das jeweilige Wort betonen möchte.
Wird das erste Wort betont, dann ist es meist sinnvoll, beide
zusammenzuschreiben: »Ich würde ihn gerne kennenlernen.«

Ob etwas »infrage« oder »in Frage« kommt, ist im Grunde
egal. Weshalb beide Versionen erlaubt sind, und das ist auch
gut so. Aber häufig verändert das Zusammen- oder Auseinan-
derschreiben doch den Sinn. Achten Sie deshalb immer auf
die Betonung:

- Das untenstehende Bild ist schön (Betonung auf »unten«).
  Aber: Das unten stehende Bild (Betonung auf »stehende«)
  ist schöner als das unten liegende.
- »Wir wollen gerne zusammenleben« (Betonung auf »zusammen«), aber: »Sie wollten zusammen leben und nicht schon
  früh sterben« (Betonung auf »leben«).
- »Sich leichtmachen (wenig Gewicht haben), aber: »Das lässt
  sich leicht machen (Betonung auf »machen«).

Trennen soll man mit »sein« verbundene Wörter wie »da sein«,
»getrennt sein«, »zusammen sein«. Es sei denn, sie bilden ein
Hauptwort: das menschliche Dasein, unser harmonisches Zu-
sammensein.

Groß- und Kleinschreibung: So geht's

A

- Groß schreibt man Tageszeiten nach »gestern, heute, morgen«: gestern Abend, heute Früh.
- Groß schreibt man Wörter, die als Substantive gebraucht werden: der Einzelne, das Gleiche oder »das Besondere an ihr ist, dass sie morgens immer als Erste kommt«. Aber: »Sie hatte drei Kinder, das dritte starb früh«. Denn hier ist ja »das dritte Kind« gemeint, und da wird das Wort »dritte« nicht als Hauptwort verwendet. Groß also auch: Wir fahren ins Grüne. Aber: Sie trägt das grüne Kleid.
  Auch Verben, die als Substantive verwendet werden, schreibt man groß: beim Spielen, zum Kochen; sie sind als Substantive erkennbar, weil man »das Spielen« und »das Kochen« sagen kann.
- »Manche kommen früher, einige später, andere kommen gar nicht, mancher war schon da, aber alle sind willkommen« – hier gilt durchgängig die Kleinschreibung. Das »Manche« wird nur groß geschrieben, weil es am Satzanfang steht.
- Wenn nach einem Doppelpunkt kein vollständiger Satz folgt, dann trifft auch nicht die Regel »Großschreibung am Satzanfang« zu. Beispiel: Er freute sich, dass alle gekommen waren: seine Kinder, Enkelkinder und eine Schwester.
- Du oder du? Ganz einfach – »du, ihr, dein, euer« schreibt man grundsätzlich klein, nur in Briefen darf (nicht muss) man diese Wörter groß schreiben. Bei »Herr Meier, Sie schulden mir noch Geld« schreibt man das »Sie« natürlich immer groß, ob im Brief oder sonst wo.

Zweifelsfälle: Visum oder Visa?
Hing oder hängte?

A

Sprache lebt. Das heißt: Sie verändert sich. Und wer verändert sie? Wir. Jeder, der spricht und schreibt. Sonst würden wir heute noch »Odem« statt »Atem« sagen oder »zu diesem Behufe« statt »zu diesem Zweck«. Jede neue Duden-Ausgabe unterscheidet sich von der davor, und manches, das gestern noch falsch war, ist heute richtig. Besonders lebendig ist die tägliche Umgangssprache: »Gabi liebt ihren rosanen Pullover«, sagen wir. Das ist zwar verkehrt (es müsste »rosafarbenen« oder »rosa« heißen) – aber ist es schlimm? Vielleicht steht es ja im nächsten oder übernächsten Duden schon als erlaubte Form.

Auch einen so feinen Unterschied wie den zwischen »deutschsprachig« und »deutschsprachlich« muss man nicht unbedingt kennen. (»Deutschsprachlich« betrifft die deutsche Sprache, bei »deutschsprachig« geht es darum, dass sie jemand spricht. Korrekt würde es also heißen: Die Schule bietet Ausländern deutschsprachlichen Unterricht, damit sie als deutschsprachige Absolventen eine Lehrstelle finden.)

Man muss nicht alles wissen – aber manches schon. Und deshalb geht es auf den folgenden Seiten um Fehler beim Sprechen und Schreiben, die nicht allgemein toleriert werden. Um Fehler, die häufig und typisch sind. Um Fehler, die auch in der nächsten und übernächsten Duden-Ausgabe noch Fehler sein werden.

- Besitzt der Mafiosi ein Visa?
  Nein: Der Mafioso besitzt ein Visum. Und ein Lexikon. Und ein Antibiotikum. Und sein Sohn macht ein Praktikum. In der Mehrzahl heißt es: zwei Visa, zwei Antibiotika, zwei Praktika, zwei Lexika. Ähnlich bei Wörtern aus dem Italienischen in der Einzahl: ein Mafioso, ein Paparazzo, ein Cappuccino. In der Mehrzahl: zwei Mafiosi, zwei Paparazzi, zwei Cappuccini. Da wir aber in Deutschland leben, hat sich eingebürgert, »zwei Cappuccinos« zu sagen. Das ist in Ordnung. Nur »zwei Capuccinis« sollte man nie sagen.

- Wie gebraucht man »brauchen«?
  »Für diesen Kuchen brauchen Sie nicht viel Zeit, Sie brauchen nicht einmal Teig zu rühren.« Wenn »brauchen« im Sinne von »müssen« verwendet wird, darf das »zu« im Anschluss nicht fehlen. Sonst aber wäre es fehl am Platz.

- Sie hängte die Wäsche auf/sie hing die Wäsche auf
  Wenn man die passive Form (»wird« oder »wurde«) verwenden kann (die Wäsche wird aufgehängt), dann muss es in der Vergangenheit »hängte« heißen: Sie hängte die Wäsche auf. Wenn die Passivform nicht möglich ist, muss es »hing« heißen: Die Haare hingen ihr ins Gesicht, ich hing am Seil, ihm hing die Zunge aus dem Mund.

- Wegen Urlaub / wegen Urlaubs geschlossen
  Ob Urlaub oder Umbau – beide oben genannten Formen sind möglich, solange nach »wegen« nur das Hauptwort

folgt. Wenn es nicht allein steht, muss der Genitiv her: wegen des Umbaus, wegen des jährlichen Urlaubs.

- Opa bekommt die bestmögliche/bestmöglichste Pflege
  Nur »bestmöglich« ist möglich: Die Versorgung des Großvaters kann gut, besser oder am besten sein – aber nicht möglich, möglichster, am möglichsten. Ebenso gibt es nur »meistgesehene« (und nicht meistgesehenste) Filme. Nur Adjektive lassen sich steigern, nicht Verben.

- Ich rufe Sie sobald als möglich/wie möglich zurück
  Richtig ist »sobald wie möglich«. Es heißt ja auch »so groß wie«, »so schnell wie«, »so früh wie heute kam er noch nie«. Nur bei einer Steigerung muss es »als« heißen: größer als, schneller als, früher als.

- Das ist scheinbar ganz einfach/anscheinend ganz einfach.
  »Scheinbar« heißt, nicht wirklich, sondern nur zum Schein: Die Matheaufgabe ist (nur) scheinbar ganz einfach, tatsächlich ist sie ganz schön schwierig. Der Mann stand (nur) scheinbar im Regen, in Wahrheit befand er sich unter einem Dach. Wenn es aber heißt, »die Matheaufgabe ist anscheinend ganz einfach« (weil alle Schüler schnell die Lösung finden) oder »der Mann stand anscheinend im Regen« (weil er nass ist), dann deutet vieles darauf hin, dass eine Vermutung stimmt.

- Im November dieses Jahres/diesen Jahres
  Es muss heißen »im November dieses Jahres«. Schwierig

sind Formulierungen mit »jeder«: Es kann sowohl »zu Beginn jedes Monats« als auch »zu Beginn jeden Monats« heißen, ebenso »der November jedes Jahres« und »der November jeden Jahres«. Aber nur »der November jedes beliebigen Jahres«. Fazit: Mit »dieses« und »jedes« ist man immer auf der sicheren Seite. (Die Wörter »letzter« und »nächster« müssen aber mit »-en« gebildet werden: »im November letzten Jahres«, »im Sommer nächsten Jahres«. Zu sagen, »im November letztes Jahres« würde ja auch seltsam klingen.)

- Am Freitag, dem 13. November/am Freitag, den 13. November
  Beide Formen sind möglich.

- Er steht am Automat/am Automaten
  Man sollte immer sagen: Er steht am Automat*en*, er grüßt den Präsident*en*, sie winkt dem Held*en*, er fragt den Praktikant*en*. Bei »niemand« und »jemand« darf man auch die einfache (ungebeugte) Form wählen: »Das schadet niemand« oder »Da hast du jemand sehr wehgetan« ist ebenso möglich wie »Das schadet niemandem« und »Da hast du jemandem sehr wehgetan«.

- Es hat lang gedauert/lange gedauert
  Wenn man sinnvoll fragen kann, »wie« etwas ist, muss die Antwort »lang« heißen: Wie ist die Autobahn? Lang. Aber: »Es hat lange gedauert«, »Eva und Paul kennen sich schon lange«. (Man würde nicht fragen, »wie hat es gedauert?« oder »wie kennen sich Eva und Paul?«).

- Verderb dir/verdirb dir nicht den Magen
  Wenn die Hebamme bei der Geburt ruft: »Press!« (oder »Presse!«), dann drückt sie sich richtig aus. Doch wenn sie der erschöpften Mutter hinterher sagt, »Ess!«, dann ist das ebenso falsch wie der Zusatz: »Aber verderb dir nicht den Magen.« Denn viele Verben werden in der Befehlsform in der Einzahl mit »i« gebildet: gib her (aber gebt her); tritt nicht so fest; hilf mir doch mal; friss oder stirb; iss das und verdirb dir nicht den Magen.
  Tipp: Nehmen Sie die 2. Person Einzahl (du lachst, du hilfst, du singst), daraus können Sie die Befehlsform ableiten: Lach! Hilf! Sing!

- Wiederspiegeln oder widerspiegeln?
  »Der Roman spiegelt die Gegenwart wider.« So muss es heißen, denn es wird hier nichts wieder (also zweimal, erneut) gespiegelt, sondern der Spiegel wirft etwas zurück im Sinne von »gegen« (wider). Weshalb es auch »widerstehen« und »Widerstand« heißt.

- Wörter/Worte
  Wenn es um das einzelne, konkrete Wort geht, dann geht es im Plural um »Wörter«: Dieser Satz besteht aus sechs Wörtern; Franz benutzt nicht gerne Fremdwörter; es gibt lange und kurze Wörter. Wenn es aber um Äußerungen geht, dann muss es »Worte« heißen: Er machte nicht viele Worte; sie schildert die Geschichte in ganz persönlichen Worten.

Englisch
English is easy

Mit fünf WM-Teilnahmen gehört Lothar Matthäus zu den erfolgreichsten Fußballspielern. Das hat ihn nicht davor bewahrt, mit Spott überschüttet zu werden, nachdem er in der Öffentlichkeit Englisch sprach. Ein im Ausland tätiger Sportler, so die gängige Ansicht, sollte die bekannteste Fremdsprache einigermaßen fehlerfrei beherrschen. Aber kommt es nicht vor allem darauf an, sich verständlich zu machen?

»Hello together, I am it, der Loddar!« So begrüßte im Radio ein Lothar-Matthäus-Parodist die Zuhörer von Bayern 3, um ihnen wieder eine »typisch englische Redewendung« beizubringen. Diesmal: »There are yes the chicken laughing« – da lachen ja die Hühner. »Na Leute, again what learned«, wieder was gelernt.

Fehler sind menschlich, und gerade im Englischen lauern viele Fallstricke. Die wichtigsten lernen Sie in diesem Kapitel kennen. Wenn Sie Ihr Schulenglisch noch nicht ganz vergessen haben, dann können Sie auf den folgenden Seiten ohne Anstrengung ein paar nützliche Grundlagen und Regeln wieder auffrischen. Vor allem aber erfahren Sie, wie Sie typisch deutsche Englischfehler vermeiden – um besser zu sprechen als der Loddar.

Was Ihnen in diesem Kapitel erspart bleibt:

Ermüdende Vokabellisten fehlen ebenso wie komplizierte Grammatikregeln, die man sich sowieso nicht merken kann. Oder hat jemals ein Schüler gut Englisch gelernt, weil man ihm sagte: »Manche Verben, die im Deutschen ein Dativobjekt zu sich nehmen können, werden im Englischen mit Akkusativobjekt gebraucht.«? Wichtiger als für Wörter und Satzteile die korrekten Bezeichnungen zu kennen, ist ihre richtige Anwendung im Alltag.

Die Artikel a und an

Ein Engländer, der Deutsch lernen will, muss zwischen »der, die, das« sowie zwischen »ein« und »eine« unterscheiden. Ein Deutscher, der Englisch lernt, hat es leichter: Er braucht nur »the« und »a«. Aber manchmal auch die Form »an« – wenn ein Vokal (a, e, i, o, u) folgt. Das klingt beim Sprechen besser. Es heißt also »she is _a g_ood girl«, aber »she is _an a_ttractive woman«. Wenn ein »u« wie ein »j« klingt (university, European), dann wird es auch so behandelt, als sei es ein »j« und kein Vokal. Also: »Paris is _a E_uropean town.«

Verben und Hilfsverben: Hier kann viel danebengehen

We run, he runs: Wann muss ein »s« ans Verb angehängt werden?

Das Anhängsel darf nach he, she, it nicht fehlen, sonst aber ist es überflüssig. Also »I see«, aber »She sees«. Ganz leicht kann man sich diese Regel durch folgende Eselsbrücke merken: He, she, it – das s muss mit!

Einige Verben bleiben allerdings unverändert, ganz egal ob you, he, it oder was auch immer davor steht:

can, must, will, could, should, would.

Und dann gibt es ja noch die unregelmäßigen Verben. So heißt es natürlich »He has« (niemals »He haves«). Zur Erinnerung: I have, you have, he (she, it) has, we have, you have, they have. Vom Haben zum Sein: I am, you are, he (she, it) is, we are, you are, they are.

Hilfsverben: What does he bring? Where do you live?

Die Fragen »Was bringt er?« und »Wo lebst du?« mit »What brings he?« und »Where live you?« zu übersetzen, sollte Ihnen in den Ohren weh tun. Wenn nicht, ist das keine Katastrophe. Aber dann müssen Sie sich leider die folgende Regel merken: Das Hilfsverb »to do« kann in Fragen nur bei can, must, have, may und to be weggelassen werden. Beispiele: »May I?« (Darf ich?); What have you eaten?«; Where could we live?«

können

Wir sagen zwar umgangssprachlich »Ich kann Englisch« und »Du kannst es«, aber ein Engländer oder Amerikaner würde nie sagen »I can English« oder »You can it«, sondern immer »I can speak English« und »You can do it«.

müssen, dürfen, brauchen: **must** und **need**

»Du musst es tun« heißt »You must do it«. Die Verneinung »Du musst nicht/brauchst nicht« heißt aber: »You need not« oder »You don't have to«. Das Englische »You must not« heißt: »Du darfst nicht«.

B

to make und to do

Wenn wir im Deutschen »machen« sagen, heißt es im Englischen meist nicht »make«, sondern »do«: »The girls do it better than the boys«; »Frank did his homework yesterday«. »To make« wird meist im Sinne von »herstellen« gebraucht: made in Germany.

to take oder to bring?

»Bitte bringen Sie mich zum Flughafen!« Wenn Sie das dem Taxifahrer in London oder New York mit »Please bring me to the airport« übersetzen, dann wird er Sie verstehen, aber es ist falsch. Es muss heißen: »Please take me to the airport.« Die Formulierung »to bring« benutzt der Sprecher, wenn jemand (zum Beispiel ein Kellner) etwas zu ihm bringen soll. Geht es ums Wegbringen, muss es »take« heißen. Eselsbrücke: »to bring« bedeutet »hin(bringen)«, und beide Wörter enthalten ein »i«.

to stand oder **to stay?**

»to stand« bedeutet: stehen, sich befinden (»I am standing here alone«).

»to stay« bedeutet: bleiben, anwesend bleiben (»Stay in your room!«)

Will man »bleiben« in dem Sinne ausdrücken, dass man bei einer Sache bleibt, dann nimmt man »to keep« (»Keep going!« = »Gehen Sie weiter.« »Bleiben Sie nicht stehen.«).

»Keep staying« heißt also: bleib da, bleib weiterhin da (wörtlich: »bleib bleibend«).

to hear oder **to listen?**

Beides heißt »hören«, aber bei »hear« geht es ums Wahrnehmen und Hörvermögen, während »to listen« das aktive Zuhören meint. Beispiel: »I am listening, but I can't hear a single word.«

to look oder **to see?**

Bei »to see« geht es ums Wahrnehmen, während »to look« das aktive Hinsehen meint. Beispiel: »Look at the clouds!« – »Yes, I can see them«.

to look at, to look after, to look for

»To look at a beautiful girl« heißt: »ein hübsches Mädchen anschauen«.

»To look after a beautiful girl« heißt: »auf ein hübsches Mädchen aufpassen«.

»To look for a beautiful girl« heißt: »nach einem hübschen Mädchen suchen«.

say oder **talk** oder **tell?**

»say« bezieht sich auf etwas, das eine Person konkret sagt (»›Be quiet‹, said the teacher«). Bei »tell« geht es ums Erzählen und Mitteilen (»He is telling us a story.«). Und »talk« beschreibt den Vorgang des Sprechens und Redens. »Don't talk to him«, she said, »he will not tell the truth.«

to enjoy oder **to like?**

Es freut sie (es gefällt ihr), dass das Shampoo billig ist: Das heißt nicht »It enjoys her, that the shampoo is cheap«. Denn »to enjoy« bedeutet genießen oder sich an etwas erfreuen: »Enjoy your meal!« (Lass es dir schmecken). Es muss also heißen »she likes (she is glad), that the shampoo is cheap«.

to overlook oder **to oversee?**

Es ist für sie unmöglich, die Arbeit von mehr als 30 Schülern zu überblicken. Heißt das: »It's impossible for her to overlook the work of more than 30 children«? Nein, denn »overlook« bedeutet: übersehen im Sinne von nicht beachten. Hier geht es ums Beaufsichtigen, ums Überwachen, und das heißt »to oversee«.

I don't want it oder **I don't like it?**

Ganz einfach: »I like you« heißt »Ich mag dich«, und »I want you« heißt »Ich will dich.« Nicht ganz so einfach ist die folgende Übersetzung: Sie (die Eltern) wollen nicht, dass ihre Tochter heiratet. Lautet sie: »They don't want their daughter to get married« oder »They don't like their daughter to get married«? »To want to« heißt etwas wollen, etwas in der Zukunft Liegendes wünschen; dagegen heißt »to like to« etwas (jetzt) gern haben. Also: »They don't want her to get married.«

to train oder **to practice?**
Sie gehen regelmäßig zum Yoga und wollen sagen, »Ich trainiere es«? Dann sagen Sie nicht »I train it«, sondern »I practice it«. Wenn Sie aber einen Hund haben, dem Sie täglich etwas beibringen wollen, dann sagen Sie: »I train my dog every day.«

to remember oder **to remind?**
Das erinnert mich an meine Mutter: »That reminds me of my mother.« Bei »remind« wird man an etwas erinnert.

Ich hoffe, du erinnerst dich: »I hope you remember.« Bei »remember« erinnert man sich aktiv. Oder auch nicht (wenn man vergesslich ist): »I can't remember.«

Ich würde gerne erinnert werden, weil ich mir Dinge nicht merken kann: »I would like to be reminded because I can't remember things.«

to mean oder **to think?**
Zu fragen, »What do you think?« ist nicht dasselbe wie »What do you mean?«. Die erste Frage (think) heißt »Was glaubst du, was meinst du?«, während die zweite (mean) »Wie meinst du das?« heißt. Das Hauptwort »meaning« heißt »Bedeutung«, und »What does this word mean?« heißt: »Was bedeutet dieses Wort?«. Für das Verb »to mean« gibt es noch eine zweite Übersetzung: ernst meinen, wollen, beabsichtigen. Beispiele: »I mean it« (Ich meine es ernst), »I did not mean to be unfriendly« (Ich wollte nicht unfreundlich sein).

I used to oder **I'm used to?**

»I'm used to working in a factory.« Das heißt: Ich bin es gewohnt, in einer Fabrik zu arbeiten.

»I used to work in a factory« heißt dagegen: Früher arbeitete ich in einer Fabrik.

Falsch ist es, beide Formen zu vermischen (»I'm used to work in a factory« ergibt keinen Sinn).

Leicht zu verwechseln: **lügen** und **liegen**

Lügen: »I never lie to you. And I'm not lying now. But I lied to my teacher yesterday. I have never lied to my mother.«

Liegen: »I lie on the bed every afternoon. I'm lying on the bed now. I lay on the bed yesterday. I have never lain on a green bed.«

Es klingt wie im Deutschen – und ist leider falsch

Auf gar keinen Fall darf man den Ausdruck »vor zwei Tagen« mit »for two days« übersetzen. Richtig ist: two days **ago** (»for two days« heißt »zwei Tage lang«).

Was für ein Hund ist das? »What for« gibt es (in diesem Zusammenhang) im Englischen nicht. Deshalb muss es heißen: »**What kind** of dog is that?« Und der Ausruf »Was für ein tolles Lied!« heißt: »What a great song!«

to become

Auch wenn die beiden Wörter gleich klingen: »become« heißt

nicht »bekommen«, sondern »werden« (»she wants to become a pilot«). »Bekommen« heißt »to get«: »I never get letters from you.«

»Er hat Recht« heißt nicht »He has right«, sondern: »**He is right.**«

»Er hob die Hand« heißt nicht »he raised the hand«.
Auch wenn wir im Deutschen »die« Hand sagen – im Englischen muss es »seine« Hand heißen: »He raised his hand.«
»Sie trägt die Haare jetzt kurz.« = »she wears her hair short now.«
»Er hat ein eigenes Haus« = »He has his own house.«

Ich will, dass du nach Hause kommst: »I want …«
Die Formulierung »I want, that you come home« würde ein Brite oder Amerikaner nie wählen. Stattdessen: »I want you to come home.« »Er wollte, dass sie singt.« heißt: »He wanted her to sing.«

Ja, ich will! Auf die Frage »Do you want to marry her?« würde so mancher heiratswillige Deutsche antworten: »Yes, I want it.« Korrekt heißt es aber: »Yes, I want to.«

Die Sache mit den **Präpositionen**
- im Kino: nicht »in the cinema« (das hieße betont innen drin), sondern: »**at the cinema**«
- mit dem Auto: nicht »with the car«, sondern: »**by car**«
- an Gott glauben: »**to believe in** God«
- ein Beispiel für guten Geschmack: »an **example of** good taste«
- am Freitag: »**on Friday**«

- verheiratet mit ihm: »**married to** him«
- an Schmerzen leiden: »**to suffer from** pain«
- das hängt von ihr ab: »that **depends on** her«
- das ist typisch für Jenny: »that's **typical of** Jenny«
- ein Film von Hitchcock: »**a film by** Hitchcock«
- an diesem Text ist nichts interessant: »there is nothing **interesting about** this text.«

»In Chicago werde ich das Flugzeug wechseln«. Würden Sie das mit »in Chicago I will change the plane« übersetzen? Dann sagen Sie das im Flughafen nicht zu laut – man könnte Sie festnehmen. Das bedeutet nämlich: In Chicago werde ich das Flugzeug verändern. Wenn es ums Umsteigen geht, muss es heißen: »In Chicago I will change planes«, also ohne Artikel.

Die Wortstellung

B

»I have always« oder **»I always have«?**
»Ich habe ihr immer mein Geld gegeben.« Hier gibt es ein Hilfsverb (habe = have) und ein Hauptverb (gegeben = given). Zeitliche Bestimmungen wie always, sometimes, never, often stehen immer dazwischen: »I have always given my money to her.« »He has never seen a tiger.«

Wenn es kein Hilfsverb, sondern nur das normale Hauptverb gibt, dann stehen die zeitlichen Bestimmungen davor: »I always give money to her.« »I never ordered this pizza.« Wenn das Verb »to be« heißt (I am, she is, we are etc.), dann steht die zeitliche Bestimmung direkt dahinter: »I am always late.« »He is never an honest person.« (»Er ist niemals ein ehrlicher Mensch«).

Gegenwart, Vergangenheit, Zukunft: So kriegen Sie's hin

Begriffe wie »Past perfect« und »Simple present« haben schon manchen verzweifeln lassen, der eigentlich Lust auf die englische Sprache hatte. Um nun nicht auch Ihnen den Spaß zu verderben, kommen die folgenden Beispiele weitgehend ohne diesen Begriffsballast aus.

Die Gegenwart: **I eat** oder **I am eating?**
»You are working«, »I am eating«, »She is sleeping«: All das passiert jetzt, in diesem Moment.

   »You work in a factory«, »I eat every day«, »she sleeps in her bed«: Das passiert regelmäßig oder immer wieder, und deshalb nimmt man hier die Grundform. Entsprechend heißt es auch: »The river flows into the ocean«, aber: »The river is flowing rapidly today.«

B

Die Vergangenheit: **I was** oder **I have been?**
Ist das Geschehen vorbei und erledigt? Dann sagt man zum Beispiel: »I was in Paris last year, I met Emily there.«

Dauert das Geschehen (oder seine Folgen) noch an, hat es einen Bezug zur Gegenwart? Dann sagt man: »I have visited you three times, but I have not met your sister yet.«

Kleiner Test: Was heißt demnach »Ich habe den Brief gestern geschrieben«? Die Übersetzung »I have written the letter yesterday« liegt nahe, aber sie ist falsch. Die Handlung ist ja abgeschlossen, das »yesterday« lässt keinen Raum für Zweifel. Es muss deshalb heißen: »I wrote the letter yesterday.«

Korrekt ist folgender Dialog: »Have you been in England?« (Bezug zur Gegenwart) – »Yes, I have. I was there last year.« (Die Handlung ist abgeschlossen.)

Es gibt noch eine dritte Form der Vergangenheit, mit der man ausdrücken kann, dass sich ein Geschehen vor einem anderen vergangenen ereignet hat. Beispiel: »Max hat letzte Woche Susan geheiratet. Sie hatten sich zwei Jahre zuvor kennengelernt.« »Max married Susan last week. They had met two years before.«

Die Form »I was« nennt man **Simple past,** die Form »I have been« nennt man **Present perfect.** Die Vorvergangenheit nennt man **Past perfect.**

»She had been waiting for one hour« heißt: »Sie wartete eine Stunde lang.«

»She has been waiting for one hour« heißt: »Sie wartet seit einer Stunde.«

B

»going to« oder **»will«**? Wie wird die Zukunft gebildet?

I will be 40 next May – nächsten Mai werde ich 40. Das ist ein zukünftiges Ereignis, das man nicht beeinflussen kann, deshalb wählt man hier die neutrale Form der Zukunft mit »will«. Auch bei Vermutungen, Erwartungen oder spontanen Entscheidungen verwendet man »will«: »I hope they won't (= will not) be late. I will be back in a minute.« Wenn man aber eher eine Absicht oder einen Plan ausdrückt, dann bietet sich die going-to-Variante an: »We are going to see Tina next week.« Oder: »My daughter is going to be a stewardess.« Auch für Ereignisse, die in naher Zukunft eintreten werden, vor allem wenn schon erste Anzeichen dafür sichtbar sind, wird »going to« verwendet: »Oh, look at the clouds, it is going to rain soon.«

if und **would:** nie zusammen!

Wenn man nicht gerade Brite oder Amerikaner ist, erfordert es schon fast übermenschliche Größe, die drei folgenden Sätze – die alle falsch sind – fehlerfrei umzuformulieren:

1. »She has told me, that if I will come early, I will get a ticket.«
2. »She told me, that if I would come early, I would get a ticket.«
3. »She told me, that if I would have come early, I would have got a ticket.«

Wie gesagt: alles falsch. Denn Satzteile, in denen »if« vorkommt, dürfen kein »would«, »should« oder »will« enthalten.

»Falls es regnen würde«, heißt also nicht: »If it would rain«, sondern »If it rained«.

Und die drei Sätze mit den Tickets lauten richtig so:

1. »She has told me, that if I come early, I will get a ticket.«
2. »She told me, that if I came early, I would get a ticket.«
3. »She told me, that if I had come early, I would have got a ticket.«

Hier liegen die drei Typen von **Bedingungssätzen** vor, die sich in der Wahrscheinlichkeit des Ergebnisses unterscheiden. Satz 1 ist wahrscheinlich, Satz 2 unwahrscheinlich und Satz 3 unmöglich, da das Ergebnis bereits bekannt ist und nicht mehr verändert werden kann.

Adjektiv oder Adverb?

B

»The quick dog runs quickly.« So ist es richtig, denn »quick« ist ein Adjektiv, während »quickly« ein Adverb ist. Ein Adjektiv beschreibt, wie etwas ist, bezieht sich also auf ein Hauptwort (»the quick dog«), ein Adverb beschreibt, wie man etwas macht, bezieht sich also auf ein Verb (»runs quickly«).

Wenn man unsicher ist, kann man sich fragen: *Ist* die Person (der Gegenstand, das Tier) so? Dann muss hier ein Adjektiv hin. Oder *macht* sie (er, es) etwas so? Dann ist ein Adverb gefragt. Beispiel: »Nina is running quick/quickly.« *Ist* Nina schnell? Nein, sie *macht* etwas schnell, sie läuft schnell. Also: Adverb (»quickly«).

Um ein Adverb zu bilden, hängt man einfach ein »-ly« an das Adjektiv. Meistens jedenfalls. Manchmal fällt dabei ein Buchstabe weg (simple – simply) oder es kommen welche dazu (fantastic – fantastically).

Man steigert Adverbien anders als Adjektive: mit »more« und »most«.

Beispiel: Das Adjektiv »quick« wird »quicker, quickest« (schneller, am schnellsten) gesteigert; das Adverb »quickly« wird bei der Steigerung zu »more quickly« und »most quickly« (»The dog runs more quickly than the quick cow.«).

C

Auch bestimmte Adjektive werden mit »more« und »most« gesteigert: drei- und mehrsilbige Adjektive (beautiful, expensive) sowie zweisilbige Adjektive, die nicht auf -ly enden (boring, stupid). Die sonst bei Adjektiven übliche Steigerung (quicker, quickest) würde hier seltsam klingen: »stupider, stupidest«? No, thank you!

B

Es gibt Wörter, bei denen die Endung »-ly« zu einer anderen Bedeutung führt. Beispiele:

»fair« = fair   »fairly« = ziemlich
»hard« = schwer   »hardly« = kaum
»high« = hoch   »highly« = sehr (that's highly interesting)
»late« = spät   »lately« = kürzlich, in letzter Zeit
»near« = nahe   »nearly« = kaum

Wörter, die man leicht verwechselt

this oder **that?**

Hier geht es um Nähe oder Entfernung: »This boy is Markus (dieser, der hier) – that boy is Jonas (der dort, jener)«. Im Plural: »These boys (diese) are German, those are from Italy (jene, die da).«

much oder **many?**

Wenn man das, was man erwähnt, zählen kann, dann nimmt man »many« (many books, many friends). Wenn es sich um eine unbestimmte Menge handelt, dann nimmt man »much« (much work, this is too much). Also: »He has much money, but not many coins« (Er hat viel Geld, aber nicht viele Münzen).

B

which oder **what?**

»Ein Buch zu lesen – was ich gerne tue – macht mich glücklich.« »Kein Geld zu haben, was ihr ziemlich oft passiert, ist immer ein Drama.« Dieses »was« übersetzen wir im Deutschen leicht mit »what«. Es muss aber »which« heißen: »To have no money, which happens to her quite often, is always a drama.« (Diese eingeschobenen Was-Sätze sind übrigens Relativsätze.)

happy oder **lucky?**
»to be happy« heißt: glücklich sein
»to be lucky« heißt: Glück haben

ten minutes late oder **ten minutes too late?**
»Er ist zehn Minuten zu spät gekommen« könnte man mit »He came ten minutes too late« übersetzen. Das hieße aber: zehn Minuten zu spät für etwas, zum Beispiel um den Zug zu kriegen, das Postamt noch geöffnet vorzufinden oder irgendein anderes Ziel zu erreichen. Will man nur sagen, dass sich jemand um zehn Minuten verspätet hat, dann heißt es: »He is ten minutes late.«

bis zum Sommer: **by** summer oder **until** summer?
Es wird bis zum Sommer dauern: »It will take until summer (Zeitraum).«
Das Haus wird zum Sommer fertig sein: »The house will be finished by summer (spätestens, Zeitpunkt).«

Was heißt **»ich auch nicht«?**
Claudia sagt: »I don't like rain.« Tim will ihr zustimmen – und sagt was? »I don't like it either.« Oder »I don't either.« Oder auch nur: »Me neither.«

next oder **near?**
»Wer ist der Nächste?« (zeitlich) heißt: »Who's next?«
»In der Nähe des Parks« heißt nicht »in the near of the park«, sondern »near the park«.

»Wo ist das nächste Krankenhaus?« (örtlich) heißt: »Where is the nearest hospital?«

first oder at first?

»You came first«: Du kamst zuerst (als Erster).

»At first I felt unhappy«: Zuerst (zunächst, anfangs) fühlte ich mich unglücklich.

at last oder at least?

»at last« heißt »endlich«, »at least« heißt »mindestens«: »Paul is at least 30 years old, at last he has found a girlfriend.«

other oder else?

Er will das andere Buch kaufen: »He wants to buy the other book.« »Other« ergänzt als Adjektiv ein Hauptwort.

Er will etwas anderes kaufen: »He wants to buy something else.« »Else« folgt meist auf die Wörter »who«, »what«, »anyone«, »someone« oder »something«. Beispiel: »Who else was there (wer war noch da)?«

B

him oder himself?

»Er hasst sich«, heißt nicht »He hates him«, sondern »He hates himself«. Weil sich hier der Handelnde auf sich selbst bezieht. »Sie fragte sich« heißt entsprechend »She asked herself«. I asked myself, you asked yourself. Mehrzahl: We asked ourselves, you asked yourselves, they asked themselves. »Ich beantwortete die Frage selbst« heißt »I answered the question myself«.

Die Wörter »myself«, »himself« etc. nennt man **Reflexivpronomen.**

if oder **when?**
Da »when« wie das deutsche Wort »wenn« klingt, wird es gern eins zu eins so übersetzt, was aber oft falsch ist. Im Deutschen kann »wenn« sowohl für das zeitliche »wenn« als auch für »falls«, also eine Bedingung, verwendet werden. »When« dagegen meint immer eine Zeit und bedeutet »immer wenn« oder »dann, wenn« (»Please wake me up when you come home«).

»If« meint dagegen eine Bedingung (»He would be happy now if he had married her«). Lässt sich anstelle von »wenn« auch »falls« sagen? Dann muss man »if« nehmen.

»If« kann auch »ob« bedeuten: »I don't know if they have a job for me.« Auch hier geht es um eine Bedingung (ob sie/falls sie einen Job für mich haben = »if they have a job for me«).

since oder **for?**
Beides heißt »seit«. Aber »since« nimmt man, wenn man einen Zeitpunkt meint: »I have not seen her since summer 2009.« Will man dagegen einen Zeitraum beschreiben, nimmt man »for«: »I have tried to find you for a long time (seit langem).«

some oder **any?**
Sie kommen häufig vor, sind aber oft nur schwer auseinanderzuhalten. Worin unterscheiden sie sich?

Mit »some« beschreibt man eine unbestimmte Menge, die wirklich vorhanden ist: »Do you want some tea?«

Mit »any« beschreibt man eine unbestimmte Menge, die man infrage stellt oder bezweifelt: »Do you have any tea?«

Any wird auch zur Verneinung eingesetzt. »Ich kenne keinen dieser Filme« heißt: »I don't know any of these films.« Will man aber sagen, »Ich kenne einige dieser Filme nicht«, dann muss es heißen: »I don't know some of these films.«

anything heißt »etwas« oder »irgendwas«: »Is there anything that I can do for you?«

»Tell me if there is anything else (sag mir, ob es sonst noch was gibt).«

somebody oder **someone?**
Endlich mal eine einfache Regel: Es gibt keine – beide Wörter sind austauschbar.

Dasselbe gilt für »everybody« und »everyone«, für »anybody« und »anyone«. Man könnte höchstens sagen: »someone« klingt ein bisschen kultivierter, »somebody« etwas bodenständiger.

Was bedeutet: »Anne and Pete are thinking about **themselves**«? Die leider unromantische Antwort: Jeder denkt an sich selbst. Wenn man dagegen ausdrücken will, dass Anne und Pete aneinander denken, dann muss es heißen: »Anne and Pete are thinking about **each other**.«

Das deutsche »noch«: **still** oder **yet** oder **even?**

Ich bin noch in der Küche: »I'm still in the kitchen.« Er ist noch nicht hier: »He is not here yet.«

In beiden Fällen geht es um ein zeitliches »noch«. »Yet« nimmt man bei Verneinungen und Fragen.

Wenn es aber nicht um die Zeit geht (»Er ist noch größer als du«), dann muss es »even« heißen: »He is even taller than you.«

B Vorsicht, fiese Fallen!

Manche englischen Vokabeln sind scheinbar ganz leicht zu übersetzen, weil sie sehr ähnlich klingen wie deutsche Wörter. Aber genau da liegt die Gefahr. Hier 20 typische Stolperfallen:

- **actual** heißt nicht aktuell, sondern tatsächlich, eigentlich
- **also** heißt nicht also, sondern auch
- **to blame** heißt nicht blamieren, sondern beschuldigen
- **to become** heißt nicht bekommen, sondern werden
- **brave** heißt nicht brav, sondern mutig, tapfer
- **eventually** heißt nicht eventuell, sondern schließlich, endlich
- **floor** heißt nicht Flur, sondern Fußboden oder Etage
- **gift** heißt nicht Gift, sondern Geschenk
- **high school** heißt nicht Hochschule, sondern Gymnasium
- **map** heißt nicht Mappe, sondern Landkarte
- **middle-aged** heißt nicht mittelalterlich, sondern im mittleren Alter →

- **murder** heißt nicht Mörder, sondern Mord (Mörder = murderer)
- **ordinary** heißt nicht ordinär, sondern normal, gewöhnlich
- **to overhear** heißt nicht überhören, sondern zufällig hören, mitbekommen
- **the other day** heißt nicht am anderen Tag, sondern neulich
- **physician** heißt nicht Physiker, sondern Arzt
- **rent** heißt nicht Rente, sondern Miete
- **snake** heißt nicht Schnecke, sondern Schlange
- **to spend** heißt nicht spenden oder spendieren, sondern ausgeben, verbrauchen
- **strong** heißt nicht streng, sondern stark, kräftig

Ein paar Tipps zum richtigen Schreiben

Wann setzt man einen **Apostroph?**

Dieses Zeichen erfüllt zwei Aufgaben:

1. Es ersetzt fehlende Buchstaben (»that's funny«, »I don't like it«)

2. Es zeigt Besitz oder eine Zuordnung an (»George's house«, »someone's car«).

Vorsicht, Verwechslungsgefahr: Es heißt »*it's* a nice car (= it is a nice car) «, aber: »I like *its* colour.«

B

Beachten Sie den Unterschied zwischen »the girl's shoes« (die Schuhe des Mädchens) und »the girls' shoes« (die Schuhe der Mädchen).

Die Uhrzeiten: **a.m.** und **p.m.**
Der Zug kommt um 22.14 Uhr an? Das gibt es im Englischen nicht: Hier zählt man die Stunden nur von eins bis zwölf, und deshalb muss man deutlich machen, welche Tageshälfte gemeint ist. Von Mitternacht bis mittags um zwölf setzt man ein »a.m.« hinter die Uhrzeit, danach ein »p.m.«. Beispiel: »3.10 a.m.« bedeutet nachts um zehn nach drei. Mitternacht (midnight) schreibt man 12.00 p.m., während zwölf Uhr mittags (= midday = noon) mit »12.00 a.m.« bezeichnet wird.

C

Die Kürzel kommen aus dem Lateinischen: »a.m.« ist die Abkürzung für »ante meridiem« (vor dem Mittag), und »p. m.« steht für »post meridiem« (nach dem Mittag).

B

Was ist der Unterschied zwischen **already** und **all ready?**
»Already« heißt »schon« (»I have seen it already«). »They are all ready« heißt »sie sind alle fertig«.

Zur Übersicht:

A Für Ahnungslose | **B** Für Besserwisser | **C** Für Champions

Deutsche Literatur

Nicht nur Goethe und Schiller, Brecht und Grass

Was unterscheidet gute und bedeutende Schriftsteller von anderen? Warum gibt es Autoren, die Bestseller für ein Millionenpublikum schreiben, aber nicht als »große« Literaten anerkannt sind?

Unabhängig von literarischen Vorlieben gilt: Gute Literatur ist mehr als reine Unterhaltung. Anspruchsvolle Autoren wollen nicht nur eine spannende oder amüsante Geschichte erzählen, sondern zum Nachdenken anregen, indem sie Konflikte oder gesellschaftliche Missstände aufzeigen; oft lassen sie dabei ihre eigenen Lebenserfahrungen einfließen. Sie beschreiben meist Menschen, deren Erlebnisse dazu führen, dass sie am Ende der Handlung nicht mehr genau dieselben sind, die sie am Anfang waren. Im Idealfall gilt das auch für die Leser oder Zuschauer: Ein Roman, ein Gedicht oder Theaterstück kann ihnen den Zugang zu ihrem eigenen Innenleben öffnen und ihnen zu neuen Erkenntnissen verhelfen.

Unter den deutschsprachigen Dichtern, Dramatikern und Romanschreibern die wichtigsten vorzustellen, ist das Ziel dieses Kapitels – auch wenn es auf die Frage, ob nicht andere, ungenannte Namen ebenso wichtig oder noch bedeutender wären, keine allgemein gültige Antwort gibt.

»Deutsche Literatur« heißt nicht, dass sie aus Deutschland kommen muss, sondern dass die Autoren und Autorinnen in deutscher Sprache geschrieben haben. So wie Friedrich Dürrenmatt und Max Frisch, deren Schreibmaschinen in der Schweiz standen. Hemingway und Shakespeare würden Sie auf den folgenden Seiten aber vergeblich suchen – die finden Sie im Kapitel »Weltliteratur« ab Seite 99.

Was Ihnen in diesem Kapitel erspart bleibt:

In der Literaturwissenschaft wimmelt es von Begriffen, mit denen man als Leser der beschriebenen Literatur nie in Berührung kommt: Stichomythie (eine Form des Dialogs) und Metonymie (die Umbenennung eines Begriffs) zum Beispiel. Solche Fachausdrücke werden Ihnen auf den folgenden Seiten nicht begegnen. Und dass man in der Metrik (Verslehre) von einer Brechung spricht, wenn eine syntaktische Einheit sich nicht mit einer Verszeile deckt? Das ist Ihnen hoffentlich auch egal – denn hier werden Sie dazu nichts finden.

Biografie oder Bibliografie?
Begriffe der Literatur

In einer **Biografie** erzählt ein Autor über das Leben eines anderen Menschen. In einer **Autobiografie** erzählt er über sein eigenes (die griechische Vorsilbe »auto« heißt »selbst«). Dabei beschreibt er vor allem seine persönliche Entwicklung, im Idealfall ehrlich und ungeschönt. Schreibt er dagegen seine **Memoiren,** dann geht es dabei nicht nur um ihn selbst, sondern auch um Begegnungen mit anderen und darum, wie er bestimmte Ereignisse (den Fall der Mauer, einen Empfang beim Präsidenten) erlebt hat.

Wenn Sie in einer Buchhandlung fragen, wo die **Belletristik** steht, dann führt man Sie nicht zu den Sach- und Fachbüchern, sondern zu den Romanen und Erzählungen. Eine **Erzählung** ist nicht so lang wie ein **Roman** und hat eine einfachere Handlung. Sie ist aber nicht so kurz wie eine Kurzgeschichte. **Kurzgeschichten** behandeln meist einen Ausschnitt aus dem Leben eines Menschen. Oft beginnen sie abrupt (»Schweißgebadet wachte er auf«), und der Schluss bleibt häufig offen. Also nichts für Leser, die ein Happy End herbeisehnen.

Eine **Bibliografie** ist ein Literaturverzeichnis, zum Beispiel das am Ende dieses Buchs.

Was ein **Drama** ist, glauben wir alle zu wissen: Seine Handlung ist spannend und ernsthaft, eben »dramatisch«? Nicht unbedingt, denn ein Drama kann auch eine **Komödie** sein. Oder eine **Tragödie.** Oder beides, dann ist es eine **Tragikomödie.**

Ein **Prosa**-Text ist nicht in bestimmten Rhythmen oder in Versform geschrieben, sonst wäre es **Lyrik.**

Ein **Protagonist** ist ein Hauptdarsteller, zum Beispiel ein Held wie Harry Potter.

B

Auch eine **Glosse** zählt zu den Prosa-Texten: In kurzer, oft witzig-ironischer Form greift sie ein gesellschaftliches Thema auf (so wie es das tägliche »Streiflicht« in der »Süddeutschen Zeitung« macht).

Ähnlich, aber meist ernsthafter ist der **Essay,** wo die persönliche Meinung des Autors noch stärker im Mittelpunkt steht; er schreibt oft zu einem bekannten Thema, aber aus neuer Sicht.

Ein **Aphorismus** ist eine kurze, treffende Formulierung (»Es gibt nichts Gutes, außer man tut es«).

Eine **Anthologie** ist eine Sammlung von Texten. Aber nicht von nur einem Verfasser, sondern von verschiedenen.

Eine **Erörterung** ist ein typisches Schulthema im Deutschunterricht: Zu einer Frage oder Aussage (»Sollte es eine Grundrente für alle geben?«) sollen Pro- und Kontra-Argumente gefunden werden.

Eine **Fabel** ist ein Text, manchmal in Versform, in dem Tiere menschliche Eigenschaften haben und so typische menschliche Schwächen aufzeigen.

Eine **Ballade** ist eine Erzählung in Gedichtform; sie enthält Personen, Handlung, Dramatik und wörtliche Rede (als Monolog oder Dialog).

Ein **Mythos** ist eine Sage, in der menschliche Handlungen auf den Einfluss von Göttern zurückgeführt werden.

Eine **Novelle** ist eine Erzählung, die ein für die handelnden Personen ungewöhnliches Ereignis beschreibt, zum Beispiel einen Konflikt. Straffer als die Kurzgeschichte, kommt die Novelle ohne Umschweife schnell zum Kern des Themas.

Ein **Prolog** ist ein Vorwort, zum Beispiel die einführende Rede zu einem Theaterstück.

Epik, Lyrik, Dramatik – die drei literarischen Gattungen

Zur Epik gehören unter anderem Romane, Kurzgeschichten, Märchen, Sagen und Novellen. Lyrik, das heißt: Gefühle in Versform. Ein Drama wird dagegen mit Rede (Monolog) und Gegenrede (Dialog) auf der Bühne dargestellt, in Form einer abgeschlossenen Handlung. Zum Beispiel als Tragödie oder Komödie.

Die Erzählperspektive: Auf den Standpunkt kommt es an

Der **Autor** (= **Verfasser**) eines Romans bleibt unsichtbar, er ist nicht mit dem **Erzähler** gleichzusetzen. Ein Erzähler kann das Geschehen aus verschiedenen Blickwinkeln (Perspektiven) schildern:

- Der **allwissende Erzähler** kommt nicht in der Handlung vor; er kennt aber ihren Ablauf und die Gedanken der Handeln-

den und weiß immer mehr als der Leser. (»Hans war aufge-
bracht, doch schon bald sollte sich sein Zorn legen.«) Man
nennt dies die **auktoriale Erzählperspektive.**

- Der **Erzähler als Beobachter** kommt ebenfalls nicht in der
Handlung vor; er schildert nur, was er sieht, kennt aber
nicht die Gefühle der Beteiligten und kommentiert auch
nicht das Geschehen (»Der Mann bekam einen roten Kopf
und ging auf den anderen zu.«) Man nennt dies die **neutrale Erzählperspektive.**

- Der **Ich-Erzähler** kommt in der Handlung als Figur vor; er
berichtet, meistens rückblickend, aus seiner Sicht (»Als ich
das hörte, spürte ich, wie die Wut in mir hochstieg.«)

- Der **beteiligte Erzähler** kommt in der Handlung vor; er
schlüpft in die Rolle einer der handelnden Personen und
schildert das Geschehen aus ihrer Sicht; er weiß aber nicht
mehr als diese Person (»Er wollte sich nicht aufregen, aber
ihm war klar, dass er jetzt wieder rot werden würde.«) Man
nennt dies die **personale Erzählperspektive.**

Das **Leitmotiv** zieht sich ähnlich wie ein Hauptgedanke oder
roter Faden durch einen Roman oder eine Novelle. Beispiel: In
Gerhart Hauptmanns Drama »Die Weber« singen die Arbeiter
in verschiedenen Akten das verbotene Lied vom Blutgericht,
das Symbol für ihre Auflehnung.

Berühmt und beliebt:
Die großen Schriftsteller

Auf einen Blick: Wer lebte wann?

1700	1750	1800	1850	1900	1950	2000

Lessing
Goethe
Schiller
Kleist
Eichendorff
Brüder Grimm
Heine
Büchner
Droste-Hülshoff
Keller
Storm
Fontane
Busch
Kafka
Rilke
Tucholsky
Zweig
H. Mann
Th. Mann
Fallada
Brecht
Hesse
Kästner
Böll
Frisch
Dürrenmatt
Becker
Lenz
Grass
Walser
Wolf

1700	1750	1800	1850	1900	1950	2000

1200–1700:
Die deutsche Literatur schläft lange

Um 1200, mitten im Mittelalter, beginnt die deutsche Dicht-kunst: Ein Unbekannter schreibt das Nibelungenlied (der Held Siegfried begehrt die schöne Kriemhild); **Wolfram von Eschen-bach** schildert, wie im »Parzival« der gleichnamige Held in die Ritterrunde des Königs Arthur aufgenommen wird; und an den Fürstenhöfen beginnt die »höfische« Dichtung. Vor allem der Minnesang kommt gut an: Wenn ein Minnesänger die unerfüll-te Liebe eines Ritters zu seiner Angebeteten in Verse fasst und auch noch eine gute Stimme hat, bewegt das die Zuhörer. Der bekannteste Minnesänger ist **Walther von der Vogelweide.**

Die Jahre 1300 bis 1700: Italien hat seinen Dante, England seinen Shakespeare, Frankreich seinen Molière (siehe Kapitel »Weltliteratur«) – eine vergleichbare Berühmtheit in Deutsch-land gibt es in diesen Jahren nicht. Aber: In Mainz druckt Gutenberg seine berühmte Bibel. Sie besteht nur aus 42 Zei-len – doch er schafft damit im Jahr 1455 die Grundlage der Drucktechnik und aller Literatur.

C

1494, zwei Jahre nachdem Kolumbus in Amerika gelandet ist, erscheint in dem satirischen Werk »Das Narrenschiff« eine komische Figur mit dem Namen Hanswurst. Später wird sie zum Vorbild für jemanden, den noch heute jedes Kind kennt: Kasperle.

1700–1800:
Drei große Dichter betreten die Bühne

Nach dem Ende des Mittelalters (um 1500) entstehen in Deutschland zwei Jahrhunderte lang überwiegend Gedichte und so gut wie keine bekannten Werke. Dann aber geht es Schlag auf Schlag. Die vier wichtigsten Jahreszahlen kann man sich leicht merken, weil sie alle mit einer 9 enden:

1669: Der erste deutsche Roman
1729: Lessing wird geboren
1749: Goethe wird geboren
1759: Schiller wird geboren

Der erste deutsche Roman erscheint 1669 und heißt »Der abenteuerliche Simplicissimus«, sein Autor ist **Johann Jakob von Grimmelshausen.** Er schildert die Geschichte eines jungen Mannes, der als Soldat und Kaufmann Ereignisse wie Krieg, Entführung und Verarmung erlebt.

Der **Barock**-Roman »Simplicissimus« ist auf Anhieb ein Erfolg.

Sogar drei Jahrhunderte später regt er noch andere Autoren an, zum Beispiel Brecht (»Mutter Courage«) und Grass (»Das Treffen in Telgte«). Die Dichter des Barock sehen das menschliche Dasein von Gegensätzen wie Leben und Tod, Diesseits und Jenseits bestimmt, und sie schreiben darüber in einer Sprache, die reich an Bildern ist.

Aufklärung

Der wichtigste Dichter im 18. Jahrhundert heißt **Gotthold Ephraim Lessing** (1729 – 1781), und das bedeutet im selben Atemzug: »Aufklärung«. Diese geistige Strömung steht für weniger Willkür und Aberglauben, für mehr Vernunft und Toleranz.

B

Die Aufklärung macht Schluss mit der bis dahin geltenden Ehrfurcht gegenüber der Antike und stürzt auch die Regel vom Sockel, nach der nur Könige, Prinzessinnen und Co. die Hauptfiguren in einer Tragödie sein dürfen. Nun kommen in diesen Rollen auch bürgerliche Normalmenschen vor. Lessings erstes **bürgerliches Trauerspiel** heißt »Miss Sara Sampson«. Nach der Uraufführung (1755) schreibt ein Chronist: »Die Zuschauer haben drei und eine halbe Stunde zugehört, stille gesessen wie Statuen und geweint.«

Berühmt werden auch die Komödie »Minna von Barnhelm« und das Drama »Nathan der Weise«, in dem sich Lessing für religiöse Toleranz starkmacht.

Lessing ist nicht nur Dichter, sondern auch Philosoph, Kunstkritiker, Religionskenner, Bibliothekar und Dramaturg (ein Dramaturg wählt am Theater die Stücke aus). Und das alles in nur 52 Lebensjahren.

Sturm und Drang

Auch mit dieser Bewegung – sie ist eine Weiterentwicklung der Aufklärung – rebellieren junge Schriftsteller gegen die ältere Generation. Sie zeigen Gefühle, benutzen Kraftausdrücke, sind leidenschaftlich. Ihr bekanntester Vertreter erscheint uns heute selbst alt und ehrwürdig: **Johann Wolfgang von Goethe** (1749 – 1832). Aber als 25-Jähriger (1774) ist auch er stürmisch.

Johann Wolfgang von Goethe: unangefochten die Nummer eins

Keine Frage, Goethe gilt als der größte deutsche Dichter und Schriftsteller. Über ihn wurden unzählige Bücher, Aufsätze und Seminararbeiten geschrieben. Schon zu Lebzeiten, also um 1800, verehrt man ihn, und immer wieder bekommt er Besuch von Dichterkollegen aus aller Welt. Sein bekanntestes Werk ist der »Faust«: Der Gelehrte mit diesem Namen überlässt seine Seele dem Teufel (Mephisto genannt); als Gegenleistung soll Faust Wissen und Macht erhalten.

C

Der deutsche Arzt, Astrologe und Theologe Johannes Faust hat wirklich gelebt (um 1500). Er starb ganz plötzlich, was zu der Spekulation führte, er sei vom Teufel geholt worden. Dieser Stoff war nicht nur Vorlage für Goethe, sondern auch für andere Autoren vor und nach ihm.

A

Allein Goethes Gedichte füllen mehrere Bände. Er schreibt aber auch Romane (»Die Wahlverwandtschaften«), Theaterstücke, Balladen (»Der Zauberlehrling«) und eine Autobiografie (»Aus meinem Leben. Dichtung und Wahrheit«).

B

Ein typisches Sturm-und-Drang-Stück ist Goethes Schauspiel »Götz von Berlichingen«, in dem die Handelnden von Leidenschaft, Liebe und Hass getrieben sind. Hauptfigur ist der Ritter mit der eisernen Hand (er lebte wirklich; die Prothese trug er, weil seine Hand nach einer Schussverletzung amputiert werden musste). Er tritt für Treue und Gerechtigkeit ein; sein Gegner ist der Bischof von Bamberg. Götz wird von aufständischen Bauern zu ihrem Anführer gewählt und stirbt am Ende im Gefängnis – mit den Worten: »Himmlische Luft – Freiheit! Freiheit!«

Goethe beeinflusst mehrere literarische Epochen und Strömungen. Weltberühmt wird er mit dem in Briefform geschriebenen Roman »Die Leiden des jungen Werthers«, in dem es um eine unerfüllte Liebe geht. Wegen ihr bringt Werther sich am Ende um. Dieses Werk entsteht 1774 in einer Zeit, die als

Empfindsamkeit bezeichnet wird, weil in ihr seelische Regungen und Gefühle ausgedrückt werden.

Goethe kommt aus einer angesehenen Familie, ist Rechtsanwalt in seiner Geburtsstadt Frankfurt am Main, Mitglied der Regierung (Geheimer Rat) in Weimar und wird vom Kaiser geadelt (Johann Wolfgang von Goethe).

Auch als Naturforscher macht das Universalgenie von sich reden: Goethe schreibt eine beachtete Farbenlehre und entdeckt als Erster den menschlichen Zwischenkieferknochen.

Friedrich Schiller (1759–1805): der geniale Rebell

Obwohl er nur 45 Jahre alt wird, ist er in dieser Zeit unvorstellbar kreativ – nicht nur als Schriftsteller. Seine mitreißenden Dramen stehen bis heute auf den Spielplänen der Theater: »Kabale und Liebe«, »Don Carlos«, »Maria Stuart«, »Die Jungfrau von Orleans« und andere. Kurz vor seinem Tod gelingt es ihm noch, das Schauspiel »Wilhelm Tell« über den Freiheitskampf der Schweizer, fertig zu schreiben. Bis heute berühmt sind auch Schillers bewegende Balladen, zum Beispiel »Der Taucher«, »Das Lied von der Glocke« und »Die Bürgschaft«, an deren Ende es heißt: »Ich sei, gewährt mir die Bitte, in eurem Bunde der Dritte.«

B

Schon sein erstes Stück, das er als 22-Jähriger schreibt, wird vom Publikum in Mannheim bejubelt: »Die Räuber«. Einige Zuschauer sind am Ende der Aufführung so ergriffen, dass sie sich weinend in die Arme fallen. Ganz dem Sturm und Drang verhaftet, kritisiert der junge Dichter hier massiv das Feudalsystem (die Herrschaft des Adels). Das bringt ihm ein Schreibverbot ein. Um der Zensur zu entgehen, flieht er aus Württemberg. Schillers Ode »An die Freude« wird später von Beethoven vertont (»Freude schöner Götterfunken«).

Schiller lebt bis 1805, stirbt also 27 Jahre vor dem zehn Jahre älteren Goethe, mit dem er befreundet ist.

Der eher schüchterne Johann Christoph Friedrich Schiller hat jahrelang Geldsorgen. Er studiert Jura, Medizin (und wird Regimentsarzt) sowie Philosophie – in diesem Fach unterrichtet er sogar als Professor in Jena. Wie gebildet er ist, zeigt auch seine Schrift über »Die Geschichte des Dreißigjährigen Krieges«. Im 19. Jahrhundert gilt nicht Goethe, sondern Schiller als »der« deutsche Dichter. Drei Jahre nach seinem Tod (er stirbt an Lungentuberkulose) wird er geadelt (Friedrich von Schiller).

Weimarer Klassik

Das klingt nach einer großen Epoche – sie bezeichnet aber nur die Arbeit von zwei Männern in einer Stadt in Thüringen: Goethe und Schiller. Alles, was die beiden zwischen 1794 und

1805 schreiben (bis Schiller stirbt), fällt in diese Zeit. In diesen elf Jahren beziehen sich die beiden Dichter häufig auf Ideale der Antike – auf Werte wie Harmonie und Humanität. Weimar ist allerdings nicht irgendeine Stadt, sondern um 1800 Deutschlands geistiger Mittelpunkt; hier leben mehrere Dichter, Philosophen und Übersetzer (wie zum Beispiel Christoph Martin Wieland, Friedrich Gottfried Klopstock).

Goethe und Schiller bleiben zunächst auf Distanz. Erst 1794 finden sie zusammen und schließen Freundschaft, als Goethe 45 ist und Schiller 35. Goethe erlebt den zehn Jahre Jüngeren auch als Konkurrenten, als jungen Aufsteiger. Schiller, der Newcomer, blickt dagegen zu Goethe auf. Bald erwirbt er sich dessen Respekt. Zum Beispiel, als er in Briefen Goethes Werk »Wilhelm Meisters Wanderjahre« kommentiert. Das gefällt Goethe: »Fahren Sie fort, mich mit meinem Werk bekannt zu machen.«

1800–1900:
Romantische Jahre, realistische Jahre

Der Schwabe **Friedrich Hölderlin** (1770-1843) hat kein leichtes Leben: Seine Werke bleiben zunächst unbeachtet, und weil er arm ist, muss er als Hauslehrer arbeiten. Goethe lässt ihn nach einer Begegnung links liegen, und seine Geliebte ist die Ehefrau eines anderen. Als sie stirbt, wird Hölderlin geisteskrank; mit 36 Jahren kommt er in eine Tübinger Heilanstalt, nach seiner Entlassung verbringt er den Rest seines Lebens zurückgezogen in geistiger Umnachtung. Lange nach seinem Tod wird er dann doch noch berühmt: mit seinem Briefroman »Hyperion«, in dem er die griechische Antike und den Kampf für die Freiheit idealisiert, und durch seine Gedichte, mit denen er vor allem die junge Generation begeistert. Um 1900 entsteht in Deutschland ein regelrechter Hölderlin-Kult.

B

Bevor die nächste Epoche beginnt, betritt noch ein Dichter die Bühne, der sich keiner geistigen Strömung zuordnen lässt: **Heinrich von Kleist** (1777–1811). Seine Novellen (»Michael Kohlhaas«) und Bühnenstücke (»Der zerbrochene Krug«) machen ihn zwar bekannt, aber die ersehnte große Anerkennung findet der Außenseiter nicht. So erschießt er sich, verarmt und nur 34 Jahre alt.

Romantik (1800–1850)

B

Ein romantischer Mensch gilt als gefühlsbetont, und das sind auch die Dichter dieser geistigen Strömung. In ihren Werken drückt sich Sehnsucht aus: nach der Vergangenheit, nach der Ferne, nach dem Wald, dem Wandern – nur mit der realen Gegenwart haben sie nicht viel im Sinn.

Der bekannteste Dichter dieser Zeit ist **Joseph Freiherr von Eichendorff** (1788 – 1857). Er schreibt die humorvolle Novelle »Aus dem Leben eines Taugenichts« und das Gedicht »Mondnacht«, dessen Anfang typisch für die Romantik ist: »Die Luft ging durch die Felder, die Ähren wogten sacht, es rauschten leicht die Wälder, so sternklar war die Nacht.«

Die **Brüder Grimm** (Jacob und Wilhelm) sind bis heute durch ihre Märchen bekannt (»Hänsel und Gretel«). Sie schreiben um 1850 aber auch ein umfangreiches »Wörterbuch der deutschen Sprache«, in dem jedes Wort mit seiner Bedeutung und Entstehung erklärt wird. Erst hundert Jahre nach ihrem Tod wird der letzte Band vollendet – es ist der zweiunddreißigste.

Biedermeier (1815 – 1848)

Auch wenn man dem Biedermeier einen Hang zu Frömmigkeit, Idylle und Harmonie nachsagt, schildert die bekannteste Dichterin dieser Epoche alles andere als eine heile Welt. **Annette von Droste-Hülshoff** (1797 – 1848) kommt aus Westfalen, ihre Liebe gehört der heimatlichen Landschaft: »Oh schaurig ist's, übers Moor zu gehn« beginnt ihre Ballade »Der Knabe im Moor«. In ihrer Novelle »Die Judenbuche« beschreibt sie, wie ein junger Mann, zu Stolz und Hochmut erzogen, zum Mörder wird.

Vormärz

Die Jahre vor der Märzrevolution 1848 (daher »Vormärz«) sind Jahre, in denen Autoren wie Georg Büchner und der Journalist Ludwig Börne zunehmend politischer denken. In einem rückständigen und behäbigen Land fordern sie Meinungs- und Pressefreiheit. Ziele, die zur selben Zeit auch die Gruppe **»Junges Deutschland«** hat, zu der deshalb zum Teil dieselben Schriftsteller gehören wie zum literarischen Vormärz.

Einer von ihnen, **Heinrich Heine** (1797 – 1856), beschreibt den »Glauben an den Fortschritt«: »Diese Erde ist groß genug, dass sie jedem hinlänglich Raum bietet, die Hütte seines Glücks darauf zu bauen« – doch nur, »wenn nicht einer auf Kosten des anderen« lebe. Heine hat zwei Seiten: Seine sensiblen Gedichte über die Natur und die Liebe passen so gar nicht zur spöttischen Gesellschaftskritik, die er später als Journalist übt. In seiner Dichtung »Deutschland. Ein Wintermärchen« rechnet er radikal mit den bestehenden Verhältnissen ab.

Georg Büchner (1813 – 1837) engagiert sich politisch (»Friede den Hütten, Krieg den Palästen!«), schildert Szenen der Französischen Revolution (Drama »Dantons Tod«) und beschreibt bewegend das Leben eines armen Soldaten (Drama »Woyzeck«). Büchner wird nur 24 Jahre alt.

Realismus (1850–1900)

B

Im März 1848 beginnt in Deutschland die Revolution. Die Bürger verlangen Wohlstand, Bildung, Freiheit – und die Dichter bemühen sich, wirklichkeitsnahe Geschichten zu erzählen. Mit der romantischen Verklärung ist es nun vorbei. Fünf dieser Dichter hinterlassen in dieser Zeit besonders deutliche Spuren:

Gottfried Keller (1819–1890) beschreibt das Leben eines armen Schneiders, der für einen Grafen gehalten wird (Novelle »Kleider machen Leute«).

Theodor Storm (1817–1888) schildert, wie dem Sohn eines Bauern der Aufstieg zum Deichgrafen gelingt und wie er gegen den Widerstand der Bevölkerung einen Damm bauen lässt (Novelle »Der Schimmelreiter«).

Theodor Fontane (1819–1898) schreibt zahlreiche Balladen und sorgt dafür, dass mit seinen Versen der beliebte »Herr von Ribbeck auf Ribbeck im Havelland« bis heute unsterblich ist. Seinen bekannten Roman »Effi Briest«, die Geschichte einer Ehebrecherin, schreibt Fontane, als er schon 75 Jahre alt ist.

Wilhelm Busch (1832–1908) verbindet als Erster den Realismus mit bebilderten Versen (»Max und Moritz«, »Die fromme Helene«). Humorvoll deckt er doppelte Moral, Spießigkeit und andere Schwächen seiner Mitmenschen auf: »Was man besonders gerne tut, ist selten ganz besonders gut.«

Naturalismus (um 1880–1900)

Noch schonungsloser, noch drastischer, noch radikaler als der Realismus schildert diese kurze literarische Phase die sozialen Probleme ihrer Zeit. In Deutschland wird nur ein einziger Vertreter des Naturalismus berühmt: **Gerhart Hauptmann** (1862–1946). In seinem Drama »Die Weber« schildert er das Leben von Handwerkern, die die Konkurrenz der Fabriken spüren und Hundefleisch essen müssen, um nicht zu verhungern. Schließlich wehren sie sich in einem Aufstand, der niedergeschlagen wird – so, wie es 1844 in Schlesien tatsächlich geschah.

1900–1950: Kriege und Krisen

Massenarmut, politische Unruhen, zwei Weltkriege – in schweren Zeiten sind auch Schriftsteller nicht unbeschwert. Zweifel am Menschen und an der Zivilisation durchziehen in der **Moderne** viele ihrer Werke.

Rainer Maria Rilke (1875–1926) gehört zu den bedeutendsten deutschen Lyrikern. Er schreibt auch einen Roman (»Die Aufzeichnungen des Malte Laurids Brigge«), der sogar als wegweisend für die moderne Literatur gilt. Aber die meisten Men-

schen verbinden seinen Namen mit seinen Gedichten, durch
die oft etwas Geheimnisvolles schimmert. So wie am Ende
von »Herbsttag«:

> Wer jetzt kein Haus hat, baut sich keines mehr.
> Wer jetzt allein ist, wird es lange bleiben,
> wird wachen, lesen, lange Briefe schreiben
> und wird in den Alleen hin und her
> unruhig wandern, wenn die Blätter treiben.

Franz Kafka (1883–1924) stellt das Alltägliche so dar, dass
es beim Leser Gefühle der Angst, des Unheils und der Hoff-
nungslosigkeit erzeugt. In seinem Roman »Das Schloss« wird
ein Mann zu Vermessungsarbeiten in ein Dorf gerufen, stößt
dort aber auf befremdliche Ablehnung. »Der Prozess« lässt einen Unschuldigen in einen ähnlichen Albtraum stürzen: »Jemand musste Josef K. verraten haben, denn ohne dass er etwas
Böses getan hätte, wurde er eines Morgens verhaftet.«

Als der in Prag (damals deutsch) geborene Kafka mit 41 Jahren
an Tuberkulose stirbt, ist sein Name nur wenigen ein Begriff.
Selbstzweifel und depressive Stimmungen hatten sein Leben
begleitet, weshalb er einen Freund beauftragte, nach seinem
Tod alle unveröffentlichten Texte – und das waren die meisten – zu vernichten. Der hält sich zum Glück nicht daran, und
so gehört Kafka heute zu den Großen der Weltliteratur. Wenn
jemand sich in einer beklemmenden Umgebung ängstigt oder
eine Situation als absurd und ohne Sinn erlebt, dann nennt
man dieses Gefühl »kafkaesk«.

85

B

Kurt Tucholsky (1890–1935) schreibt als Journalist gesellschaftskritische Glossen und Reportagen, als Satiriker ironische Texte für Kabarettbühnen und als Schriftsteller den Roman »Schloss Gripsholm«. Darin erkennt ein junges Liebespaar, dass man auch in der Idylle eines Urlaubs nicht die Augen vor der Wirklichkeit, vor Machtmissbrauch und Ungerechtigkeit verschließen kann. Tucholsky setzt sich leidenschaftlich für die Demokratie ein. Als die Nationalsozialisten die Herrschaft übernehmen, bringt er sich im schwedischen Exil um.

Stefan Zweig (1881–1942) ist vor allem wegen seiner bewegenden Novellen (»Brennendes Geheimnis«, »Schachnovelle«) einer der populärsten Autoren seiner Zeit. Der Österreicher gilt als Meister der kleinen Form, schreibt psychologisch einfühlsame Biografien und Essays. In seiner Textsammlung »Sternstunden der Menschheit« schildert er folgenreiche historische Momente, zum Beispiel das erste Telefongespräch und die Entdeckung des Pazifiks.

Heinrich Mann (1871–1950) ist temperamentvoller und politischer als sein prominenter Bruder Thomas. In seinen Romanen (»Der Untertan«, »Professor Unrat«) greift der bekennende Sozialist das übersättigte Bürgertum an.

Thomas Mann (1875–1955):
Von vielen bis heute verehrt

Heinrich Manns jüngerer Bruder Thomas gehört zu den bedeutendsten deutschsprachigen Erzählern. Für seinen ersten
Roman »Die Buddenbrooks«, der den Aufstieg und Verfall einer Lübecker Kaufmannsfamilie über vier Generationen schildert, bekommt er 1929 den Nobelpreis für Literatur. Auch
»Der Zauberberg« und die Novelle »Tod in Venedig« werden
berühmt (und auch verfilmt). Thomas Manns ausgefeilter
Schreibstil begeistert bis heute viele seiner Leser; Kritiker dagegen bemängeln zu komplizierte Sätze und dass es den handelnden Personen oft an Gefühlen und Wärme mangele.

B

Viele von Manns Romanfiguren sind zögerlich, sensibel,
kränklich und einsam; in einer von aktiven »Machern« gelenkten Welt kommen sie nicht zurecht. Auch Thomas Mann
selbst leidet: Aus Protest gegen den NS-Staat wandert er 1933
aus (Schweiz, USA) und kehrt erst einige Jahre nach Kriegsende zurück.

Hans Fallada (1893–1947), der eigentlich Rudolf Ditzen
heißt, wird 1932 mit seinem sozialkritischen Roman »Kleiner Mann – was nun?« weltberühmt. Realistisch beschreibt er,
wie ein arbeitsloses junges Paar mit Kind um sein Überleben
kämpft. Auch sonst widmet sich Fallada in seinen Büchern
den Sorgen und Nöten von Menschen, die er dem Leser nahe-

87

bringt: ein entlassener Sträfling (»Wer einmal aus dem Blechnapf frisst«), drei ehemalige Soldaten (»Wolf unter Wölfen«), ein Waisenjunge (»Ein Mann will hinauf«).

Fallada kennt die harten Seiten des Lebens aus eigener Erfahrung. Wegen Unterschlagung muss er zwei Jahre ins Gefängnis, und als Drogensüchtiger macht er mehrfach Bekanntschaft mit Nervenkliniken.

Bertolt Brecht (1898–1956): Der radikale Ankläger

A

Seine Dramen sollen aufrütteln – ob »Mutter Courage und ihre Kinder«, »Herr Puntila und sein Knecht Matti« oder »Die Dreigroschenoper«, in der es heißt: »Denn die einen stehn im Dunkeln, und die andern stehn im Licht. Und man sieht nur die im Lichte, die im Dunkeln sieht man nicht.« Das Herz des Augsburgers gehört den Armen und Ausgebeuteten.

B

Der Sohn eines Fabrikdirektors schreibt auch Erzählungen und mehr als 2500 Gedichte, darunter viele Liebesverse. Während der NS-Diktatur emigriert Brecht, nach Kriegsende lebt er in Ostberlin, wo er ein eigenes Theater leitet, das »Berliner Ensemble«.

C

Brecht ist auch Regisseur. Er erneuert das deutschsprachige Theater, indem er die Zuschauer nicht nur mitfühlen lässt, sondern sie durch die Verfremdung seiner Stücke zum Mitdenken zwingt; so gibt es zum Beispiel kein Happy End, sondern der Schluss bleibt offen. Und statt einzelner Akte spielen die Darsteller aneinandergereihte Szenen. Mit dieser neuen Form, dem **epischen Theater** (episch = erzählend), will Brecht erreichen, dass sein Publikum auch außerhalb des Zuschauerraums seinen Sinn für soziale Missstände schärft und politisch handelt.

A

Hermann Hesse (1877–1962) weist seinen Lesern den Weg nach innen. Sein Roman »Der Steppenwolf«, der die seelische Zerrissenheit eines Einzelgängers schildert, wird nach dem Tod des Schriftstellers zum Kultbuch für Schüler, Studenten und Hippies. Kein Geringerer als Thomas Mann hatte zuvor gelobt: »Der Steppenwolf hat mich seit langem zum ersten Mal wieder gelehrt, was lesen heißt.« Und kaum ein anderes Buch erreicht weltweit eine so hohe Auflage.

B

Weitere bekannte Werke Hesses sind »Siddharta«, »Das Glasperlenspiel« sowie »Narziss und Goldmund«. 1946 bekommt der Sohn eines Missionars den Nobelpreis für Literatur. Sein Gedicht »Stufen« wird bei einer Umfrage des Westdeutschen Rundfunks im Jahr 2000 zum beliebtesten Gedicht der Deutschen gewählt (»… und jedem Anfang wohnt ein Zauber inne …«).

89

Erich Kästner (1899 – 1974) ist Idealist und hofft, den Menschen verbessern zu können. In Gedichten und in seinem erfolgreichen Roman »Fabian« wendet er sich vor dem Krieg mit Witz gegen Militarismus und Faschismus. 1933 werden seine Werke von den Nationalsozialisten verbrannt. Beliebt machen ihn nach dem Krieg vor allem seine Kinderbücher (»Emil und die Detektive«, »Das fliegende Klassenzimmer«, beide schon vor dem Krieg geschrieben). Sein Gedicht »Kleine Stadt am Sonntagmorgen« beschreibt den Alltag auf die für Kästner typische Weise: »Das Wetter ist recht gut geraten, der Kirchturm träumt vom lieben Gott. Die Stadt riecht ganz und gar nach Braten und auch ein bisschen nach Kompott.«

C Treffpunkt der literarischen Elite: die »Gruppe 47«

Junge Autoren fördern und die neue Demokratie festigen – das sind zwei der Ziele dieser losen Vereinigung von deutschsprachigen Schriftstellern der Nachkriegszeit. Seit 1947 treffen sie sich anfangs zweimal, dann einmal im Jahr, um über Literatur zu sprechen und später auch einen Preis zu verleihen. In dieser Runde gilt eine besondere Regel: Zu jedem Treffen (bis 1968) stellt ein eingeladener Autor einen unveröffentlichten Text vor, über den anschließend diskutiert wird – er selbst darf aber nur zuhören und sich nicht verteidigen.
Selbst Namen wie Böll und Grass sagen den Lesern in

Deutschland unmittelbar nach dem Krieg noch nichts. Die »Gruppe 47« trägt dazu bei, dass diese und andere Schriftsteller der Öffentlichkeit bekannt werden und Verleger für ihre Bücher finden.

1950 bis heute: Hoffnung und Neubeginn

Die Schrecken des Krieges sind überwunden, aber die großen Schriftsteller der Gegenwart halten noch einmal inne: Was ist die eigentliche Natur des Menschen? Könnte er jederzeit wieder zum Barbaren werden? Die alten Werte gelten nicht mehr – aber welches sind die neuen? Solche nachdenklichen Töne vermischen sich in der Nachkriegsliteratur mit einer Unbeschwertheit, auf die die Leser viele Jahre lang verzichten mussten.

Heinrich Böll (1917–1985) beschäftigt sich anfangs in Kurzgeschichten und Erzählungen mit der Sinnlosigkeit des vergangenen Krieges; so geht es in der Erzählung »Der Zug war pünktlich« um das Schicksal eines Soldaten, der zurück an die Front muss. Später schreibt er vor allem gesellschaftskritische Romane. In den »Ansichten eines Clowns« geht es um den sozialen Abstieg eines sentimentalen Komikers. »Die verlorene Ehre der Katharina Blum« prangert die rücksichtslosen Methoden der Sensationspresse an.

1972 erhält der in Köln geborene Dichter den Nobelpreis für Literatur. Seine Bücher sind in mehr als 40 Sprachen übersetzt.

Max Frisch (1911 – 1991) zeigt die Hauptfiguren in seinen Theaterstücken und Romanen in einer pessimistischen Grundstimmung. Sie sind sich selbst entfremdet und abhängig. Lösungen oder gar ein Happy End bietet der in Zürich geborene Schriftsteller nicht. Sein Stück »Biedermann und die Brandstifter« nennt er ein »Lehrstück ohne Lehre«. Besonders erfolgreich werden Frischs »Tagebücher« sowie seine in Ich-Form verfassten Romane »Homo Faber« und »Stiller«.

Frisch arbeitet elf Jahre lang erfolgreich als Architekt (er setzt sich in einem Wettbewerb gegen 80 Konkurrenten durch und entwirft ein Freibad in Zürich), er schreibt anfangs nur nebenbei. Doch der Erfolg verschiedener Theaterstücke und seines Romans »Stiller« animieren ihn dazu, sich ganz als Autor zu betätigen. Schon sein nächstes Buch (»Homo faber«) verkauft sich in 40 Jahren rund 3,5 Millionen Mal.

Der Schweizer Dramatiker **Friedrich Dürrenmatt** (1921 – 1990) beschreibt eine sinnlose Welt, in der Unheil und Zufall regieren. In seinem Stück »Die Physiker« geben drei Männer vor, verrückt zu sein, und gehen einer Ärztin in die Falle, die es tatsächlich ist. Dürrenmatt schockiert seine Zuschauer mit Furcht erregender Fantasie. Dermaßen wachgerüttelt müssen sie, zu moralischen Widersprüchen Stellung beziehen.

Beispiel »Der Besuch der alten Dame«: Eine Multimillionä-
rin verspricht den Einwohnern einer verarmten Kleinstadt viel
Geld, wenn sie einen ihrer Mitbürger umbringen, der ihr vor
Jahren Leid angetan hatte.

Auch mit einer Kriminalgeschichte (»Der Richter und sein
Henker«) fesselt Dürrenmatt seine Leser.

B

Jurek Becker (1937 – 1997), der einen großen Teil seiner Kindheit in Konzentrationslagern verbringt und erst mit acht Jahren Deutsch lernt, schreibt den bewegenden Roman »Jakob
der Lügner«: die Geschichte eines Jungen, der im polnischen
Ghetto seinen Mithäftlingen Hoffnung auf Befreiung macht,
indem er so tut, als würde er in einem Radio Erfolgsnachrich-
ten hören. Das Buch wird zweimal verfilmt. Becker schreibt
später weitere Romane (»Bronsteins Kinder«, »Amanda herz-
los«) und das Drehbuch zur Fernsehserie »Liebling Kreuz-
berg«.

A

Siegfried Lenz (1926 geboren) gehört zu den populärsten
Schriftstellern der Nachkriegszeit. Vor allem sein Roman »Die
Deutschstunde« macht ihn zum Bestseller-Autor. Darin beschreibt ein jugendlicher Strafgefangener in einem Aufsatz,
wie sein Vater während der NS-Zeit als Polizist mit den Worten »Pflicht ist Pflicht« übereifrig das Malverbot gegen einen
Künstler überwacht. Lenz schreibt auch heitere Geschichten,
zum Beispiel über seine ostpreußische Heimat, die heute zu
Polen gehört (»So zärtlich war Suleyken«).

Günter Grass (1927 geboren) wird als 32-Jähriger mit dem Roman »Die Blechtrommel« schlagartig berühmt, nachdem er zuvor Gedichte und erste Dramen schrieb. Mit seinem bis heute bekanntesten Werk will der in Danzig geborene Autor zeigen, dass die großen Verbrechen der Nazizeit ihren Ursprung in den kleinen Alltäglichkeiten haben, in den Wohnküchen ganz normaler Leute. Er beschreibt das Geschehen aus der Sicht eines kleinwüchsigen Jungen: »Ich erblickte das Licht dieser Welt in Gestalt zweier Sechzig-Watt-Glühbirnen. Noch heute kommt mir deshalb der Bibeltext ›Es werde Licht, und es ward Licht‹ wie der gelungenste Werbeslogan der Firma Osram vor.« Auch drastische und sexuell freizügige Szenen, 1959 noch ungewohnt, sorgen dafür, dass »Die Blechtrommel« provoziert und weltweit Erfolg hat.

B

Grass engagiert sich politisch viele Jahre lang für die SPD. Zu seinen bekannten Werken gehören neben der »Blechtrommel« die Novelle »Katz und Maus«, in der es um Jugendliche während der Nazizeit geht, sowie die Romane »Hundejahre«, »Der Butt« und »Die Rättin«.

C

Als Heinrich Böll 1972 erfuhr, dass er den Nobelpreis für Literatur bekommen werde, soll er gefragt haben: »Warum ich – warum nicht Grass?« Der musste noch einige Jahre warten. Doch 1999 bekam auch er ihn schließlich, genau 40 Jahre nach der Veröffentlichung seiner »Blechtrommel«.

A

Martin Walser (1927 geboren) bekommt schon für eine Geschichte aus seinem ersten Erzählband den Literaturpreis der »Gruppe 47« (siehe Seite 90). In seinen Büchern schildert er häufig, wie Frauen und Männer der deutschen Mittelschicht beruflichen und privaten Problemen ausgesetzt sind. In der Novelle »Ein fliehendes Pferd« ist es ein Lehrer, der mit seiner Frau Urlaub macht und sich unter Druck gesetzt fühlt. In anderen Büchern beschäftigt sich der produktive Autor auch mit dem Verhältnis zwischen Ost- und Westdeutschland.

B

Weit über ihre Heimat hinaus findet die bekannteste Schriftstellerin der DDR Anerkennung: **Christa Wolf** (1929 geboren) schildert in ihrem Roman »Nachdenken über Christa T.« das Leben einer an Krebs verstorbenen Freundin und in der Erzählung »Kein Ort. – Nirgends« eine fiktive Begegnung des Schriftstellers Heinrich von Kleist (siehe Seite 80) mit einer Kollegin. In ihrem erfolgreichsten Buch – »Kassandra« – macht Wolf die gleichnamige Hellseherin aus der griechischen Mythologie zur Hauptfigur und verknüpft deren Leben mit der Gegenwart (Kassandra sagt immer die Wahrheit, ist aber dazu verflucht, dass ihr keiner glaubt).

C

Im Roman »Stadt der Engel oder The Overcoat of Dr. Freud« (2010) beschreibt Wolf die Reise einer Autorin, die unschwer als sie selbst zu erkennen ist: Sie hat ihr Leben überwiegend im kommunistischen Ostdeutschland verbracht und hält sich neun Monate lang in Kalifornien auf, wo sie auf ihre Vergangenheit zurückblickt – zweifelnd und auf der Suche nach der Wahrheit. »Ohne die wohltätige Gabe des Erzählens«, sagt die Hauptperson im Buch, »hätten wir nicht überlebt und könnten wir nicht überleben.«

Anfangs nimmt **Thomas Bernhard** (1931 – 1989) die Preise, mit denen er geehrt wird, noch an, doch jenseits der 40 lehnt er sie fast immer ab. Das passt zur unangepassten Haltung des Österreichers, der gerne provoziert und seine Heimat kritisiert. Seinem Erfolg schadet das nicht, obwohl die in seinen Gedichten, Erzählungen und Romanen aufgegriffenen Themen (Krankheit, Einsamkeit, Wahn, Selbstmord) keine leicht konsumierbare Kost sind. Der literarische Durchbruch gelingt Bernhard schon mit seinem ersten Roman; Hauptperson in »Frost« ist ein an der Welt leidender Maler, den seine Umgebung für verrückt hält. Für Aufruhr sorgen auch seine Theaterstücke – teils wegen ihres Inhalts, teils wegen äußerer Umstände: So fordert Bernhard für die Salzburger Uraufführung seines Dramas »Der Ignorant und der Wahnsinnige« für die letzten Minuten des Stücks absolute Dunkelheit auf der Bühne und im Zuschauerraum. Als dann doch die Notbeleuchtung brennt, sagt er alle weiteren Aufführungen ab.

Ein anderer Österreicher, der ebenfalls provoziert, ist **Peter Handke** (1942 geboren). 1966 macht ihn seine »Publikumsbeschimpfung« schlagartig berühmt: In diesem provokativen Bühnenstück gibt es keine Kostüme und keine Lichteffekte; der 23-Jährige lässt nur vier Sprecher auftreten, die den Zuschauern lautstark ihre passive Konsumhaltung im traditionellen Theater vor Augen führen. Im selben Jahr erscheint Handkes erster Roman (»Die Hornissen«), dem weitere Romane sowie Erzählungen (»Die Angst des Tormanns beim Elfmeter«), Gedichte und Stücke folgen. Häufig geht es dabei um einen Einzelnen, der auf der Suche ist – nach einer Frau, einem Bruder, dem Sinn des Lebens oder der eigenen Identität.

Zur Übersicht:

🅐 Für Ahnungslose | 🅑 Für Besserwisser | 🅒 Für Champions

Weltliteratur

Die Erfolge der großen Dichter

Was heißt »Weltliteratur«? Goethe hat es in einem Tischge-spräch so formuliert: »Wenn wir Deutschen nicht aus dem en-gen Kreise unserer eigenen Umgebung hinausblicken, so kom-men wir gar zu leicht in diesen pedantischen Dünkel. Ich sehe mich daher gerne bei fremden Nationen um und rate jedem, es auch seinerseits zu tun.« Und dann: »Die Epoche der Welt-literatur ist an der Zeit.« Folgen wir also dem großen Dichter und sehen uns um bei seinen internationalen Kollegen, Män-nern wie Frauen, und werfen wir einen Blick auf ihre Werke.

Einige von ihnen, darunter Berühmtheiten wie Molière, Jack London und Mark Twain, haben übrigens ihre Autorenna-men selbst gewählt, es sind Pseudonyme. Wie diese drei und sieben weitere in Wirklichkeit hießen, lesen Sie auf Seite 136.

Was Ihnen in diesem Kapitel erspart bleibt:

Sicher haben auch Japan, China, Brasilien und Ägypten groß-artige Dichter hervorgebracht. Aber aus Platzgründen kann es hier bis auf wenige Ausnahmen nur um die bekannten europäischen und amerikanischen Autoren gehen (es sind 60). Ebenso vergeblich würden Sie auf den folgenden Seiten Namen aus dem deutschsprachigen Raum suchen: Goethe, Grass und Walser finden Sie ab Seite 65.

Europas Dichtkunst erwacht

In der **Antike** entstehen Meisterwerke, deren Einfluss bis in unsere Gegenwart reicht. Schon an ihrem hohen sprachlichen Niveau zeigt sich: Die Autoren im alten Griechenland und Rom schreiben nicht für die breite Bevölkerung, sondern für die Gebildeten. Ihre typische Erzählform ist das umfangreiche **Epos** (Mehrzahl: Epen). Das heißt: Zahlreiche Verse beschreiben einen oder mehrere Helden vor einem historischen Hintergrund. Dieser wird als bekannt vorausgesetzt. Besonders beliebt: der Trojanische Krieg zwischen Griechen und Trojanern. Auch Elemente aus der **Mythologie** (Sagenwelt) gehören dazu, weshalb meist Götter mit sehr menschlichen Eigenschaften eine große Rolle spielen.

Im antiken Griechenland: Mammutwerke für die Ewigkeit

Fragt man heute ein paar Literaturkenner, wer der bedeutendste Schriftsteller der Gegenwart sei (oder die bedeutendste

Schriftstellerin), dann bekommt man viele Antworten. Wenn man aber fragt, wer der größte Dichter der Antike war, dann nennen alle denselben: **Homer** (um 750 v. Chr.). Dabei steht nicht einmal fest, wann er genau gelebt hat. Und ob seine berühmten Werke »Ilias« und »Odyssee« wirklich beide von ihm sind, ist auch nicht sicher. Aber das ändert nichts an der Bedeutung des Dichters: Schon vor 2500 Jahren stritten sich mehrere Städte um die Ehre, sein Geburtsort zu sein.

B

Mit den 16 000 Versen der »Ilias« legt die europäische Literatur gleich einen gewaltigen Start hin. Homer schildert darin einen fünfzigtägigen Abschnitt aus der Belagerung der Stadt Troja. Es geht um Kämpfe, Frauenraub, Liebe, Beleidigung, Eifersucht, Wut und Rache – vieles, was in späteren Jahrhunderten in Büchern und auf Bühnen wiederkehrt, ist hier bereits mit psychologischem Feingefühl vorweggenommen.

Die anschließend entstandene »Odyssee« beschreibt die jahrelangen Irrfahrten und Abenteuer des Helden Odysseus. Als er am Ende aus dem Trojanischen Krieg nach Hause zurückkommt, wird seine attraktive Frau Penelope von zahlreichen Männern umlagert – jeder von ihnen will sie heiraten, was sie zu verhindern versucht. Der schon tot geglaubte Odysseus tötet die Nebenbuhler.

C

Dass die Welt der griechischen Dichter keine reine Männerwelt ist, beweisen die Verse von **Sappho** (gesprochen: Sapfo, um 600 v. Chr.), die auf der Insel Lesbos lebt. Schon zu Lebzeiten ist sie berühmt, von ihren Liebesgedichten sind leider nur Bruchstücke erhalten.

B

Äsop (auch **Aesop** oder **Aisopos,** um 550 v. Chr.) wird durch seine Fabeln bekannt, in denen er typische menschliche Eigenschaften auf Tiere überträgt. Etwa zur selben Zeit leben die drei großen griechischen Dichter, die tragisches Handeln und schuldhafte Verstrickungen zum Kern ihrer Stücke machen. »Erfinder« solcher **Tragödien** ist **Aischylos** (525 – 456 v. Chr.). Von seinen 90 Werken sind nur sieben vollständig erhalten, darunter die »Orestie«. Auch **Sophokles** (496 – 406 v. Chr.) schrieb Dutzende Dramen, von denen ebenfalls nur sieben überliefert sind, darunter bekannte Klassiker wie »Ödipus«, »Antigone« und »Elektra«.

Bei **Euripides** (um 480 – 407 v. Chr.) geht es weniger um die Rolle der Götter, als um menschliche Gefühle – weshalb der Dichter angefeindet wird und sich wegen »Gottlosigkeit« vor Gericht rechtfertigen muss. Sein bekanntestes Stück: »Medea«, die Geschichte der Königstochter, die ihrem Mann Jason das Leben rettet, trotzdem von ihm verstoßen wird und sich grausam rächt, indem sie die gemeinsamen Kinder umbringt.

Die drei großen griechischen Dramatiker sind für Stückeschreiber späterer Jahrhunderte eine unerschöpfliche Quelle: Allein Euripides' »Medea« wird mehr als ein Dutzend Mal umgedichtet.

C

Eine griechische Tragödie ist nach starren Kriterien aufgebaut, ihre Aufführung dauert mehrere Stunden. Aischylos führt einen zweiten Schauspieler ein, Sophokles holt einen dritten auf die Bühne, und Euripides nimmt weitere dazu. Bis dahin standen sich stets ein Einzelner und ein Chor gegenüber.

B

Von der Tragödie zur **Komödie: Aristophanes** (um 445 – um 385 v. Chr.) bringt seine Zuschauer zum Lachen, indem er menschliche Schwächen aufs Korn nimmt – gerne auch die von Politikern und Kollegen (was in Bayern bis heute als »Derblecken« erhalten geblieben ist).

Sein Trick dabei: Er lässt seine scharfen Spitzen vom Chor oder einem einzelnen Schauspieler austeilen, der sich direkt an das Publikum wendet. Elf Stücke des Griechen sind komplett erhalten, »Lysistrata« und andere werden noch heute aufgeführt.

Im alten Rom: Götter, Helden und Erotik

B

Keiner kann das Nationalgefühl der Römer besser ausdrücken als **Vergil** (70 – 19 v. Chr.). Sein Hauptwerk, die zwölfbändige »Aeneis« (gesprochen: »Änehis«), rechtfertigt die römische Weltherrschaft. Das gefällt den Römern, und sie bewundern ihren bescheiden lebenden Landsmann, dessen Kunst zum Maßstab für künftige Dichter wird.

Zu Beginn seiner Karriere denkt sich der römische Dichter **Ovid** (43 v. Chr. – um 18 n. Chr.) Liebesbriefe von Frauen aus. Doch berühmt wird er vor allem mit seinen aus mehreren tausend Versen bestehenden »Metamorphosen«. Hier geht es um Großes, vom Umfang und vom Inhalt her: Weltentstehung, Göttertreffen, Krieg – wobei Menschen in Götter, Tiere oder Pflanzen verwandelt werden. Und umgekehrt.

Ist er der Kaiserenkelin Julia zu nahe gekommen? Oder missfallen Kaiser Augustus erotische Passagen in seinen Gedichten? Auf jeden Fall schickt der römische Herrscher den beliebten Dichter Ovid im Jahr 8 n. Chr. in die Verbannung. Trotz inständiger Bitten seiner Anhänger wird er nicht begnadigt und muss bis zu seinem Tod im Exil am Schwarzen Meer bleiben.

500 – 1600: Es gibt nicht nur die Bibel

Europäische Literatur im Mittelalter, das heißt vor allem: biblische Texte, von Mönchen in Klöstern mit der Hand niedergeschrieben. Erst mit der kulturgeschichtlichen Epoche der **Renaissance** nimmt ab 1350 der Einfluss der Kirche ab. Das zu dieser Zeit wirtschaftlich am weitesten entwickelte Land Europas ist **Italien.**

Hier entsteht in den Städten eine neue Kultur, in der die Bürger ihren bisherigen Horizont erweitern. Und so ist es auch kein Zufall, dass die drei größten Dichter jener Zeit in diesem Land leben.

B

Länger als ein Jahrzehnt arbeitet **Dante Alighieri** (1265 – 1321) an seinem Mammutwerk. Doch weder »Die göttliche Komödie« mit ihren rund 40 000 Versen noch sonst etwas, das er eigenhändig geschrieben hat, ist erhalten geblieben. Dass Dante trotzdem als Italiens größter Dichter gilt, ist Abschriften seiner Texte zu verdanken. Und so erfahren auch heutige Leser auf einer langen Seelenreise von der Sünde bis zur Erlösung, wie es in der von Gott geschaffenen Welt zugeht – inklusive Hölle, Fegefeuer und Paradies.

Mit knapp 23 Jahren trifft **Francesco Petrarca** (1304 – 1374) zum ersten Mal seine Freundin, die er später als »Laura« in seiner Liebeslyrik verewigt. Petrarca wird zum Vorbild für die Verfasser vieler anderer Liebesgedichte.

Der mit Petrarca befreundete **Giovanni Boccaccio** (gesprochen: »Bokattscho«; 1313 – 1375) beschreibt mit seinem »Decamerone« die sinnliche Liebe noch deutlicher. »Deca« heißt »zehn«, denn es sind zehn erotische »Geschichten, Fabeln, Parabeln oder wirkliche Begebenheiten«, die sich zehn junge Leute (sieben weiblich, drei männlich) an zehn Tagen in einem abgelegenen Landhaus erzählen. Mit diesem realistischen Hauptwerk hat Boccaccio die **Novelle** erfunden, zu deren Merkmalen es gehört, dass ihre Handlung eine ungewöhnliche Überraschung verspricht.

A Shakespeare: der Dichter aller Dichter

Ohne Zweifel: **William Shakespeare** (um 1564–1616) ist der größte Dramatiker aller Zeiten. Kein anderer Autor hat es geschafft, dass so viele seiner Werke auf den Bühnen der Welt gespielt werden – noch heute, vierhundert Jahre nach ihrer Entstehung. Als der Engländer Ende zwanzig ist, wird er als Schauspieler zum Mitbesitzer des Londoner Globe Theatre, und für dessen Truppe schreibt er mit kraftvoller Sprache seine Stücke. Insgesamt sind es 36; Königsdramen (»Richard III.«), Komödien (»Was ihr wollt«, »Viel Lärm um nichts«), Tragödien (»Hamlet«, dem der Geist seines toten Vaters erscheint und ihn zur Rache auffordert) und natürlich die berühmteste Liebesgeschichte der Welt: »Romeo und Julia«.

Während in den Dramen der Antike der Mensch an seinem Schicksal zerbricht, liegt bei Shakespeare der tragische Konflikt im Menschen selbst. Shakespeares Tragödien enthalten aber auch komische Elemente; umgekehrt haben seine Komödien, vor allem die späteren, eine ernsthafte Seite. Weniger bekannt ist, dass der Dramatiker, über dessen Privatleben man nur wenig weiß, auch Liebesgedichte geschrieben hat.

Weder Vorhang noch Bühnenbild oder gar Lichteffekte: Shakespeare lässt seine Stücke allein durch das Wort der Schauspieler lebendig werden – die Bilder entstehen in der Fantasie des Zuschauers. Keine Inszenierung dauert länger als zweieinhalb Stunden, mehr erlaubt das Gesetz nicht.

1600–1800:
Der König bestimmt, wer Erfolg hat

A

Ebenso wie Shakespeare in England gründet in Frankreich der Schauspieler, Autor und Regisseur **Molière** (1622–1673) eine Schauspielgruppe. Es gelingt ihm, am Hof des Königs aufzutreten. Respektlos attackiert er in seinen Stücken überhebliche Neureiche, unfähige Ärzte und egoistische Adelige. Die feine Gesellschaft ist empört, aber Ludwig XIV. gefällt es – er beschützt den Dichter und seine Truppe. So kann Molière weiterarbeiten und schreibt Komödien wie »Der Menschenfeind«, »Der Geizige« und »Der eingebildete Kranke«. Ausgerechnet als er die Hauptrolle in diesem Stück spielt, erleidet er auf der Bühne einen Schwächeanfall und stirbt mit 51 Jahren.

B

Auch **Voltaire** (1694–1778) hat Kontakt zum französischen Königshof. Anfangs allerdings noch nicht als gern gesehener Gast: Als der Dichter und Philosoph sich in jungen Jahren in einer Satire über den König lustig macht, muss er ins Gefängnis. Voltaires Gesamtwerk umfasst 70 Bände, unter anderem Briefe, philosophische Texte sowie die Tragödien »Ödipus« und den Roman »Candide«. Als Vertreter der **Aufklärung** setzt sich Voltaire für Toleranz und Menschenwürde ein. Die erhoffte Gedankenfreiheit findet er vorübergehend in England.

Als in England der ehemalige Kaufmann und Journalist **Daniel Defoe** (1660–1731) seinen ersten Roman schreibt, ist er schon sechzig Jahre alt. Aber »Robinson Crusoe«, die in Tagebuchform geschilderte Geschichte eines schiffbrüchigen schottischen Seemanns, macht Defoe schlagartig berühmt. Weitere Abenteuerromane folgen, aber mit dem Namen dieses Schriftstellers bleibt bis heute vor allem das Schicksal des Gestrandeten auf der einsamen Insel verbunden, der hier 28 Jahre lang lebt, bis er in seine Heimat zurückkehren kann.

1800–1850:
Lebensnaher Realismus und tiefe Gefühle

A

Jane Austen (1775–1817) gehört bis heute zu den beliebtesten englischen Schriftstellerinnen. Dies liegt vor allem an ihrem Roman »Stolz und Vorurteil«, in dem sie beschreibt, wie Eltern versuchen, Einfluss auf die Männerbeziehungen ihrer Töchter zu nehmen. Als siebtes von acht Kindern eines Pfarrers führt die Britin, die selbst nie heiratet, ein häusliches Leben, in dem sie ihre Umgebung scharf beobachtet – was sich in den lebensnahen, geistreichen und oft sehr direkten Dialogen ihrer Romane niederschlägt. In »Emma« versucht eine junge Frau, Unverheiratete aus ihrem Freundes- und Bekanntenkreis miteinander zu verkuppeln.

Obwohl »Stolz und Vorurteil« schon bei seiner Veröffentlichung ein großer Erfolg wird, bleibt die Autorin zunächst unbekannt: Jane Austen schreibt anonym. Nicht einmal ihre Familie weiß, dass sie es ist, die sich hinter diesem Roman und ihren anderen verbirgt.

B

Als Kenner der menschlichen Gefühle erweist sich auch der französische Schriftsteller **Stendhal** (1783–1842). Sein Leitsatz: Ein Roman muss das Blau des Himmels und den Schmutz der Straße wiedergeben. Das in 15 Bänden veröffentlichte Werk findet nach dem Tod des Autors großen Anklang und wird in viele Sprachen übersetzt. In »Rot und Schwarz« beschreibt er aus verschiedenen Perspektiven die Geschichte eines intelligenten Handwerkersohns, der sich verstellt, um gesellschaftlich aufzusteigen. Heuchelei kommt ebenso vor wie eine Affäre und ein Mordversuch – Stendhals Zeitgenossen kritisieren den modernen Roman als unmoralisch.

Geizige und Ehrgeizige, Erbschleicher und Ehebrecher, Habgierige und Kriminelle: Die Menschen, die der französische Autor **Honoré de Balzac** (1799–1850) zur Zeit Napoleons auftreten lässt, haben nur selten edle Charakterzüge. Da sie aus allen Schichten kommen und so ein wirklichkeitsnahes Bild der Gesellschaft entsteht, heißt die von Balzac gegründete Stilrichtung **soziologischer Realismus.** Der verschuldete Autor arbeitet rastlos: Obwohl er nur 51 Jahre alt wird, schreibt er 91 Romane und Novellen.

Der US-Amerikaner **Edgar Allan Poe** (1809–1849) ist gerade ein Jahr alt, als er seine Eltern verliert und von einem Kaufmann großgezogen wird. Als junger Erwachsener studiert er, geht zur Armee, schlägt sich mit Gelegenheitsjobs durch, arbeitet als Journalist. Das, was ihn schließlich zum Erfolg führt, macht er eher aus Geldnot: das Schreiben von Detektiv- und Schauergeschichten.

Sie erzeugen beim Lesen eine ebenso faszinierende wie düstere Stimmung – zum Beispiel, wenn sich »Der Untergang des Hauses Usher« mit Krankheit und Tod ankündigt. Poe gilt auch als Meister der Kurzgeschichte.

Die englische Pfarrerstochter **Emily Jane Brontë** (gesprochen: »Bronti«, 1818–1848) schreibt nur einen einzigen Roman, aber der zählt zu den bedeutendsten des 19. Jahrhunderts: »Sturmhöhe« (Wuthering Heights). Es ist die über zwei Generationen erzählte Geschichte zweier Familien, in der es um leidenschaftliche Liebe und um nicht weniger heftigen Hass geht. Die starken Gefühle werden untermalt von einer unbezähmbaren Natur in Form von düsteren Mooren und wilder Heidelandschaft. Emily Brontë schreibt das Buch unter dem männlichen Pseudonym »Ellis Bell«. Sie gilt als eigenbrötlerisch und starrsinnig. Als sie mit 30 Jahren eine Lungenentzündung bekommt (an der sie stirbt), weigert sie sich, ärztliche Hilfe anzunehmen: Man solle »der Natur ihren Lauf lassen«.

1850–1900:
Radikaler Abschied von der Vergangenheit

Während um 1850 die Menschen in Europa für ihre Freiheit kämpfen – Zensur, Kinderarbeit und Hungerlöhne sind noch immer verbreitet –, beginnt auch für die Autoren eine neue Zeit. Sie experimentieren, suchen neue literarische Formen und legen Wert darauf, ihre Leserinnen und Leser emotional zu fesseln. Das Besinnliche und Schöne hat ausgedient, die Schriftsteller wollen lieber schockieren und aufrütteln: Die **Moderne** beginnt. Ihren Anfang nimmt sie in Frankreich.

Eselsbrücke: eine Jahreszahl für 13 Autoren

Genaue Lebensdaten kann man sich oft schlecht merken (und man muss es ja auch nicht). Wenn man grob orientiert sein will, in welcher Zeit die folgenden 13 Schriftsteller tätig waren, kommt man mit einer einzigen Zahl aus: Sie lebten alle um das Jahr 1860 herum.

Da der französische Dichter **Charles Baudelaire** (gesprochen: Bodlähr, 1821–1867) in seinen Versen schonungslos das Böse, Hässliche und Kranke beschreibt, ist er der ideale Übersetzer für die makabren Werke von Edgar Allen Poe ins Französische.

Was seine eigenen Veröffentlichungen betrifft, so wirft ihm ein Gericht die »Verhöhnung der öffentlichen Moral und der guten Sitten« vor. Denn mit seinem Gedichtband »Die Blumen des Bösen« schildert der Poet gleich im ersten Satz »Dummheit, Irrtum, Sünde, Geiz« als typische Eigenschaften.

Nachdem der Exzentriker das Erbe seines Vaters verprasst hat, lässt seine Familie ihn entmündigen. Mit 46 Jahren stirbt er in einer Irrenanstalt.

Der Engländer **Charles Dickens** (1812–1870) wagt es als Erster, das Leben von Gaunern, Lumpensammlern und Armen literarisch darzustellen – weshalb die von ihm gegründete Stilrichtung **sozialer Roman** genannt wird. Auch das Innenleben von Krankenhäusern und Anstalten für Geisteskranke schildert er, ebenfalls mit Humor und Sympathie für jene, die im Schatten stehen. Bekannte Werke wie »David Copperfield« und »Oliver Twist« machen Dickens zum erfolgreichsten britischen Schriftsteller des 19. Jahrhunderts.

Die von Dickens beschriebenen Kinderschicksale rühren im 19. Jahrhundert Millionen Leser zu Tränen. Zum Beispiel die Geschichte der kleinen Heldin Little Nell im Roman »Der Raritätenladen«, der zunächst als Serie in einer Zeitschrift erscheint. Einmal, als wieder ein Schiff in New York eintrifft, das die Hefte mit der neuesten Folge mitbringt (von den Reisenden an Bord schon verschlungen), stehen Hunderte von Wartenden am Ufer. Kaum legt das Schiff an, rufen sie voller

Ungeduld: »Ist sie tot??« Um dann von den Ankommenden die traurige Nachricht zu erfahren, denn Dickens hat das kleine Mädchen sterben lassen.

B

Den gleichen Jahrhunderterfolg hat in Frankreich **Victor Hugo** (gesprochen: »Ügo«, 1802–1885): Der Roman »Die Elenden« (Les Misérables) ist der am meisten gelesene seiner Zeit. Die Menschen in dieser Geschichte (die heute auch als Musical aufgeführt wird) bewegen sich zwischen Armut, Gefängnis, Verfolgung, Barmherzigkeit und Liebe. Ein anderer Roman Hugos wird mehrfach verfilmt: »Der Glöckner von Notre-Dame«. Victor Hugo gründet schon als 17-Jähriger eine Literaturzeitschrift und ist bereits zu Lebzeiten eine Legende. Sein Gesamtwerk, das auch Gedichte enthält, umfasst mehr als 40 Bände.

Gustave Flaubert (1821–1880) sorgt in Paris für Aufsehen, weil er die heile Welt der vornehmen Kreise erschüttert. In seinem Roman »Madame Bovary« schildert er, wie eine junge Frau einen Landarzt heiratet und anschließend an Langeweile zu ersticken droht. Als sie sich einen Liebhaber nimmt, zerbricht sie an ihren Gefühlen und den Reaktionen ihrer Umgebung. Neben diesem 1857 erschienenen Buch schreibt der bedeutende Realist in strenger Selbstdisziplin und mit täglich penibel festgelegten Arbeitsstunden weitere Romane sowie Briefe und Tagebücher.

In Russland: zwei große Werke der Weltliteratur

Als revolutionär gestimmter Sozialist im Zarenreich muss **Fjodor Dostojewski** (1821–1881) in die Verbannung nach Sibirien, zurück kommt er als Christ. Geblieben ist sein Interesse an dem inneren Kampf zwischen Gut und Böse, der im Menschen tobt. Schon Dostojewskis Erstlingswerk, der gesellschaftskritische Briefroman »Arme Leute«, findet Beachtung (1846). Weltruhm erlangt der aus einer verarmten Adelsfamilie stammende Autor zwanzig Jahre später mit dem Roman »Schuld und Sühne«, in dem ein armer Student nach einem Mord von seinem schlechten Gewissen geplagt wird. Abhängigkeit vom Glücksspiel treibt Dostojewski immer wieder in Geldnot – Stoff für seinen Roman »Der Spieler«.

Zwei Jahre nach Dostojewskis »Schuld und Sühne« erscheint 1868 ein weiteres Monumentalwerk der Literatur: »Krieg und Frieden« von **Leo Tolstoi** (= Lew Tolstoi, 1828–1910). Leichte Kost ist die Geschichte von drei Familien in drei Generationen nicht, was auch am Umfang liegt: Der historisch-philosophische Roman umfasst sechs Bände. Tolstoi, Sohn eines reichen russischen Gutsbesitzers, fühlt sich der Wahrheit und der christlichen Nächstenliebe verpflichtet. Schonungslos kritisiert er die Macht von Autoritäten und sucht nach dem Sinn des Lebens. In seinem Roman »Anna Karenina« erschafft Tolstoi mit der Hauptfigur eine der bekanntesten Ehebrecherinnen der Weltliteratur.

Ebenso neuartig wie fantastisch sind die technischen Erfindungen, die der Franzose **Jules Verne** (1828–1905) in seinen Romanen nutzt, um fremde Welten zu entdecken: Als er Reisen in Flugzeugen, U-Booten und Raumschiffen beschreibt, ist das alles noch **Science-Fiction.** Und für die Leser ist es entsprechend aufregend, sich zusammen mit dem machtgierigen Kapitän Nemo »20 000 Meilen unter dem Meer« wiederzufinden oder eine »Reise zum Mittelpunkt der Erde« anzutreten.

Seiner Zeit voraus ist auch **Henrik Ibsen** (1828–1906) mit dem 1879 geschriebenen Stück »Nora oder Ein Puppenheim«, obwohl es in einem gutbürgerlichen Wohnzimmer spielt: Der Norweger zeigt hier die fehlende Gleichberechtigung der Frau in der Ehe und lässt seine Zuschauer in zwischenmenschliche Abgründe blicken. Damit vertritt er den **Naturalismus.** Diese literarische Strömung will die Welt möglichst »naturgetreu« und die Menschen in ihrer sozialen Wirklichkeit zeigen. Was bei Ibsen auch heißt: weitgehend frei von Humor. (Weitere bekannte Stücke: »Gespenster«, »Die Wildente«, »Peer Gynt«, »Die Stützen der Gesellschaft«.)

C

In »Nora« spielt eine Vorgeschichte eine entscheidende Rolle (ein heimlicher Kredit und eine gefälschte Unterschrift). Eine der handelnden Personen deckt diese alte Sache auf, über die dann diskutiert wird und die den Ablauf der Gegenwart beeinflusst. Sie ist also auf der Bühne nicht zu sehen, sondern wird nur berichtet – typisch für das **analytische Drama**.

B

Der Franzose **Emile Zola** (gesprochen: »Emiehl Solah«, 1840 – 1902) gilt als der bedeutendste Vertreter des Naturalismus. Für Zola heißt das: Der Einzelne ist das Ergebnis von Vererbung und Erziehung – persönliche Freiheit besitzt er nicht. In seinem Roman »Nana« schildert der Pariser Autor in ebenso lebendiger wie moderner Sprache das Leben einer Prostituierten, die ihre Anziehungskraft auf Männer nutzt, um gesellschaftlich aufzusteigen; doch am Ende scheitert sie. Zolas Gesamtwerk umfasst 50 Bände.

A

Wer kennt ihn nicht: Tom Sawyer, Schulschwänzer und Ausreißer, der mit seinem Halbbruder Sid in einer Kleinstadt am Mississippi aufwächst, wo er nicht nur seine gutherzige Tante Polly mit Streichen beunruhigt. Aber sie liebt ihn, so wie die Leser **Mark Twain** (1835 – 1910) seit mehr als 130 Jahren für seine Geschichten lieben. Ebenso humorvoll wie »Tom Sawyers Abenteuer« schildert Twain auch »Die Abenteuer des Huckleberry Finn« – in der schnoddrigen Umgangssprache des jugendlichen Ich-Erzählers, der sich nicht anpassen will; nebenbei wirft dieser Roman einen Blick auf das Leben in den Südstaaten der USA zur Zeit der Sklaverei.

Twain veröffentlicht neben weiteren Werken auch Kurzgeschichten, Satiren und Reiseberichte (»Bummel durch Europa«). Als ein von ihm gegründeter Verlag pleitegeht, muss er seine Schulden mit Vortragsreisen abarbeiten.

Weniger humorvoll als Twain, aber umso spannender (und ebenfalls »Jugendliteratur«) ist die Geschichte des Schiffsjungen Jim Hawkins, der eine alte Karte entdeckt, auf der »Die Schatzinsel« eingezeichnet ist. Der Schotte **Robert Louis Stevenson** (1850–1894), durch eine Lungenkrankheit zu Reisen in exotische Klimazonen gezwungen, macht sich mit diesem Abenteuerroman unsterblich. Sein zweiter Welterfolg (auch als Film): »Der seltsame Fall des Doktor Jekyll und Mr. Hyde«, die Geschichte einer gespaltenen Persönlichkeit. Obwohl Stevenson nur 44 Jahre alt wird, hinterlässt er am Ende seines kurzen Lebens ein umfangreiches Werk, zu dem Reiseberichte, Kindergedichte und fesselnde Erzählungen (»Der Selbstmörderclub«) gehören.

Kaum älter wird der Ire **Oscar Wilde** (1854–1900). Er schreibt nur einen einzigen Roman. Aber was für einen! »Das Bildnis des Dorian Gray«, in dem es um die Utopie der ewigen Jugend und den Fluch der Schönheit geht, macht den Exzentriker weltberühmt.

Der Sohn eines Arztes und einer Dichterin ist auch jenseits der Romanwelt literarisch aktiv: Er schreibt geistvolle Gesellschaftskomödien, in denen er die prüde Moral seiner Zeit verspottet (»Ein idealer Gatte«, »Eine Frau ohne Bedeutung«, »Ernst sein ist alles«), außerdem Erzählungen, eine Tragödie (»Salome«), Märchen (»Der glückliche Prinz«) und Gedichte.

Wegen Homosexualität muss Oscar Wilde, der das schöne Leben und den Luxus liebt, für zwei Jahre ins Gefängnis. Später zieht er nach Paris, verfällt dort dem Alkohol und stirbt im Alter von nur 46 Jahren.

Das Leben des Schweden **August Strindberg** (1849 – 1912) ist von persönlichen Krisen geprägt. Sie beginnen mit einer harten Kindheit (geschildert im Romanzyklus »Der Sohn einer Magd«) und enthalten später sogar Anfälle von Verfolgungswahn. Diese Erlebnisse verleihen Strindbergs Dramen Düsternis und Tiefe, wovon schon Titel wie »Gespenstersonate« und »Totentanz« zeugen. In der Tragödie »Fräulein Julie« werden Strindbergs zerrüttete erste Ehe und sein krankhafter Frauenhass erkennbar. Um menschliches Leiden geht es auch im Drama »Ein Traumspiel«, während der Roman »Das rote Zimmer« gesellschaftskritisch Künstler und Intellektuelle der Stockholmer Oberschicht aufs Korn nimmt.

1900–1950:
Die Abenteuer finden nicht nur im Kopf statt

B

Seine Erlebnisse als Fabrikarbeiter, Landstreicher, Matrose, erfolgloser Goldsucher und Kriegsreporter (im Russisch-Japanischen Krieg) nutzt der US-Amerikaner **Jack London** (1876–1916), um spannende Abenteuerromane zu schreiben: »Der Ruf der Wildnis«, »Wolfsblut«, »Lockruf des Goldes«, »Der Seewolf« und andere. Vom Alkohol zerstört (seine Autobiografie trägt den Titel »König Alkohol«) nimmt sich der international überaus erfolgreiche Autor im Alter von 40 Jahren das Leben.

A

Lange, verschachtelte Sätze, und das über eine Strecke von sieben Bänden: **Marcel Proust** (gesprochen: »Pruhst«, 1871–1922) macht es seinen Leserinnen und Lesern nicht leicht – doch »Auf der Suche nach der verlorenen Zeit« gehört zu den berühmtesten Werken der Weltliteratur. Inhalt: Der Ich-Erzähler erinnert sich an seine Kindheit, denkt nach über das Leben und die Kunst, beschreibt die Pariser Gesellschaft und ihre Liebesbeziehungen. Auch jene zwischen Adel und Bürgertum, auch Homosexualität – womit der Franzose ein Tabu verletzt.

C

Als Proust, der aus einer wohlhabenden Arztfamilie stammt, mit Anfang dreißig seinen Vater verliert und zwei Jahre später

119

seine Mutter, zieht er sich in ein schallisoliertes und abgedunkeltes Zimmer zurück. An seinem Hauptwerk arbeitet er neun Jahre lang, bis zu seinem Tod. Proust gilt trotz einiger früherer Arbeiten als »Autor eines einzigen Buchs«.

B

Mit 16 Jahren folgt **Joseph Conrad** (1857–1924) der Sehnsucht nach dem Meer – und nimmt seine Leser mit. Zunächst heuert der in der heutigen Ukraine Geborene als Matrose an, dann macht er sein Kapitänspatent, und später beginnt er zu schreiben. Seine Erzählungen und Romane sind keine eindimensionalen Abenteuerbücher – Conrad beschreibt Verrat und Vertrauen, Selbstzweifel und Skrupellosigkeit, wobei er den Lesern Raum für Interpretationen lässt. Zu seinen bekanntesten Werken gehören: »Herz der Finsternis«, »Lord Jim«, »Der Geheimagent« und »Taifun«.

C

Joseph Conrad muss die Sprache, in der er schreibt, erst einmal lernen: Als er um die zwanzig ist und auf britischen Segelschiffen arbeitet, kann er sein Englisch entsprechend perfektionieren. Seine Erzählung »Herz der Finsternis« ist die Vorlage für den Film »Apocalypse Now« (1979, mit Marlon Brando in der Hauptrolle); die Handlung ist hier von Afrika nach Vietnam verlegt.

B

Ebenso wie Joseph Conrad ist auch **Rudyard Kipling** (1865–1936) kein gebürtiger Engländer. Er stammt aus Indien, wo auch sein weltberühmter Roman spielt: »Das Dschungelbuch«, die bewegende Geschichte des kleinen Jungen Mowgli, der im Urwald unter Tieren aufwächst.

Kipling, der 1907 als erster Engländer den Literatur-Nobelpreis erhält, schreibt auch Gedichte und Erzählungen; in seinem Roman »Kim« schildert er das Schicksal eines indischen Straßenjungen.

Der erste Literaturnobelpreis für eine Frau: **Selma Lagerlöf** (1858–1940) wird im Jahr 1909 für ihre Erzählungen geehrt, aber auch für den Roman »Die wunderbare Reise des kleinen Nils Holgersson mit den Wildgänsen« – die weltberühmte Geschichte eines 14-Jährigen, der, zum Däumling verwandelt, auf dem Rücken eines Gänserichs über Schweden fliegt; als er am Ende seiner Reise nach Hause zurückkehrt, ist aus dem ehemaligen Tierquäler ein guter Junge geworden. Das Gesamtwerk der Schwedin (unter anderem mit religiösem und heimatverbundenem Inhalt) umfasst zwölf Bände.

Nachdem ihr Vater nach einem Konkurs den Landsitz der Familie verliert, nimmt Selma Lagerlöf sich vor, das heruntergekommene Gut eines Tages zurückzukaufen. Mit ihrem Gehalt als Lehrerin ist das nicht möglich – erst mit ihrem literarischen Erfolg schafft sie es im Jahr 1909.

A

Der Ire **James Joyce** (1882–1941) beschreibt in seinem tausend Seiten dicken Roman »Ulysses« 24 Stunden im Leben des jüdischen Iren Leopold Bloom. In jedem der 18 Kapitel wählt der Autor eine stilistisch andere Form (unter anderem Reportage, Essay, Drama); das Ende besteht aus einem mehrere Seiten langen Monolog, ohne Punkt und Komma. Inhaltlich geht es um Irland, das Mittelalter, eine schwarze Messe und um die Religion. »Ulysses« gilt als Meisterwerk der Weltliteratur – und als schwer zu lesen.

B

Jede Station, die der Held in »Ulysses« erreicht, entspricht einem Erlebnis des griechischen Helden Odysseus (siehe Homer, Seite 101): Der eine verlässt seine Wohnung, der andere seine heimatliche Insel; der eine besucht eine Beerdigung, der andere das Totenreich. So sind die beschriebenen Erlebnisse in Dublin zugleich eine moderne Odyssee.

Joyce schreibt auch Gedichte, Kurzgeschichten und einen weiteren Roman, mit dem Titel »Finnegans Wake«. Darin fällt der Ire Finnegan im Rausch von einer Leiter, stirbt, und als seine Freunde sich zu seiner Totenfeier versammeln, erwacht er (»wake« = Totenwache, aber auch Aufwachen).

C

Sieben Jahre lang hat Joyce an »Ulysses« gearbeitet. Schon bei seinem Erscheinen (1922) löst das Buch heftige Reaktionen aus – sie reichen von »widerlich« und »obszön« bis »grandios«. Über kaum ein anderes Werk der Weltliteratur wurde so viel und so kontrovers diskutiert. Der 16. Juni (1904), an dem der Leser die Hauptfigur Leopold Bloom begleitet, wird noch heute von Joyce-Anhängern als »Bloomsday« gefeiert.

B

Die Engländerin **Virginia Woolf** (1882–1941) nutzt die Erkenntnisse der Psychoanalyse, um tief in das Seelenleben ihrer Charaktere einzudringen. Ihr Stilmittel ist der **innere Monolog** der Darsteller, der den Leser an den Gedanken und Gefühlen der Handelnden teilhaben lässt. Zu Woolfs bekannteren Romanen gehören »Mrs Dalloway«, »Orlando« und »Die Fahrt zum Leuchtturm«.

C

Virginia Woolf, die sich für die Gleichberechtigung der Frau stark macht, gründet zusammen mit ihrem Mann einen Verlag. Die in ihren Büchern beschriebenen Seelenzustände kennt sie zum großen Teil aus eigener Erfahrung. Zum Beispiel Depressionen. Als sie befürchtet, geisteskrank zu werden, bringt sie sich mit 59 Jahren um.

A

Bis ins hohe Alter aktiv ist der irische Gesellschaftskritiker **George Bernard Shaw** (1856–1950). Als ihm der Durchbruch gelingt, ist er schon Ende vierzig; international berühmt wird er sogar erst mit 58 Jahren – durch seine Komödie »Pygmalion«, die unter dem Namen »My Fair Lady« später auch als Musical Erfolg hat. Seine mehr als fünfzig Bühnenstücke sind meist moralistisch und belehrend, stecken aber voller Humor und Ironie. Shaw, von Henrik Ibsen beeinflusst (Seite 115), erhält 1925 den Nobelpreis für Literatur.

B

Drei bekannte Stücke des berühmten Dramatikers: In »Pygmalion« wettet der Sprecherzieher Professor Higgins, dass er es in einem halben Jahr schafft, der ungebildeten Blumenverkäuferin Eliza feine Manieren und eine gehobene Aussprache beizubringen, damit man sie für eine Adelige hält (was ihm gelingt). »Die heilige Johanna« ist Shaws Interpretation der historischen Jungfrau von Orléans (siehe Seite 310, Kapitel Geschichte). In »Der Arzt am Scheideweg« steht ein Mediziner vor der Frage, ob er einen moralisch bedenkenlosen Künstler oder einen pflichtbewussten Kranken heilen soll – den Ausschlag gibt die zukünftige Witwe des Nicht-Geheilten, die der Arzt begehrt.

C

Als Zwanzigjähriger zieht Shaw von Irland nach London. Sein Vater ist ein Trinker, doch er selbst lebt ohne Alkohol und ernährt sich vegetarisch – vielleicht wird er deshalb stolze 94 Jahre alt. Als er stirbt, hinterlässt er ein Millionenvermögen.

C

Ein wortkarger Bauer und eine Mutter, die ihr Neugeborenes umbringt, dazu die folgenschwere Entscheidung zwischen Land- oder Stadtleben – die Bestandteile des Romans »Segen der Erde« sind typisch skandinavisch, also nicht gerade aufheiternd. Der Norweger **Knut Hamsun** (1859–1952) erhält dafür 1920 den Literatur-Nobelpreis. Mindestens so berühmt wie dieses Buch wird sein autobiografischer Roman »Hunger«. Hamsun, Sohn eines armen Schneiders, der sich lange mit Aushilfsjobs durchschlagen muss, weiß aus eigenem Erleben, was Armut ist. Zu seinem umfangreichen Werk gehören auch Gedichte und sechs Dramen.

B

Eugene O'Neill (1888 – 1953) ist der erste große Dramatiker Amerikas. Seine Stücke sind geprägt von Pessimismus und Resignation. So geht es in seinem Werk »Trauer muss Elektra tragen« – für das er 1936 den Literatur-Nobelpreis bekommt – um den Menschen, der sich schuldig macht und dem keine Hoffnung bleibt. Ein typischer O'Neill-Satz (aus dem Stück »Der Eismann kommt«): »Die Lüge eines Wunschtraums ist das, was uns am Leben erhält.« Mehrmals erhält der Autor für eines seiner Schauspiele einen Pulitzer-Preis.

C

Den Zugang zur Literatur findet O'Neill, als er mit 24 Jahren wegen einer Lungenkrankheit für mehrere Monate in ein Sanatorium muss und viel Zeit hat – hier liest er unter anderem Nietzsche (Seite 400) im deutschen Original. Mit seinem mehr als 30 Jahre älteren Kollegen George Bernard Shaw hat er nicht nur die irische Abstammung und den Nobelpreis gemeinsam: Auch er ist von Henrik Ibsen (Seite 115) beeinflusst, zudem von August Strindberg (Seite 118). O'Neill führt die **Maske** als Gestaltungsmittel in das moderne Drama ein; mit ihr zeigt er Doppelgänger oder eine Spaltung des Bewusstseins.

B

Für Lyrik-Liebhaber, die der Ansicht sind, dass sich Gedichte immer reimen sollten, ist **T. S. Eliot** (1888 – 1965) sicher nicht die erste Wahl. Für einflussreiche Experten dagegen schon, denn die verleihen ihm für seine Gedichte, Dramen und Essays zahlreiche Preise, darunter den Nobelpreis für Literatur (1948).

C

Thomas Sterns Eliot, der neben der amerikanischen Staatsbürgerschaft auch die englische annimmt, kümmert sich nicht um gängige Trends. Er sucht die Verbindung zur antiken sowie mittelalterlichen Dichtung und knüpft an den christlichen Humanismus an. Das über 400 Zeilen umfassende Gedicht »Das wüste Land« schildert den Zusammenbruch jeglicher Ordnung, die durch Gewalt und Tod ersetzt wird. Bei Eliots Schauspielen, in denen es um Schuld, Vergebung und Erlösung geht, glaubt der Zuschauer sich in einem Gesellschaftsstück zu befinden – aber »es ist längst in ein Drama mit religiösen Absichten umgeschlagen«, wie ein Kritiker schreibt. Beispiele: »Mord im Dom«, »Der Familientag«, »Die Cocktailparty«.

A

Als der Engländer **George Orwell** (1903 – 1950) zwei Jahre vor seinem Tod den Roman »Farm der Tiere« veröffentlicht, wird er sofort berühmt. Nach den Schrecken des Zweiten Weltkriegs findet sein Thema große Zustimmung: die Beschreibung, wie wenig sich die Idealvorstellung einer Gesellschaft verwirklichen lässt, in der alle gleich sind, und wie stattdessen eine Diktatur entsteht. Noch albtraumartiger ist das Leben für die Menschen in Orwells zweitem großen Roman »1984«, der in einer totalitären Zukunft angesiedelt ist. Kurz nachdem diese

Anti-Utopie (das Gegenteil einer Idealwelt) veröffentlicht ist, stirbt der lungenkranke Autor mit 47 Jahren.

Der bekannte Ausdruck »Big Brother is watching you« (Der große Bruder beobachtet dich) für eine unsichtbare Macht, deren Überwachung niemand entkommt, stammt aus Orwells Buch »1984«.

B

William Faulkner (1897–1962) ist einer der bedeutenden US-amerikanischen Autoren des 20. Jahrhunderts, weil er andere Schriftsteller beeindruckt und beeinflusst hat (zum Beispiel Sartre). Das liegt vor allem an seiner neuartigen Form des Erzählens: Er schildert Geschichten aus der Perspektive verschiedener Beteiligter, und er beschreibt nicht chronologisch, sondern wechselt zwischen Gegenwart und Vergangenheit. Dazu schreibt er in »Requiem für eine Nonne«: »Die Vergangenheit ist nicht tot, sie ist nicht einmal vergangen.«. Inhaltlich geht es dabei um Familienchroniken, Unterdrückung, Gewalt, Rassenhass, religiösen Fanatismus und um das Leben in den US-amerikanischen Südstaaten, Faulkners Heimat. (Romane: »Schall und Wahn«, »Licht im August«, »Als ich im Sterben lag« und andere; außerdem Erzählungen und Kurzgeschichten; 1949 Literatur-Nobelpreis).

Wenn der ehemalige Reporter **Ernest Hemingway** (1899–1961) in seinen Büchern mit klarer, präziser Sprache von Ereignissen wie Großwildjagd, Hochseeangeln und Stierkampf erzählt, dann weiß er, wovon er schreibt, denn der US-Amerikaner hat alles selbst erlebt. Seine Helden sind betont männlich, müssen aber nicht im herkömmlichen Sinn Erfolg haben, um Helden zu sein. Zum Beispiel in der Erzählung »Der alte Mann und das Meer«: 84 Mal ist der alte Fischer Santiago mit leeren Händen heimgekehrt, und als es ihm dann endlich gelingt, mit seinem Boot einen riesigen Schwertfisch nach Hause zu ziehen, lassen Haie von dem Fang nur noch das Skelett übrig. »Ein Mann kann zerstört, aber nicht besiegt werden«, lässt Hemingway seinen tragischen Helden sagen. Er selbst zerstört sein zunehmend von Depressionen bestimmtes Leben, indem er sich im Alter von 62 Jahren erschießt. (Weitere berühmte Werke: »Wem die Stunde schlägt«, »Fiesta«. 1954 Literatur-Nobelpreis)

1950 – 2000: Freiheit, Freizügigkeit und Fragen nach dem Sinn

B

Die einen schockiert er, die anderen begeistert er – und damit ist der US-Amerikaner **Henry Miller** (1891 – 1980) typischer Vertreter einer neuen Zeit, in der alte Konventionen über Bord geworfen werden. In seinen Romanen (»Wendekreis des Krebses«, »Stille Tage in Clichy«, »Sexus«) schreibt er indirekt über sein eigenes Leben, und das heißt vor allem: über individuelle Freiheit und ausschweifenden Sex. Seine ersten Bücher entstehen vor dem Zweiten Weltkrieg in Europa; in den prüden Vereinigten Staaten sind sie bis in die 1960er Jahre verboten.

Das Etikett »Skandalautor« haftet auch dem in die USA ausgewanderten und später in der Schweiz lebenden Russen **Vladimir Nabokov** (1899 – 1977) an. Sein 1955 geschriebener Roman »Lolita« sorgt für Empörung, weil es in ihm um die verbotene Liebesbeziehung eines 37-Jährigen zu einer Minderjährigen geht. Er geht mit ihr auf Reisen, bis sie auf einmal verschwunden ist; als er ihr nach Jahren wieder begegnet, ist sie schwanger und lebt in ärmlichen Verhältnissen, will aber nicht zu ihm zurückkehren. Nabokovs spätere Romane und Erzählungen (unter anderem »Gelächter im Dunkel« und »Die Mutprobe«) kommen an den Erfolg von »Lolita« nicht mehr heran.

Der US-Amerikaner **John Steinbeck** (1902 – 1966) wagt keine stilistischen oder inhaltlichen Experimente, sondern schildert eher traditionell die Schicksale von wirtschaftlich ruinierten Farmern und besitzlosen Wanderarbeitern in Kalifornien. Vor allem seine Romane »Früchte des Zorns« und »Jenseits von Eden« haben großen Erfolg, aber auch »Die Straße der Ölsardinen« und »Von Mäusen und Menschen«. Als Anerkennung für seine sozialkritischen Bücher erhält der Autor deutsch-irischer Abstammung 1962 den Literatur-Nobelpreis.

B

»Der Mensch ist dazu verdammt, frei zu sein«, sagt der französische Philosoph und Autor **Jean-Paul Sartre** (1905 – 1980).

Kein Gott hilft ihm, er selbst ist verantwortlich für sein Tun, auch wenn seine Existenz letztlich sinnlos ist. Mit dieser Ansicht wird Sartre zum führenden Vertreter des **Existenzialismus.** Mit seinen Dramen und Romanen (z. B. »Der Ekel«) will er nicht unterhalten, sondern philosophisch belehren.

Obwohl Sartre sagt, der Mensch existiere dadurch, dass er handele, bleiben seine Figuren auf der Bühne untätig: Ihre einzige Aktivität besteht darin, dass sie reden und analysieren. Zum Beispiel im Drama »Geschlossene Gesellschaft«: In einem kargen, fensterlosen Raum befinden sich drei Menschen, die jeweils das Leben eines anderen auf dem Gewissen haben; sie können nicht hinaus und sind sich gegenseitig ausgeliefert. Sein Drama »Das Spiel ist aus« hat Sartre selbst verfilmt; Inhalt: Pierre und Eve haben nach ihrem Tod 24 Stunden Zeit, nachträglich das Beste aus ihrem Leben zu machen, aber es gelingt ihnen nicht.

Über die Wirkung seiner Werke macht sich Sartre keine Illusionen: »Lange hielt ich meine Feder für ein Schwert, nunmehr erkenne ich unsere Ohnmacht«, schreibt er in seiner Autobiografie »Die Wörter«. Der politisch links stehende Denker soll 1964 den Nobelpreis bekommen – aber er lehnt ihn ab.

B

Sartres Lebensgefährtin **Simone de Beauvoir** (1908 – 1986) – beide bleiben trotz ihrer Nähe beim »Sie« – verfolgt ebenfalls deutliche Absichten: Sie kämpft für die weibliche Gleichberechtigung und kritisiert das Bürgertum. »Das andere Geschlecht«, millionenfach verkauft, wird zum wichtigsten Buch der Frauenbewegung. In ihrem Roman »Sie kam und blieb« schildert die Pariserin eine Dreiecksbeziehung zwischen zwei Frauen und einem Mann – eine Situation, die sie aus eigener Erfahrung kennt.

Philosoph, Schauspieler, Bühnenautor, Regisseur, Widerstandskämpfer, Zeitungsverleger, Lektor – und natürlich Autor von Romanen, Essays und Dramen: Das alles ist der in Algerien geborene Franzose **Albert Camus** (gesprochen: »Kamüh«, 1913 – 1960). Er beschreibt die Einsamkeit als unabänderliches Schicksal und die vergebliche Suche nach dem Sinn des Lebens. In seinem berühmten Roman »Die Pest« geht es darum, wie Menschen mit der tödlichen Bedrohung einer Seuche umgehen, die symbolisch auch als Gewalt, Krieg oder der Nationalsozialismus gesehen werden kann.

B

In seinem Essay »Der Mythos von Sisyphos« fragt Camus, ob der zum ewigen Stein-bergauf-Rollen verurteilte Sisyphos (aus der griechischen Mythologie) nicht Selbstmord begehen solle, um seine sinnlose Existenz zu beenden. Das überraschende Fazit: »Wir müssen uns Sisyphos als einen glücklichen Menschen vorstellen.«

In Camus' Roman »Der Fremde« ist die Hauptfigur ein Mann, der wegen einer Tötung, aus seiner Sicht in Notwehr begangen, vor Gericht steht; er weigert sich, die tiefe Reue zu zeigen, die man von ihm erwartet.

131

1957 erhält Camus den Literatur-Nobelpreis. Zwei Jahre und einen Monat später (1960) stirbt er, als das Auto, in dem er als Mitfahrer sitzt, wegen eines geplatzten Reifens gegen einen Baum prallt.

C

Camus ist der zweite große Vertreter des Existenzialismus neben Sartre. Mit ihm ist er befreundet, doch als die politischen Ansichten der beiden immer mehr auseinandergehen, wendet sich Camus ab.

B

Als der Engländer **Graham Greene** (1904 – 1991) als Dreißigjähriger zur katholischen Kirche übertritt, hat er mit »Orient-Express« schon einen der vielen Romane geschrieben, mit denen er Millionen Leser erreicht. Hinzu kommen später zahllose Kinobesucher, die seine Werke auf der Leinwand erleben (z. B. 2002 »Der stille Amerikaner«, der im Vietnam der Fünfzigerjahre spielt). In der legendären Verfilmung »Der dritte Mann« geht es um Spionage, Mord und ein Thema, das Greene häufig aufgreift: der Mensch auf der Flucht (hier in der Wiener Kanalisation) – vor Verfolgern, aber auch vor sich selbst.

Ebenfalls bekannt wird der Roman »Unser Mann in Havanna«, in dem Greene hintergründig und humorvoll erzählt, wie der britische Geheimdienst einen Staubsaugervertreter für einen seiner Spione hält. Zu Greenes umfangreichem Werk gehören auch erotische Erzählungen (»Leihen Sie uns Ihren Mann?«) und Kinderbücher.

A Drei moderne Dramatiker und ihre
weltberühmten Stücke

Eine Landstraße, ein Baum und zwei Männer, die auf einen
dritten warten, doch der wird während des ganzen abend-
füllenden Stückes nicht auftauchen: Mit »Warten auf Godot«
bringt der Ire **Samuel Beckett** (1906–1989) im Jahr 1953 ein
absurdes Drama auf die Bühne, das die Sinnlosigkeit des
Daseins deutlich macht. Denn nicht um den unsichtbaren
Godot geht es – von dem nicht einmal Beckett weiß, wer das
ist –, sondern um das vergebliche Warten.

Vier Jahre später wird es in »Endspiel« noch befremdli-
cher: Ein Blinder im Rollstuhl und sein ebenfalls behin-
derter Begleiter warten auch – aber nicht wie in »Godot«
auf etwas Unbestimmtes, sondern auf ihr eigenes Ende.
Die Zeit vertreiben sie sich, indem sie spielen, zum Beispiel
»Blindekuh«.
Noch einmal vier Jahre später (1961) zeigt Beckett in seinem
Stück »Glückliche Tage«, dass die Sinnlosigkeit und Absurdi-
tät der menschlichen Existenz keineswegs Anlass zu Depres-
sion oder Verzweiflung sein muss: Eine alternde Frau, die
bis zum Bauch und später bis zum Hals in der Erde steckt,
sieht ihr langsames Versinken ganz gelassen. Sie ist glücklich, und Fragen nach dem Sinn des Lebens sind für sie
»Quatsch«.
1969 erhält Samuel Beckett den Literatur-Nobelpreis.

Die Menschen, die **Tennessee Williams** (1911–1983) in seinen Stücken zeigt, leben nicht allein, sondern umgeben von Familienmitgliedern, aber einsam sind sie doch. Zum Beispiel, wenn sie sexuell zurückgewiesen werden oder Angst vor dem Altwerden haben. Für diese bewegenden Geschichten interessiert sich auch Hollywood. Zwei Beispiele: In »Endstation Sehnsucht« zerbricht eine Frau, deren Lebenslügen ans Licht kommen, an ihren eigenen Illusionen (verfilmt mit Vivian Leigh und Marlon Brando). »Die Katze auf dem heißen Blechdach« (verfilmt mit Elizabeth Taylor und Paul Newman) legt schonungslos die Krise einer Familie offen: Ihr Oberhaupt ist ein Millionär, der Frau und Kindern nie Wärme oder Zuneigung gegeben hat; als er an Krebs erkrankt, hoffen alle auf sein Erbe.

Der US-amerikanische Dramatiker **Arthur Miller** (1915–2005) liest in jungen Jahren begeistert Texte von Dostojewski (Seite 114) und Ibsen (Seite 115). Diese Vorbilder erteilen ihm »die Vollmacht zum Schreiben«, wie er später sagt. Mit psychologischem Realismus prangert der Sohn eines ausgewanderten Österreichers (Isidor Mahler) in seinen Bühnenstücken soziale Ungerechtigkeiten an. Zum mehrfach verfilmten Welterfolg wird das Stück »Tod eines Handlungsreisenden«: Der Vertreter Willy Loman, der seinen Söhnen immer gepredigt hat, dass im Leben nur der Erfolg zähle, steht vor dem Ruin, weil es ihm nicht mehr gelingt, seine Waren zu verkaufen. Am Ende bringt er sich um, damit seine Familie das Geld seiner Lebensversicherung bekommt. Gesellschaftskritisch zeigt

Miller hier die Kehrseite des »American way of life«, der für die Gescheiterten keinen Platz hat.

Arthur Miller ist von 1956 bis Anfang 1961 mit der Schauspielerin Marilyn Monroe (1926–1962) verheiratet. Für sie schreibt er das Drehbuch zu dem Film »Nicht gesellschaftsfähig« (»Misfits«), in dem sie eine sensible junge Frau neben drei unangepassten Männern spielt (unter anderem Clark Gable in seiner letzten Rolle). Während der Dreharbeiten beschließen Miller und Monroe, sich scheiden zu lassen.

A

Die schwedische Kinderbuch-Autorin **Astrid Lindgren** (1907–2002) nicht in die Liste der großen Weltliteratur aufzunehmen, hieße, Kinder nicht ernst zu nehmen. Sie selbst tut es: Ihre Helden sind »Wir Kinder aus Bullerbü«, das respektlose Mädchen »Pippi Langstrumpf«, die gewitzte Lotta, »Michel aus Lönneberga«, »Kalle Blomquist, der Meisterdetektiv« und »Ronja Räubertochter«. Ihnen allen ist gemeinsam, dass sie sich nicht von Eltern oder Lehrern bevormunden lassen; sie dürfen einfach Kinder sein. Und dafür lieben die lesenden Kinder in aller Welt die Erfinderin dieser Figuren, die mit ihren Büchern so viel Erfolg hat wie niemand vor ihr.

B

Der Kolumbianer **Gabriel García Márquez** (geboren 1928) ist der erfolgreichste Schriftsteller Lateinamerikas (1982 Literatur-Nobelpreis). Sein Ruhm beginnt mit der Veröffentlichung des Romans »Hundert Jahre Einsamkeit«, in dem er den Aufstieg und Niedergang einer Familie und eines Dorfes schildert. Auch der Roman »Die Liebe in den Zeiten der Cholera« ist keine Momentaufnahme: Mehr als fünfzig Jahre lang wartet ein Mann auf seine Jugendliebe, die inzwischen alt geworden ist, ebenso wie er. Tatsächlich kommen die beiden noch zusammen – eine berührende Liebeserklärung an die Liebe. Weitere Werke unter anderem: »Der Herbst des Patriarchen« (über den Aufstieg und Fall eines Diktators), »Chronik eines angekündigten Todes« (Dorfbewohner verhindern nicht den Mord an einem Mann, obwohl sie den Plan des Täters kennen).

© So hießen sie wirklich:
zehn Autoren und ihr richtiger Name

- Joseph Conrad hieß eigentlich Józef Konrad Korzeniowski.
- Daniel Defoe hieß eigentlich Daniel Foe.
- Knut Hamsun hieß eigentlich Knud Pedersen.
- Jack London hieß eigentlich John Griffith.
- Molière hieß eigentlich Jean Baptiste Poquelin.
- George Orwell hieß eigentlich Eric Arthur Blair.
- Stendhal hieß eigentlich Marie-Henri Beyle.
- Voltaire hieß eigentlich François-Marie Arouet.
- Tennessee Williams hieß eigentlich Thomas Lanier Williams.
- Mark Twain hieß eigentlich Samuel Langhorne Clemens.

Und die Gegenwart?

 Buchhandlungen, die um Punkt Mitternacht öffnen, damit Scharen von Kindern und Jugendlichen den neuen Band von »Harry Potter« kaufen können: Einige Jahre liegt dieser ungewöhnliche Ansturm inzwischen zurück, und heute erscheint er fast wie ein Traum. Aber was wird morgen von der englischen Erfolgsautorin **Joanne K. Rowling** (geboren 1965) geblieben sein? Wird ihr Zauberheld »Harry Potter« sich dann als ständiges Mitglied im Club der Weltliteratur etabliert haben? Niemand weiß es, und das gilt nicht nur für Rowlings erfolgreichen Romanzyklus, sondern für alle Werke und Autoren der Gegenwart.

Viele Namen ließen sich aufzählen: zum Beispiel **Milan Kundera** (geb. 1929), **John Updike** (geb. 1932), **Philip Roth** (geb. 1933), **John Irving** (geb. 1942), **Julian Barnes** (geb. 1946), **Paul Auster** (geb. 1947), **Ian McEwan** (geb. 1948) oder **Zeruya Shalev** (geb. 1959). Ebenso viele weitere Namen – oder ganz andere an ihrer Stelle – könnte man hinzufügen. Aber welche Rolle sie alle im Geschehen der Literatur spielen werden, kann nur die Zukunft zeigen.

Mathematik

Alles halb so schlimm

Mathe, das heißt: des einen Freud, des anderen Leid – wobei die Zahl der Leidenden sicher größer ist. Aber es scheint eine Trendwende zu geben, haben Fachleute beobachtet: Die Zeiten, in denen es als cool galt, damit zu prahlen, dass man von Mathematik keine Ahnung habe, sind offenbar vorbei. Viele Erwachsene bedauern sogar, dass sie einst in der Schule nicht mehr mathematisches Wissen mitbekommen und mitgenommen haben. Oft waren es ja nur die unverständlichen Erklärungen der Lehrer, die das Interesse vernichteten. Im folgenden Kapitel soll dagegen nichts unverstanden bleiben. Hier werden wichtige Grundlagen wiederholt, die man irgendwann mal gelernt und später vergessen hat.

Was Ihnen in diesem Kapitel erspart bleibt:

Sätze wie den folgenden werden Sie hoffentlich nicht vermissen. Er stammt aus einem Mathe-Trainingsbuch für Schüler, das auf dem Umschlag verspricht: »maximaler Durchblick – verständliche Erklärungen«. Im Innenteil heißt es dann unter der Überschrift »Was ist ein Graph (Schaubild)?«: »Ordnet man jedem Wertepaar (x; y) einer Zuordnung (oder Funktion) einen Punkt P (x y) zu, wobei x und y die Koordinaten im Koordinatensystem sind, so erhält man einen Punkt des Graphen der Zuordnung (oder Funktion).« Wenn Sie das auf Anhieb verstehen, dann können Sie die Mathe-Seiten, die Sie jetzt vor sich haben, getrost überblättern.

Dieses Kapitel beschäftigt sich vor allem mit jenen Bereichen der Mathematik, die im Alltag eine Rolle spielen. Wie man den Flächeninhalt eines Parallelogramms ausrechnet, werden Sie hier deshalb nicht erfahren.

Was alles zur Mathematik gehört

B

Ohne Mathematik gäbe es keine Bauwerke (Statiker bestimmen ihre Standfestigkeit), keine Flugzeuge (Ingenieure berechnen ihre Eigenschaften) und keine Computer (Programmierer bringen ihnen mit mathematischen Formeln bei, was sie tun sollen). Das Gebiet der Mathematik ist so umfangreich, dass man es in verschiedene Untergebiete einteilen kann. Die wichtigsten sind:

Arithmetik: das, was wir allgemein unter »Rechnen mit Zahlen« verstehen.

Algebra: jener Teil der Mathematik, in dem mit Buchstaben und Symbolen gerechnet wird ($a^2 + b^2 = c^2$).

Geometrie: Sie beschäftigt sich mit Winkeln, Flächen, Geraden und Körpern.

Differenzialrechnung: Ein Teilgebiet der höheren Mathematik, bei der es um die Änderung oder Steigerung von Werten geht; zum Beispiel kann man damit die Geschwindigkeit zu einem bestimmten Zeitpunkt ausrechnen.

Integralrechnung: die Umkehrung der Differenzialrechnung. Mit ihrer Hilfe konnte die Statistik entwickelt werden. Beide Gebiete, Integral- und Differenzialrechnung, fasst man unter dem Begriff **Analysis** zusammen.

Womit beschäftigt sich die Mathematik? Wir Normalsterblichen sagen: mit Zahlen. Aber das ist für einen Mathematiker zu ungenau. Er unterscheidet zum Beispiel:

natürliche Zahlen (1, 2, 3, 4, … bis unendlich),

ganze Zahlen (−3, −2, −1, 0, 1, 2, 3),

rationale Zahlen – auch Brüche genannt – ($^1/_2$, $^2/_3$),

Quadratzahlen (das sind Zahlen, die mit sich selbst malgenommen werden. Beispiel: 3 mal 3 ergibt die Quadratzahl 9.) und **Primzahlen.** Das sind Zahlen, die sich nicht ohne Rest durch andere teilen lassen, zum Beispiel 3, 5, 7, 11, 13 und als einzige gerade Zahl die 2: Jede andere gerade Zahl (4, 6, 8) lässt sich auch durch 2 teilen, da aber die 2 nur durch sich selbst teilbar ist, gehört sie als Ausnahme zu den Primzahlen. Manche Mathematiker finden es spannend, die längste bekannte Primzahl zu suchen.

141

Auch benutzt der Mathematiker unterschiedliche Schreibweisen für Zahlen:

arabische Zahlen (1, 2, 3, 4)

römische Zahlen (I, II, III, IV)

Die römischen Zahlen

Auf alten Bauwerken sieht man sie gelegentlich, jene oft aus vielen Buchstaben zusammengesetzten Jahreszahlen. Zum Beispiel auf dem Sockel des steinernen Löwen, der an der Hafeneinfahrt von Lindau am Bodensee thront: MDCCCLVI. Können Sie das entziffern? Dies ist der Schlüssel zur Lösung:

I = 1 V = 5 X = 10 L = 50 C = 100 D = 500 M = 1000

Diese Zahlen werden einfach zusammengezählt. Auf dem Sockel des Löwen steht also: 1856.

Die Zahl 4 wurde bei den Griechen noch als IIII dargestellt. Die Römer vereinfachten sie und schrieben stattdessen 5 minus 1, also IV. So sparten sie Platz. Entsprechend stellten sie die Zahl 99 als XCIX dar (zuerst zehn weniger als hundert, also XC = 90, dann eins weniger als zehn, also IX = 9). Wenn eine kleinere Ziffer links von einer größeren steht, bedeutet das also immer »minus«. Erst im Mittelalter, im 13. Jahrhundert, wurden die römischen Ziffern durch das arabische Zahlensystem abgelöst, das noch mehr Platz spart. Bis heute.

Ein paar einfache Rechenregeln

Wie würden Sie im Kopf die Zahl 43 von 114 abziehen? Mühsam von oben nach unten zu rechnen, ist viel schwerer, als von unten nach oben zu zählen. Zum Beispiel so: Auf die 43 lege ich 57 drauf, dann habe ich 100, und es fehlen noch 14; 57 plus 14 ergibt 71. 114 minus 43 ist also 71.

Und wie lösen Sie die folgende Aufgabe: $6 + 4 : 2 = ?$
Möglichkeit a: $6 + 4$ ergibt 10; 10 geteilt durch 2 ergibt 5
Möglichkeit b: 4 geteilt durch 2 ergibt 2; 6 plus 2 ergibt 8
   Es gibt also zwei Wege, aber nur Weg b ist richtig, weil »Punktrechnung« Vorrang hat vor »Strichrechnung«.
Punktrechnung, das heißt entweder **multiplizieren** (malnehmen), zum Beispiel 3×3, oder **dividieren** (teilen), zum Beispiel $4 : 2$. Strichrechnung, das heißt entweder **addieren** (zusammenzählen), zum Beispiel $2 + 3$, oder **subtrahieren** (abziehen), zum Beispiel $4 - 2$.

> *Wir merken uns:*
> *Punktrechnung vor Strichrechnung*

Wenn man Zahlen addiert, nennt man das Ergebnis **Summe** (die Summe von 2 und 4 ist 6). Wenn man Zahlen subtrahiert, nennt man das Ergebnis **Differenz** (die Differenz von 6 und 4 ist 2). Wenn man Zahlen multipliziert, nennt man das

Ergebnis **Produkt** (das Produkt von 2 und 4 ist 8). Wenn man Zahlen dividiert, nennt man das Ergebnis **Quotient** (der Quotient von 6 und 2 ist 3).

Selbst bei einer einfachen Rechnung können sich die unterschiedlichen Talente offenbaren. Als der geniale deutsche Mathematiker **Carl Friedrich Gauß** (1777–1855) als Schüler alle Zahlen von 1 bis 100 addieren sollte, präsentierte er dem Lehrer das Ergebnis viel schneller als alle anderen. Er zählte nicht Zahl für Zahl zusammen, sondern bildete lauter Paare: 1 + 100, 2 + 99, 3 + 98, 4 + 97 und so weiter, bis zu 50 + 51; so sah er im Nu, dass 50 Paare entstehen, die jeweils die Summe 101 ergeben. Gauß musste nur rechnen: 101 mal 50 – und schon hatte er das Ergebnis: 5050.

Gelegentlich hört oder liest man den Begriff **Quersumme:** Das sind ganz einfach die zusammengezählten **Ziffern** einer Zahl. Beispiel: Die Quersumme von 123 ist 6 (1 + 2 + 3 = 6).

Wie man mit negativen Zahlen rechnet

A

Mit positiven Zahlen zu rechnen, ist einfach: 7 + 3 = 10. Mit negativen Zahlen ist es etwas ungewohnter, aber auch nicht schwer: –7 + 3 = –4. Man kann negative Zahlen natürlich auch miteinander malnehmen: (–3) × 2 = –6 (»minus 3 mal 2 ist minus 6«).

Was aber ergibt die Rechnung $(-3) \times (-2)$? Antwort: 6 (oder, wenn man es ganz deutlich ausdrücken will, »plus 6« beziehungsweise $+6$).

Und, noch schwerer: $(-9):(-3) = ?$ Die Lösung lautet: 3 (oder $+3$).

> **Wir merken uns: plus mal minus ergibt minus;**
> **minus mal minus ergibt plus**

Quadratzahlen und Wurzeln: Wozu braucht man sie?

Sicher kennen Sie die ungefähre Größe Ihrer Wohnung. Angenommen, es sind 48 Quadratmeter. Dann sind vielleicht die Längsseiten jeweils 8 Meter, die kürzeren Seiten jeweils 6 Meter lang ($6 \times 8 = 48$). Man könnte den Fußboden in 48 Felder einteilen, jedes Feld einen Quadratmeter groß. Ein **Quadratmeter** heißt: ein Meter mal ein Meter.

Die Rechnung 1×1 kann man auch so schreiben: 1^2 (»eins im Quadrat«). Und 3^2 (»3 im Quadrat«) bedeutet entsprechend: 3×3, also 9. Wenn man eine Zahl mit sich selbst malnimmt, nennt man das **quadrieren** oder die **Quadratzahl** bilden.

Das Gegenteil vom Quadrieren ist das **Wurzelziehen:** Die Wurzel von 9 ist 3, und die Wurzel von 16 ist 4. Man schreibt das so: $\sqrt{9} = 3$ und $\sqrt{16} = 4$.

B

Mithilfe von Wurzeln kann man zum Beispiel vom Inhalt eines Raumes auf seine Seitenflächen schließen. In diesem Fall muss man die **Kubikwurzel** ziehen. Ein **Rauminhalt** (Länge mal Breite mal Höhe) lässt sich in Kubikmetern messen (ein **Kubikmeter** = 1 m × 1 m × 1 m).

Angenommen, in einen Tank sollen 27 Kubikmeter Wasser gefüllt werden, und dieser Tank hätte die Form eines Würfels. Wie groß muss der Würfel sein, damit alles Wasser hineinpasst? Die Kubikwurzel von 27 (man schreibt: $\sqrt[3]{27}$) ist drei: $3 × 3 × 3 = 27$. Die Seiten des Würfels müssen also mindestens 3 Meter lang sein.

»Zehn hoch sechs«: Wie man große Zahlen vereinfacht

B

Um auch bei sehr großen Zahlen einigermaßen die Übersicht zu behalten, haben Mathematiker das **Potenzieren** erfunden. Das geht so: Anstelle von »tausend« kann man auch »zehn hoch drei« sagen und 10^3 schreiben. 10^3 heißt nichts anderes als »$10 × 10 × 10$« (zehn mal zehn mal zehn). Ebenso könnte man bei der Rechnung »$100 × 100 × 100$« verfahren und stattdessen 100^3 schreiben – aber das ist nicht üblich.

Mathematiker verwenden lieber **Zehnerpotenzen.** Sie schreiben nicht 100^3, sondern 10^6, was dasselbe ist, nämlich eine Million.

Der Vorteil der Zehnerpotenzen: Die hochgestellte Zahl (**Hochzahl**) gibt immer an, wie viele Nullen rechts neben der 1 stehen. 10^6 bedeutet also eine 1 mit sechs Nullen (= eine Million), und 10^{12} bedeutet eine 1 mit zwölf Nullen (= eine Billion). Die Entfernung von diesem Buch bis zum Erdmittelpunkt in Metern anzugeben, würde eine Zahl mit vielen Nullen erforderlich machen, es sind 6 300 000 Meter. Da ist es einfacher, zu schreiben: $6{,}3 \times 10^6$ Meter (6,3 mal eine Million, also 6,3 Millionen).

> **Wir merken uns: Die Hochzahl zeigt,**
> **wie viele Nullen der 1 folgen (nicht der 10!)**

Nicht nur sehr große Zahlen kann man mithilfe der Zehnerpotenzen kürzer und übersichtlicher schreiben, sondern auch sehr kleine. So ist zum Beispiel 10^{-3} dasselbe wie 0,001 oder ein Tausendstel. Das hochgestellte Minus entspricht immer dem umgekehrten »Normalfall«: Wenn also 10^3 tausend bedeutet, dann bedeutet 10^{-3} »ein Tausendstel«.

B

Aus all dem ergibt sich mit mathematischer Logik auch, dass 10^1 dasselbe wie zehn bedeutet. Und 10^0 ist 1. Die hochgestellte Zahl wird auch **Exponent** genannt.

Nur scheinbar einfach:
die Durchschnittsgeschwindigkeit

B

Jan macht am Wochenende mit seinem Rennrad eine Tour in die Berge und nimmt sich vor, im Durchschnitt Tempo 40 zu radeln. Die erste Hälfte der 10-Kilometer-Strecke führt leicht bergauf, und als Jan nach 5 Kilometern den höchsten Punkt erreicht hat, stellt er fest, dass er nur mit einer Durchschnittsgeschwindigkeit von 20 km/h gefahren ist. »Macht nichts«, denkt er, »dann fahre ich bergab dafür 60.«

Doch damit täuscht er sich. Jeder Autofahrer, der schon einmal erlebt hat, wie schwer es ist, ein erzieltes Durchschnittstempo auch nach einer Pause wieder zu erreichen, kennt das Phänomen. Rechnen wir einmal nach:

Wenn Jan bergauf mit Tempo 20 unterwegs ist, braucht er für die 5 Kilometer bis zum Gipfel eine Viertelstunde (für 20 Kilometer würde er 60 Minuten brauchen; 20 km : 4 = 5 km; 60 min : 4 = 15 min).

Wenn er bergab 5 Kilometer lang mit Tempo 60 fährt, braucht er dafür 5 Minuten (für 60 km würde er 60 min brauchen; 60 km : 12 = 5 km; 60 min : 12 = 5 min).

Jan braucht also bergauf und bergab insgesamt 20 Minuten für eine Strecke von 10 Kilometern. Das heißt, in einer Stunde (20 min mal 3 = 60 min) hätte er 30 Kilometer zurückgelegt (10 km mal 3 = 30 km). Sein Durchschnittstempo ist also nicht 40, wie erhofft, sondern nur 30.

Wie schnell müsste Jan bergab fahren, um doch noch den

Durchschnittswert von 40 km/h zu erreichen? Die Antwort ist für ihn deprimierend: Wenn er die Gesamtstrecke von 10 Kilometern mit Tempo 40 fahren will, dann braucht er für diese 10 Kilometer eine Viertelstunde (für 40 Kilometer würde er 60 Minuten brauchen; 40 km : 4 = 10 km; 60 min : 4 = 15 min). Nach 15 Minuten ist er aber erst am Gipfel angekommen – er kann sein Wunschtempo also gar nicht mehr erreichen.

Die Geheimnisse der Statistik: Vorsicht, Falle!

 Wann immer wir Nachrichten sehen oder hören, begegnen uns **Statistiken.** Die Zahl der Erwerbslosen, Studenten oder Kinder hat um soundso viel Prozent zu- oder abgenommen, heißt es zum Beispiel. Aber hört man nicht immer wieder, dass Statistiken oft »nicht stimmen«? Tatsache ist: Die verwendeten Zahlen an sich sind meistens richtig und nur in seltenen Fällen gefälscht. Doch wenn es darum geht, sie zu interpretieren, sie Lesern oder Fernsehzuschauern darzustellen, dann kommt es oft zu missverständlichen und falschen Aussagen. Die folgende Meldung zeigt es.

»Selbstmorde sind unter Jugendlichen die häufigste Todesursache: Fast 25 Prozent der Verstorbenen unter 20 setzen ihrem Leben selbst ein Ende; bei den 40-Jährigen sind es nur zehn Prozent und bei den über 70-Jährigen nur noch zwei Prozent.« Wer alt ist, lebt also zufriedener, denken wir beim Lesen. Was stimmt hier nicht?

Die Statistik sagt mit keinem Wort, um wie viele Tote es geht. Nehmen wir die jungen Menschen: Sie haben selten Herzanfälle oder Krebs, sie sterben überhaupt sehr selten. Und wenn, dann sind in diesen wenigen Fällen am ehesten Unfälle und Selbstmorde die Ursache. Unter den älteren Menschen kommt es insgesamt einfach viel häufiger vor, dass sie sterben, meist an Krankheiten; da fallen die Selbstmorde prozentual kaum ins Gewicht. Wenn man die tatsächlichen **absoluten Zahlen** betrachtet, dann stellt sich heraus: Es bringen sich etwa zehnmal mehr alte Menschen als junge um, in allen Ländern und zu allen Zeiten.

Ähnlich verhält es sich mit vielen anderen Aussagen.

Zwei Beispiele:

- »Die meisten Unfälle geschehen zu Hause«: Sollten wir also besser im Hotel oder auf der Straße leben? Wohl kaum. Wenn in ihrer eigenen Wohnung mehr Menschen zu Schaden kommen als anderswo, dann einfach deshalb, weil sie hier viel öfter und länger sind als an jedem anderen Ort. Was fehlt, ist die Vergleichsbasis: die Aufenthaltsdauer an verschiedenen Orten.

- »Bei Tempo 50 passieren mehr Autounfälle als bei hohen Geschwindigkeiten«: Klar. Weil man mit dem Auto sehr oft 50 fährt, aber nur selten 150. Ebenso gut könnte man sagen: »Tempo 240 ist besonders sicher und führt zu extrem wenig Unfällen«. Auch hier fehlt die Vergleichsbasis: die Zeit, die wir auf der Straße in den verschiedenen Geschwindigkeitsbereichen verbringen.

Durchschnitt, Mittelwert und mehr

B

Rita sammelt in ihrer Firma Geld für eine Kollegin, die ein Baby bekommen hat. Von acht männlichen und weiblichen Mitarbeitern erhält sie Spenden in unterschiedlicher Höhe. Rita selbst gibt 2 Euro, und der großzügige Chef zahlt 10 Euro. Damit sind folgende Beträge zusammengekommen:

1, 1, 2, 2, 2, 2, 2, 3, 5, 10. Die Summe beträgt 30 Euro.

Am nächsten Tag will sich auch Evi noch mit einem Betrag beteiligen, sie weiß aber nicht, wie viel sie geben soll. »Was haben denn die anderen so gezahlt?«, fragt sie. Nun stehen Rita drei statistische Methoden zur Verfügung:

- Der **Durchschnitt,** auch **Mittelwert** genannt (oder das »arithmetische Mittel«, also die rechnerische Mitte). Rita rechnet aus, dass jeder der zehn Spender durchschnittlich 3 Euro gezahlt hat (30 : 10 = 3). Aber das sagt in diesem Fall wenig aus, denn sieben von zehn Spendern haben weniger gegeben, und nur ein Einziger hat genau diesen Durchschnittswert gezahlt.

- Der **Median** teilt die gemessenen Einzelwerte in zwei Hälften, sodass die eine Hälfte darüber liegt und die andere darunter. Vorteil: Extremwerte (»Ausreißer«) wie die zehn Euro des Chefs spielen keine Rolle.
  Bei der Reihe 1, 1, 2, 2, 2, | 2, 2, 3, 5, 10 ist der Medianwert 2.

- Der **Modalwert** ist der Wert, der in einer Zahlenreihe am häufigsten vorkommt. In diesem Fall: ebenfalls die 2.

151

Wenn Rita also sagen würde, »im Durchschnitt hat jeder drei Euro gezahlt«, dann führt das Evi in die Irre. Wenn sie stattdessen sagt, »die Mitte liegt bei zwei Euro« (Medianwert) oder »die meisten haben zwei Euro gegeben« (Modalwert), dann ist das für Evi aussagekräftiger.

Die einzelnen Werte, hier die gespendeten Euro-Beträge, nennt man **Variablen**. Eine hohe **Variabilität** bedeutet, dass die einzelnen Werte weit auseinanderliegen, dass sie »weit streuen« (hier zwischen 1 und 10); eine niedrige Variabilität wäre dagegen vorhanden, wenn alle Spender zum Beispiel 2 oder 3 Euro gegeben hätten.

Prozentrechnung: Womit wir täglich zu tun haben

»20 Prozent auf alles!« Oder: »Bis zu 70 Prozent Nachlass!« Mit solchen Angeboten sollen wir in Baumärkte und Läden aller Art gelockt werden. Gut, nehmen wir ihre Anpreisungen einmal ernst und rechnen.

Prozent heißt »von hundert« (pro centum). Wenn ein Händler drei Prozent (3%) Rabatt auf eine Ware gibt, die genau 100 Euro kostet, dann bekommt der Kunde sie für drei Euro weniger, er zahlt also 97 Euro.

Stellen Sie sich einen Kuchen mit hundert Stücken vor: Wenn keines fehlt, dann besteht der Kuchen aus hundert dieser Hundertstel, das sind 100 Prozent.

Wenn Sie drei Stück wegnehmen, dann fehlen drei Hundertstel, also 3 Prozent.

Anders ausgedrückt: $3\% = {}^3/_{100} =$ drei geteilt durch hundert.

Wenn Sie »drei geteilt durch hundert« in einen Taschenrechner eingeben ($3:100$), dann erscheint als Ergebnis: 0,03. Das ist dasselbe wie drei Hundertstel, aber in **Dezimalzahlen** ausgedrückt. Also:

$0{,}03 = 3$ Hundertstel $= {}^3/_{100} = 3\,\%$

$0{,}05 = 5$ Hundertstel $= {}^5/_{100} = 5\,\%$

Aber, nicht verwechseln:

$0{,}5 = 0{,}50 = {}^5/_{10} = {}^{50}/_{100} = 50$ Hundertstel $= {}^1/_2 =$ die Hälfte $= 50\,\%$

Entsprechend gilt:

$0{,}25 = 25$ Hundertstel $= {}^{25}/_{100} = {}^{2{,}5}/_{10} = {}^1/_4 =$ ein Viertel $= 25\,\%$

$0{,}75 = 75$ Hundertstel $= {}^{75}/_{100} = {}^{7{,}5}/_{10} = {}^3/_4 =$ drei Viertel $= 75\,\%$

⚠ Zehntel, Hundertstel und Tausendstel als Dezimalzahlen

Eine Ziffer rechts nach dem Komma bezeichnet die Zehntel. Zwei Ziffern rechts nach dem Komma bezeichnen die Hundertstel. ➜

Drei Ziffern rechts nach dem Komma bezeichnen die Tausendstel.

Beispiele:
0,3 = drei Zehntel; 0,003 = drei Tausendstel
0,64 = 64 Hundertstel = 6,4 Zehntel = 640 Tausendstel

B

Bleiben wir noch bei unserem Beispiel: Eine Ware, die normalerweise 100 Euro kostet, wird mit 3 Prozent Rabatt angeboten.
Die 100 Euro sind der **Grundwert**.
Die 3 Prozent Rabatt sind der **Prozentsatz**.
Der ersparte Betrag (3 Euro) ist der **Prozentwert**.
»Prozentsatz« und »Prozentwert« kann man leicht verwechseln. Tipp: Merken Sie sich einfach, dass der Prozent»wert« das ausdrückt, was die angegebenen Prozente wert sind.

Wie rechnet man den Prozentwert aus? Mit einem Taschenrechner und folgender Formel:

Grundwert mal Prozentsatz = Prozentwert

Beispiel: Ein Autohändler bietet einen Pkw, der bisher 20 500 Euro gekostet hat, mit 25 Prozent Rabatt an. Wir rechnen: 20 500 mal 0,25 = 5125. Der Rabatt beträgt also 5125 Euro.

Manchmal ist es der Prozentsatz, den man kennen will. Beispiel: Bei einer Kontrolle haben von 80 Fahrgästen 12 keine

Fahrkarte. Wie viel Prozent sind das? Wir kennen in diesem Fall also den Grundwert (80) und den Prozentwert (12), nicht aber den Prozentsatz. Den ermittelt man so:

Prozentwert geteilt durch Grundwert = Prozentsatz

In diesem Fall rechnen wir also $12 : 80 = 0,15$. (Wir erinnern uns, dass 0,15 »15 Hundertstel« heißt und dass 15 Hundertstel dasselbe ist wie 15 Prozent.) 15 Prozent haben also keine Fahrkarte.

Die dritte Möglichkeit beim Prozentrechnen: Der Prozentwert und der Prozentsatz sind bekannt, und man will wissen, wie hoch der Grundwert ist. Beispiel für das »Prozentrechnen rückwärts«: Sandra erzählt ihrer Freundin Evi, dass ihr ein Schuhgeschäft auf ein Paar Stiefel drei Prozent Rabatt gegeben hat. »Das sind immerhin sechs Euro«, habe die Verkäuferin gesagt.

Evi fragt: »Ja, und wie teuer waren die Stiefel?« Aber das weiß Sandra nicht mehr, weil sie noch zwei Strumpfhosen gekauft und alles zusammen bezahlt hat.

Um den Preis der Stiefel zu ermitteln, rechnet man:

Prozentwert geteilt durch Prozentsatz = Grundwert

Wir erinnern uns, dass der Prozentsatz (3 Prozent = 3 Hundertstel) im Taschenrechner als 0,03 eingetippt werden muss. Die Rechnung lautet in diesem Fall also:
$6 : 0,03 = 200$. Die Stiefel haben 200 Euro gekostet.

Thomas will einen Flachbildfernseher kaufen, der 580 Euro kosten soll. »Darin sind drei Prozent Skonto (Rabatt) schon enthalten«, sagt der Verkäufer. Thomas fragt sich, wie teuer das Gerät ursprünglich war.

Er kennt also den Prozentsatz (3%), aber nicht den Prozentwert – und auch nicht den Grundwert, denn der beträgt immer 100 Prozent, und genau danach sucht Thomas. Die 580 Euro sind ja nur 97 Prozent (das ist der **verminderte Grundwert**). Die Frage lautet also: Wenn 580 Euro 97 Prozent sind, wie viel Euro sind dann 100 Prozent?

Das rechnen wir am besten so aus: Zuerst ermitteln wir den Betrag für ein Prozent. Um von 97 Prozent auf ein Prozent zu kommen, muss man die 97 durch 97 teilen:

97 : 97 = 1. Nun teilen wir auch die 580 Euro durch 97, damit dieser Betrag ebenfalls einem Prozent entspricht: 580 Euro : 97 = 5,9794 Euro.

Wir (und Thomas) suchen aber nicht den Euro-Betrag für ein Prozent, sondern den für 100 Prozent. Also multiplizieren wir mit hundert: 5,9794 × 100 = 597,94. Damit haben wir den Grundwert und können Thomas sagen, dass der Fernseher ursprünglich 597,94 Euro gekostet hat.

Thomas will nun 580 Euro für den Flachbildfernseher ausgeben. Er erzählt dem Verkäufer, dass er das Gerät in seinem Ferienhaus in Italien aufstellen will. »Dann können Sie sich ja die Mehrwertsteuer erstatten lassen«, sagt der Verkäufer. Thomas hat Zweifel, ob das stimmt, aber er würde trotzdem gerne wissen, wie hoch der **Nettopreis** ohne die Steuer wäre. Nehmen wir zur Vereinfachung an, die Mehrwertsteuer beträgt glatte 20 Prozent. Dann ist der **Bruttopreis** von 580 Euro inklusive Steuer der **vermehrte Grundwert** und entspricht 120 Prozent. Wir suchen den Grundwert, also hundert Prozent, und rechnen so: 580 Euro entsprechen 120 Prozent.

580 Euro geteilt durch 120 entsprechen einem Prozent.

Also: 580 Euro : 120 = 4,8333 Euro

Wenn 4,8333 Euro einem Prozent entspricht, dann nehmen wir diese Zahl mal hundert, um auf hundert Prozent zu kommen.

Also: 4,8333 × 100 = 483,33 Euro. Das ist der Nettopreis, der Grundwert.

Was wir gerade getan haben – von 120 Prozent auf ein Prozent herunterrechnen, um von da aus auf 100 Prozent heraufzurechnen, nennt man **Dreisatz**. Diese Art zu rechnen ist auch bei Aufgaben hilfreich, die nichts mit Prozentrechnung zu tun haben. Ein typisches Beispiel, an das sich mancher sicher noch aus der Schulzeit erinnert:

Drei Kilo Äpfel kosten 4 Euro. Was kosten fünf Kilo Äpfel?

Auch hier rechnet man zunächst aus, was ein Kilo kostet, um die ermittelte Zahl dann mit 5 (für 5 Kilo) malzunehmen.

Also: Wenn 3 Kilo 4 Euro entsprechen, dann entsprechen 3 geteilt durch 3 einem Kilo. Nun muss man die 4 Euro ebenfalls durch 3 teilen, dann erhält man den Preis für ein Kilo:

4 Euro : 3 = 1,33 Euro

1,33 × 5 = 6,66. Fünf Kilo Äpfel kosten also 6,66 Euro.

Rechnen mit Zinsen: Wenn es ums Geld geht

A

Die Berechnung von Zinsen ist nur eine Abwandlung des Rechnens mit Prozenten – und genauso alltäglich. Beispiele gibt es viele: Ein Sparbuch wirft 2,5% Zinsen ab, ein Kredit soll 13% Zinsen kosten, und ein Möbelhaus wirbt mit »Null Anzahlung bei nur 2% Zinsen«. Das alles lässt sich leicht ausrechnen.

Was bei der Prozentrechnung der Grundwert ist, heißt jetzt **Kapital.**

Was bei der Prozentrechnung der Prozentsatz ist, heißt jetzt **Zinssatz.**

Was bei der Prozentrechnung der Prozentwert ist, heißt jetzt **Zinsen.**

Steffi hat 1000 Euro gespart und überlegt, wie sie die am besten anlegen soll. Bei ihrer Bank würde sie 2,5% bekommen. Sie will das Geld aber nur für drei Monate parken, weil sie es danach für eine Reise braucht.

Sie rechnet also: 1000 Euro × 2,5% = 25 Euro. Das ist der **Jahreszins!** Wenn vom Zinssatz die Rede ist, dann ist immer der gemeint. Um Zinsen für einen Monat auszurechnen, muss man den Jahreszins durch 12 teilen, und wenn man die Zinsen für einen Tag ausrechnen will, durch 360. (Um leichter rechnen zu können, gilt im Bankgeschäft die Vereinbarung, dass ein Monat 30 Tage zählt und ein Jahr 12 mal 30 Tage; das ergibt 360 Tage.) Steffi würde für drei Monate also 25 Euro geteilt durch 12 (für einen Monat) mal 3 (für drei Monate) bekommen. Das sind 6,25 Euro. Nicht gerade prickelnd, findet sie.

Tipp: Wenn man sich Geld leiht oder eine Ware in Raten bezahlen will, dann ist der entscheidende Wert der **effektive Jahreszins:** Er enthält alle Gebühren, auch die versteckten.

B

Steffi half vor einiger Zeit ihrem Onkel, der dringend Geld für eine Autoreparatur brauchte. Sie lieh ihm 800 Euro und bekam von ihm nach vier Monaten 850 Euro zurück, worüber sie sich sehr freute. Wie viel Prozent Zinsen (Jahreszinsen) waren das?

Wir kennen also das Kapital sowie die Zinsen, und wir suchen den Zinssatz. Bei der Prozentrechnung hieß es: Wir kennen den Grundwert sowie den Prozentwert, und wir suchen den Prozentsatz. Nach der Formel: »Prozentsatz = Prozentwert geteilt durch Grundwert« muss es jetzt heißen:

Zinssatz = Zinsen geteilt durch Kapital.

Nicht vergessen: »Zinssatz« heißt »Jahreszinsen«! Diesen Wert kennen wir noch nicht.

Wenn Steffi für vier Monate 50 Euro bekam, dann entspricht das einem Jahreszins von 150 Euro (Monate und Euro jeweils mal drei). Jetzt können wir rechnen:

Gesuchter Zinssatz = 150 : 800.

Das ergibt 0,1875 oder 18,75 Hundertstel, also 18,75 %.

Nicht schlecht – vielleicht sollte Steffi ihre jetzt gesparten 1000 Euro nicht der Bank leihen, sondern mal ihren Onkel fragen, ob er wieder Geld braucht?

Rechnen mit Brüchen: Wie zerschneidet man Omas Torte?

Oma Lisbeth hat einen leckeren runden Quarkkuchen gebacken. Ein Drittel davon will sie selbst behalten, die Hälfte soll ihr Sohn mit seinen zwei Kindern bekommen, und falls dann noch etwas übrig ist, will Lisbeth es der alleinstehenden Nachbarin geben. Aber ist überhaupt etwas übrig? Und sind die zugeteilten Stücke gleich groß? Das wäre Oma Lisbeth nämlich am liebsten.

Könnten Sie spontan sagen, wie viel ein halber Kuchen (Sohn) und ein Drittel Kuchen (Oma) ergibt? Oder mathematisch ausgedrückt: $^1/_2 + {}^1/_3 = $? Ganz falsch wäre die Antwort »zwei Fünftel«. Um die richtige Antwort zu finden, schauen wir uns am besten einmal genauer an, um was es beim **Bruchrechnen** überhaupt geht.

Die Zahl, die unter dem Bruchstrich steht, ist der **Nenner.** Er lautet hier einmal 2 und einmal 3. Um zwei unterschiedliche Brüche zusammenzählen zu können, muss man sie »auf einen gemeinsamen Nenner bringen«. Das heißt, wir suchen eine Zahl, in die die 2 und die 3 ohne Rest hineinpassen. (Die findet man, indem man beide Zahlen miteinander malnimmt: 2 mal 3 ist 6.) Der gemeinsame Nenner ist in diesem Fall also 6.

Wenn nun unter dem Bruchstrich jeweils eine 6 steht, teilt Oma Lisbeth ihren Kuchen nicht mehr in Hälften oder Drittel auf, sondern in Sechstel. Aber in wie viele? Das zeigt die Zahl über dem Bruchstrich an, der **Zähler.** Er muss mit derselben

Zahl malgenommen werden wie der Nenner. Man nennt das: Der Bruch wird **erweitert.**

Das ist ganz einfach:
Omas Kuchenanteil ist $^1/_3$ und wir haben die 3 mit 2 malgenommen (= 6). Nehmen wir auch die 1 mal 2, dann lautet der Bruch jetzt: $^2/_6$. Ein Drittel entspricht zwei Sechsteln.

Der Kuchenteil des Sohnes ist $^1/_2$, und wenn wir auch diesen Bruch erweitern (oben und unten mal 3), beträgt er $^3/_6$. Drei Sechstel entspricht einer Hälfte.

Oma Lisbeths Sohn und seine beiden Kinder bekommen also von dem leckeren Quarkkuchen drei Sechstel, sie selbst behält zwei Sechstel. Drei Sechstel und zwei Sechstel sind fünf Sechstel ($^3/_6 + ^2/_6 = ^5/_6$). Fünf Sechstel? Perfekt! Da die Oma ja einen ganzen Kuchen gebacken hat ($^6/_6$), bleibt genau ein Sechstel übrig, für die Nachbarin. Jetzt muss Lisbeth den Kuchen nur noch in genau gleich große Teile schneiden, in sechs Sechstel.

Wenn man einen Bruch multiplizieren will, dann multipliziert man einfach den Zähler:
$^2/_7 \times 2 = ^4/_7$ oder $^1/_3 \times 3 = ^3/_3$
Wenn man zwei Brüche multiplizieren will, dann multipliziert man den Nenner mit dem Nenner und den Zähler mit dem Zähler: $^1/_3 \times ^1/_3 = ^1/_9$ oder $^2/_3 \times ^1/_3 = ^2/_9$
Wenn man einen Bruch teilen will, dann ist das schon etwas schwieriger. Will man ihn durch eine ganze Zahl teilen, dann muss man diese Zahl mit dem Nenner multiplizieren. ➔

Das klingt zunächst seltsam, ist aber eigentlich ganz einfach, wenn man sich wieder Kuchenstücke vorstellt:

$1/4$ Kuchen soll geteilt werden, in zwei gleiche Teile. Dann erhält man zwei Achtel Stücke.

Rechnerisch sieht das so aus: $1/4 : 2 = 1/4 \times 2 = 1/8$

Entsprechend: $2/3 : 3 = 2/9$ (Wenn nicht klar ist, warum: Aus einem ganzen Kuchen, der aus drei Dritteln besteht, kann man durch Verkleinerung der einzelnen Stücke neun Neuntel machen. Zwei Drittel hiervon sind sechs Neuntel. Wenn man diese sechs Neuntel durch drei Kuchenesser teilt, bekommt jeder zwei Neuntel.)

Wahrscheinlichkeitsrechnung: Wie stehen die Chancen?

Katrin und Alex würfeln. Katrin hat zwei Sechsen und freut sich. »Na ja«, sagt Alex, »eigentlich sind zwei Sechsen doch gar nichts Besonderes. Sie fallen auch nicht öfter als eine Sechs und eine Fünf, denn jede Zahl hat doch die gleiche Chance.« Stimmt das?

Rechnen wir einmal nach. Folgende Zahlen sind möglich: Würfel A: 1, 2, 3, 4, 5, 6. Würfel B: 1, 2, 3, 4, 5, 6.

Jede Zahl hat dieselbe Chance, nämlich eins zu sechs oder ein Sechstel. Für zwei Sechsen heißt das: Wenn Würfel A die 6 zeigt, muss auch Würfel B die 6 zeigen. Für eine Fünf und eine Sechs heißt das: Wenn Würfel A die 6 zeigt, muss Würfel B die 5 zeigen. Aber: Würfel A kann auch die 5 zeigen! Dann muss Würfel B natürlich die 6 zeigen, aber jeder der beiden Würfel hat in diesem Fall zwei Chancen und nicht nur eine wie bei den beiden Sechsen. Die Wahrscheinlichkeit für eine Sechs und eine Fünf ist also doppelt so hoch wie die für zwei Sechsen.

B

Die Chance für zwei Sechsen ist $1/6 \times 1/6 = 1/36$. Man muss die beiden Brüche miteinander malnehmen (und nicht addieren, denn das hieße ja $1/6 + 1/6 = 2/6 = 1/3$, also eine Chance von eins zu drei). Für eine Sechs und eine Fünf beträgt die Chance:
$$1/6 \times 1/6 + 1/6 \times 1/6 = 1/36 + 1/36 = 2/36$$

Warum das Spielcasino auf Dauer immer gewinnt

A

Ein paar Tage später wollen Katrin und Alex Roulette spielen. »Da habe ich eine todsichere Methode«, sagt Alex. »Ich setze zehn Euro auf Rot. Wenn die Kugel auf eine rote Zahl fällt, habe ich zehn Euro gewonnen. Wenn sie auf eine schwarze Zahl fällt, sind die zehn Euro verloren, aber ich setze in der nächsten Runde wieder auf Rot, diesmal mit 20 Euro. Sollte wieder Schwarz kommen, setze ich in der übernächsten Runde 40 Euro. Dann 80 und so weiter, bis irgendwann Rot kommt.«

Katrin überlegt. »Du musst aber genug Geld mitnehmen. Wenn du eine Pechsträhne hast, dann bist du bald bei 160, 320, 640 und dann 1280 Euro! Und wenn dann endlich Rot kommt, dann hast du trotzdem nur zehn Euro gewonnen, weil du ja die ganzen vorherigen Verluste abziehen musst.«

Alex rechnet nach und nimmt dabei an, dass bei 80 Euro Einsatz Rot kommt. Einsatz: 10€ + 20€ + 40€ + 80€ = 150€. Gewinn bei 80 Euro Einsatz = 160 Euro. »Stimmt. Es bleiben immer nur zehn Euro als Gewinn, egal wie lange ich den Einsatz verdoppele. Dann fange ich doch besser nicht mit zehn Euro an, sondern gleich mit 50!« Katrin lacht: »Dann bist du ja noch schneller pleite, wenn eine Zeitlang nur Schwarz kommt.«

Die Verdoppelungsstrategie ist noch aus einem anderen Grund nicht zu empfehlen: Beim Roulette gibt es außer den 18 roten und den 18 schwarzen Zahlen (sowie neben den 18 geraden und 18 ungeraden) ja noch die Null. Deshalb ist die Chance, dass die Roulettekugel auf Rot fällt, nicht 18 zu 36 (also 1 zu 2 oder 0,5), sondern 18 zu 37 (oder 0,486). Damit stehen die Chancen für die Spieler ein kleines bisschen schlechter (nämlich ein Siebenunddreißigstel) als für das Casino – dem dieser kleine Unterschied langfristig seinen Gewinn beschert.

Höhere Mathematik: Rechnen mit Buchstaben

Auf den ersten Blick macht sie uns das Leben schwer, aber in Wirklichkeit erleichtert sie die Rechenarbeit: die **Algebra.** Das ist jener Teil der Mathematik, der Buchstaben verwendet. Das hat den Vorteil, dass ein Buchstabe für viele verschiedene Zahlen stehen kann. So einen Platzhalter nennt man eine **Variable.**

Beispiel: der berühmte **Satz des Pythagoras.** Er lautet: $a^2 + b^2 = c^2$
Hier gibt es also drei Variablen (a, b, c), und man kann an ihrer Stelle die unterschiedlichsten Zahlen einsetzen – die Formel stimmt immer. Sie gilt für alle Dreiecke, die einen rechten Winkel haben. Deren kurze Seiten werden dann a und b genannt, während die lange Seite (die **Hypotenuse**) c heißt.

Wofür braucht man den Satz des Pythagoras?

Wie so vieles in der Mathematik sind auch die Formeln vor allem für die Mathematiker da und nicht für den Gebrauch im Alltag bestimmt. Trotzdem kann man für den berühmten Satz des griechischen Mathematikers, der um 500 v. Chr. lebte, ein anschauliches Beispiel finden.

Stellen Sie sich vor, dass Sie mit dem Auto öfter auf einer Schnellstraße a–b unterwegs sind, bei der es eine Abkürzung (c) gibt.

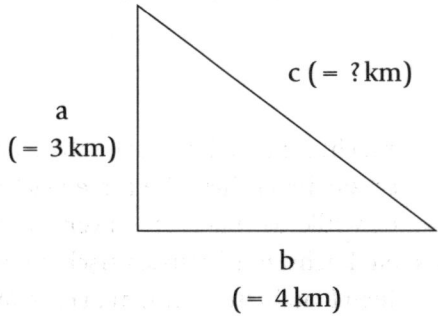

Sie wissen aber nicht, ob es sich lohnt, sie zu nehmen, denn hier kommen Sie wegen mehrerer Ampeln im Durchschnitt nur mit Tempo 40 voran. Außen herum, auf der Schnellstraße (an den beiden Seiten a und b eines rechtwinkligen Dreiecks) können Sie mit Tempo 70 fahren. Die Strecke a ist 3 km lang, Strecke b 4 km, Sie müssen also insgesamt 7 km Schnellstraße fahren.

Die Länge der Abkürzung c kennen Sie noch nicht. Aber die ist schnell ausgerechnet. Wir setzen in die Formel $a^2 + b^2 = c^2$ einfach die uns bekannten Zahlen ein:

a^2 ist 9 (3 mal 3), b^2 ist 16 (4 mal 4); 9 + 16 ergibt 25. Nun wissen wir: $c^2 = 25$.

Um c auszurechnen, ziehen wir die Wurzel von c^2, das heißt, wir suchen eine Zahl, die mit sich selbst malgenommen 25 ergibt. Das Ergebnis ist 5 (denn 5 mal 5 ergibt 25). Jetzt wissen wir: Die Abkürzung ist 5 km lang.

Was ist günstiger: 5 km mit Tempo 40 oder 7 km mit Tempo 70?

»Tempo 70« heißt: 70 km in 60 Minuten, also 7 km in 6 Minuten.

»Tempo 40« heißt: 40 km in 60 Minuten. Wir wollen aber nicht wissen, wie lange wir für 40 km brauchen, sondern für 5 km. Also teilen wir die 40 km durch 8 (40 : 8 = 5) und die 60 Minuten ebenfalls (60 : 8 = 7,5).

(Falls Sie nicht wussten, wie Sie bei der Rechnung 40 : 8 auf die 8 kommen sollten: Sie hätten die 40 auch durch die Ihnen schon bekannte 5 teilen können, und 8 wäre das Ergebnis gewesen. Ob 5 mal 8 oder 8 mal 5, ist ja gleich. Wichtig ist nur, dass Sie im nächsten Schritt die 60 Minuten durch 8 teilen.)

Jetzt wissen wir: Für die 7 km lange Schnellstraße braucht man 6 Minuten, für die 5 km lange Abkürzung braucht man 7,5 Minuten. Es lohnt sich also nicht, die Abkürzung zu nehmen.

Einen Ausdruck wie » a + (b – c) × d«, der Buchstaben anstelle von Zahlen enthält, nennen Mathematiker **Term**. Terme enthalten aber keine Gleichheitszeichen. Den Satz des Pythagoras ($a^2 + b^2 = c^2$) kann man also nicht als Term bezeichnen.

Geometrie: Rechnen mit Form und Inhalt

Erinnern Sie sich noch an die **Kreiszahl Pi?** Mathematiker schreiben sie als π und machen manchmal ein Riesenbrimborium um sie. Zum Beispiel, wenn es darum geht, sie auf möglichst viele Stellen hinter dem Komma zu bestimmen. Doch wenn man für Pi den Wert von 3,142 nimmt, genügt das meist vollkommen. Mit dieser Zahl lässt sich schon ziemlich genau berechnen, welchen Umfang und welche Fläche ein Kreis hat.

Um Kreise, Dreiecke, Rechtecke und andere Formen geht es in jenem Teilgebiet der Mathematik, das **Geometrie** heißt.

Bleiben wir beim Kreis. Er hat einen **Durchmesser** und einen **Radius,** das ist die Strecke vom Rand bis zu seinem Mittelpunkt.

Verlängert man den Radius über den Mittelpunkt hinaus bis zur anderen Seite des Randes, dann hat man ihn verdoppelt und erhält so den Durchmesser. Um einen Kreis zu berechnen, braucht man außer der Zahl Pi vor allem den Wert vom Radius, abgekürzt mit r. Der Rest ist eigentlich ganz einfach:

> *Umfang = 2r mal Pi (oder: Durchmesser mal Pi)*
> *Fläche = r² mal Pi*

B

Beispiel **Fläche:** Angenommen, ein runder Gartentisch soll gestrichen werden. Sein Durchmesser beträgt 140 cm, und mit der in einer kleinen Dose enthaltenen Farbe könnte man eine Fläche von einem Quadratmeter streichen. Reicht die Farbe? Der Radius r ist 70 cm (halber Durchmesser). 70 cm × 70 cm = 4900 cm²

4900 cm² × 3,142 = 15 395,8 cm² . Ein Quadratmeter besteht aus 100 mal 100 Zentimetern, das sind 10 000 Quadratzentimeter. Also sind 15 395,8 cm² rund 1,54 Quadratmeter. Zu viel für die vorhandene Farbe.

Beispiel **Umfang:** Von der Oberfläche der Erde bis zu ihrem Mittelpunkt sind es 6370 km. Wie lang müsste ein Band sein, das man genau einmal um die Erde herum legt? Unter der Annahme, dass die Erde kugelrund sei (was sie nicht ist) und dass es weder Berge noch Täler gäbe. Wir rechnen also:

6370 km × 2 = 12 740 km und im nächsten Schritt:

12 740 km × 3,142 = 40 029,08 km

Der Erdumfang beträgt also rund 40 000 Kilometer.

Mathematische Begriffe:
Und was bedeutet …?

B

Zum Schluss dieses Kapitels einige Begriffe, die in der Mathematik häufig vorkommen, die aber oft nur für Eingeweihte zu verstehen sind:

- **Fraktale** sind komplizierte Gebilde der Geometrie. Also nicht Dreiecke oder Würfel, sondern zum Beispiel Luftwirbel.

- Eine **Funktion** ist eine genaue Zuordnung. Zum Beispiel auf der einen Seite einer Skala die Angabe einer Temperatur in Celsius, der auf der anderen Seite der genaue Gegenwert in Fahrenheit entspricht.

- Ein **Graph** ist die Darstellung von miteinander in Verbindung stehenden Zahlen in Form einer Zeichnung. Zum Beispiel als **Balkendiagramm** (auch **Säulendiagramm** genannt). Nach einer Wahl werden die Prozentanteile der einzelnen Parteien meist in dieser Form gezeigt. Wenn die Verteilung der Sitze im Parlament dargestellt werden soll, geschieht dies oft als **Tortendiagramm.**

- Eine **Kardinalzahl** bezeichnet, wie viele Dinge es in einer Menge gibt (drei, hundert, tausend), ohne ihre Position oder Anordnung zu benennen. Eine **Ordinalzahl** (Ordnungszahl) bezeichnet dagegen die Reihenfolge (der Dritte, der Hundertste).

- Eine **Konstante** ist eine Zahl, die nicht verändert werden kann. Zum Beispiel die Angabe der Lichtgeschwindigkeit in Kilometern pro Sekunde (300 000).

- **Koordinaten** sind Zahlen, die die Position eines bestimmten Punktes beschreiben. (»Ich gebe dir mal die Koordinaten durch: Du gehst zwanzig Meter nach Osten und dann zwölf Meter nach Süden. Da liegt die Kassette vergraben.«)

- Der **Parameter** ist eine Zahl oder Größe, von der eine andere Zahl oder Größe abhängt. Wenn zum Beispiel in einem Labor untersucht werden soll, wie sich Bakterien unter verschiedenen Bedingungen verhalten, dann könnte man unter anderem folgende Parameter verändern: die Werte für Temperatur, Luftfeuchtigkeit und Licht.

- Die **Quadratur des Kreises** ist nicht nur sprichwörtlich eine Unmöglichkeit. In der Antike versuchten Mathematiker, zu einem vorgegebenen Kreis mithilfe von Zirkel und Lineal ein Quadrat zu zeichnen, das genau die gleiche Fläche besitzt. Das ist nur als sehr genaue Annäherung möglich, aber nie ganz exakt.

- Bei der **Wahrscheinlichkeitsrechnung** (siehe Seite 162) bestimmt man das Eintreten eines Ereignisses, indem man die Zahl der günstigen (gewünschten) Fälle durch die Zahl der möglichen Fälle teilt. Die Wahrscheinlichkeit, aus einem Kartenspiel mit 32 Karten das Herzass zu ziehen, beträgt zum Beispiel $1/32$, während die Wahrscheinlichkeit, eine rote Karte zu ziehen, $16/32$ oder $1/2$ beträgt, also 1 zu 2.

Zur Übersicht:

A Für Ahnungslose | **B** Für Besserwisser | **C** Für Champions

Physik

Von einem Stein, der fällt, zu Einsteins Ideen

Ehe-Alltag: »Du könntest mal den Müll wegbringen, das wäre mal 'ne Leistung! Aber dazu fehlt dir wohl wieder die Energie.« Ja, Physik ist immer und überall. Und nicht nur in der Partnerschaft. Mit »Leistung«, »Energie« und anderen physikalischen Begriffen haben wir auch dann zu tun, wenn wir allein sind. Zum Beispiel jetzt: Wenn Sie diesen Text lesen, brauchen Sie Licht, körperliche Energie (Sie verbrauchen beim Lesen Kalorien), Muskelkraft (um das Buch zu halten) und eine geeignete Umgebungstemperatur. Das Geräusch, das Sie beim Umblättern hören, entsteht durch Schallwellen. Sollte Ihnen das Buch aus der Hand fallen, fällt es wegen der Schwerkraft nicht nach oben, sondern nach unten. Und wenn Sie aus dem Fenster blicken und zufällig den Mond sehen, wissen Sie: Der bleibt oben.

Das alles ist irgendwie selbstverständlich. Aber wenn wir jemandem erklären sollten, woraus Licht besteht, was Kraft, Energie, Wärme und Schall eigentlich sind, und warum Gegenstände so gern nach unten, aber nie nach oben fallen, dann müssen wir doch nachdenken. Die großen Physiker der Vergangenheit haben das auch gemacht, manchmal sogar jahrelang, bis sie auf solche einfachen Fragen irgendwann die Antworten fanden. Zum Glück für uns.

Was Ihnen in diesem Kapitel erspart bleibt:

Keine Sorge, es bleibt alles im überschaubaren Bereich – auch wenn Sie auf den folgenden Seiten sogar erfahren können, worum es in der Relativitätstheorie und Quantenphysik geht. Aber den dritten Hauptsatz der Thermodynamik oder Informationen über die »Induktivität einer Spule im Schwingkreis« müssten Sie in einem anderen Buch suchen.

Was Physiker meinen, wenn sie reden

Da Naturwissenschaftler gerne alles ganz genau messen und beschreiben, müssen sie auch mit eindeutigen Begriffen arbeiten, damit jeder dasselbe darunter versteht. Wenn wir zum Beispiel von einem »Gegenstand« sprechen, dann sagt ein Physiker lieber **Körper,** denn zu den Körpern gehören zum Beispiel auch Planeten, und es wäre seltsam, sie Gegenstände zu nennen.

Materie ist alles, was Masse besitzt. Also Strom zum Beispiel nicht und auch nicht die Seele. Wobei Letzteres nicht sicher ist, denn ein Forscher hat einmal Betten mit Sterbenden gewogen und festgestellt, dass unmittelbar nach Eintritt des Todes

21 Gramm fehlten. Daraus schloss er: Die menschliche Seele wiegt 21 Gramm.

Masse ist die Menge von Materie in einem Körper. Man misst die Masse in Kilogramm. Ist sie also dasselbe wie Gewicht? Nicht ganz. Der Unterschied wird schnell deutlich, wenn man sich einen 180 Kilo schweren Sumo-Ringer vorstellt: Masse und Gewicht scheinen zunächst identisch zu sein, aber auf dem Mond mit seiner geringeren Anziehungskraft würde der Ringer bei unveränderter Masse (er wird da oben ja nicht dünner) nur 30 Kilo wiegen. Deshalb lautet die Definition für Gewicht: **Gewicht** ist die Kraft, die von der Schwerkraft auf einen Körper ausgeübt wird.

Ein weiterer physikalischer Begriff ist das **Volumen:** der Rauminhalt, also alles, was die Oberfläche eines Körpers umhüllt. Es wird in Kubikmetern (m^3) gemessen. Ein großer und dicker Sumo-Ringer besitzt Volumen, aber mit seinem Gewicht hat das nichts zu tun. Auch ein großer Ballon hat viel Volumen – was ihm fehlt, ist Dichte. Die hat eher der Sumo-Ringer, denn er ist ja nicht hohl.

B

Dichte ist Masse pro Volumen-Einheit. Besonders dicht ist zum Beispiel Blei: Auch bei wenig Volumen ist es schwer.

Jeder Körper ist bestrebt, in dem Bewegungszustand zu bleiben, in dem er sich gerade befindet (was auch heißen kann: im Ruhezustand), solange keine äußere Kraft auf ihn einwirkt.

Dieses Bestreben nennt man **Trägheit** – ein physikalischer Begriff, den wohl jeder kennt. Wer faul auf dem Sofa sitzt, bleibt dort gerne sitzen und braucht Kraft, um sich wieder zu erheben. Ein Astronaut im freien Weltraum dagegen, der sich ganz leicht von seinem Raumschiff abstößt, würde langsam, aber dauerhaft davonschweben, weil keine Kraft ihn bremst. Deshalb sind Astronauten immer mit einer Leine gesichert.

Kraft ist das, was einen Körper in seinem Bewegungszustand oder in seiner Form verändert. Oder besser gesagt, zu verändern versucht: Denn wenn zwei Kräfte, die gegeneinander wirken, gleich groß sind – zum Beispiel zwei Hunde, die mit gleicher Kraft an den beiden Enden eines Knochens zerren –, dann bewegt sich natürlich nichts.

Arbeit ist in der Physik das, was entsteht, wenn eine Kraft einen Körper bewegt. Kurz: Arbeit ist Kraft mal Weg.

Gravitation ist die Kraft, mit der sich zwei Körper gegenseitig anziehen. Je mehr Masse ein Körper hat, desto größer ist seine Anziehungskraft. Was macht die Gravitation? Sie bewirkt:
- dass die Sonne die Erde und andere Planeten anzieht und auf ihrer Umlaufbahn hält,
- dass die Erde den Mond anzieht,
- dass der Mond auf der Erde in den Meeren Ebbe und Flut entstehen lässt,
- dass sich jeder Gegenstand, wenn er fällt, in Richtung Erde bewegt; in diesem Fall nennt man die Gravitation auch **Schwerkraft**.

Unglaublich, aber wahr (das kommt in der Physik häufig vor): Die Erde zieht nicht nur den Apfel an, der vom Baum fällt, sondern auch umgekehrt – der Apfel zieht auch die Erde an! Da die Erde viel, viel größer ist als der Apfel, fällt das bisschen Schwerkraft, das er erzeugt, im wahrsten Sinn des Wortes nicht ins Gewicht. Dennoch ist es so, siehe oben: Gravitation ist immer die Kraft, mit der sich *zwei* Körper *gegenseitig* anziehen.

Was wäre wohl einfacher: einen hundert Meter langen Weg mit einer großen **Steigung** bergauf zu gehen oder einen zweihundert Meter langen Weg, der nur halb so steil ist? Der Aufwand ist derselbe. Denn es gilt der physikalische Satz:

> Doppelter Weg = halbe Kraft

Umgekehrt gilt: Was man an Kraft spart, muss man an Weg zusetzen. Wenn man zum Beispiel einen schweren Schrank anheben will, kann man kräftesparend einen **Hebel** einsetzen; je länger er ist (Weg), desto leichter (Kraft) lässt sich der Schrank bewegen. Auch wer die zwei langen Griffe einer Kneifzange oder eines Bolzenschneiders zusammendrückt, spart Kraft und muss dafür viel »Weg« zurücklegen. Nicht gespart hat er aber Arbeit, denn die bleibt unverändert.

Ein Weg, der eine Steigung von hundert Prozent hat, führt übrigens nicht senkrecht nach oben. Stellen Sie sich eine Strecke vor, die vom Startpunkt aus waagerecht zwei Meter geradeaus und dann zwei Meter senkrecht nach oben führt: Wenn man nun ein Brett vom Startpunkt zum Endpunkt legt (es wäre etwa 2,83 Meter lang), dann bildet es eine Steigung von genau 100 Prozent; mit anderen Worten: eine **schiefe Ebene** mit einem Winkel von 45 Grad.

Was fällt schneller: ein kleiner Stein oder ein großer?

B

Schon 1630 hat Galileo Galilei ein einfaches Gedankenexperiment gemacht: Angenommen, ein großer Stein fällt schneller als ein kleiner; der große mit dem fiktiven Wert 8 und der kleine mit dem Wert 4. Wenn man beide zusammenbindet und von einem Turm wirft, dann müsste der große den kleinen beschleunigen und der kleine den großen abbremsen. Sie fallen also vielleicht mit dem Wert 7. Da die Steine aber zusammengebunden sind, entsprechen sie einem einzigen Stein, und zwar einem besonders großen; er müsste deshalb mit einem Wert fallen, der vielleicht 9 entspricht. Ja, was denn nun: 7 oder 9? Ein unlösbarer Widerspruch. Weshalb Galilei zu recht erklärte: Beides ist falsch, denn in Wirklichkeit fallen beide Steine gleich schnell.

Zwar würde eine Zeitungsseite langsamer zu Boden sinken als ein Stein, aber das liegt an ihrer großen Fläche und am **Luftwiderstand.** Der Luftwiderstand ist die Kraft, die der Bewegungsrichtung entgegenwirkt. Im luftleeren Raum (**Vakuum**) fallen Papier und Stein gleich schnell.

Warum ein Flugzeug fliegt

B

Jeder weiß zwar, dass es funktioniert, aber es löst trotzdem immer wieder Gefühle der Bewunderung aus, wenn sich ein 300 000 Kilo schweres Passagierflugzeug in die Luft erhebt. Wie ist das möglich? Dass die Kraft, die hier wirkt, **Auftrieb** heißt und sozusagen das Gegenteil der Schwerkraft ist, weiß man vielleicht, aber auch das hilft nicht wirklich weiter.

Dabei ist es eigentlich ganz einfach: Auftrieb entsteht schon, wenn man von unten gegen ein Blatt Papier pustet, das sich daraufhin nach oben bewegt. Ob sich die Luft in Richtung Papier bewegt oder das Papier gegen die Luft, wie es beim Drachensteigen geschieht, ist einerlei. Beim Flugzeug, von starken Motoren angetrieben, ist es natürlich nicht die Luft, sondern es sind die (leicht aufgestellten) Tragflächen, die sich bewegen und für Auftrieb sorgen. Doch die Kraft, die auf diese Weise unter den Tragflächen entsteht, macht nur etwa ein Drittel des Auftriebs aus. Wie entstehen die übrigen zwei Drittel?

Ein kleines Experiment: Wenn man zwei Bücher nebeneinander flach auf einen Tisch legt, dazwischen ein paar Zentimeter Platz lässt und über diese Lücke ein Blatt Papier als Brücke legt – was passiert wohl, wenn man unter dieser Brücke hindurch bläst? Das Papier hebt nicht etwa ab, sondern es wölbt sich nach unten. Die schnell strömende Luft lässt den **Luftdruck** abnehmen und erzeugt einen **Sog**. Denselben Effekt erlebt man, wenn man unter der Dusche steht und die durch den Wasserstrahl bewegte Luft eine unangenehme Sogwirkung auf den nassen Duschvorhang ausübt – der dann erbarmungslos am Körper klebt.

Druck in der Luft nimmt ab, wenn ihre Geschwindigkeit zunimmt: Dieses physikalische Gesetz nutzen die Flugzeugbauer. Die Tragflächen von Flugzeugen sind auf der Oberseite gewölbt, sodass die Luft hier einen längeren Weg zurücklegen muss als an der Unterseite. Die Luft über der Tragfläche strömt schneller (sie kann ja nicht der übrigen Luft »hinterherhinken«), so entsteht ein niedrigerer Luftdruck und ein Sog nach oben.

Kräfte im Weltall: Alles dreht sich, alles zieht sich an

Der englische Physiker **Isaac Newton** (1643–1727) sah einen Apfel vom Baum fallen und kam so auf die Idee, dass die Schwerkraft existiert. Er dachte aber auch, dass es im Universum einen festen Punkt geben müsste, von dem aus man sagen kann: Hier stehe ich, und alles andere bewegt sich um mich herum. Das ist falsch. Längst weiß man, dass es so einen Bezugspunkt nicht gibt.

Auch wenn wir davon nichts merken: Die Erde dreht sich mit 1600 km/h um sich selbst (dieser Wert gilt für den Äquator). Ein Käfer auf einem Kreisel würde von der **Fliehkraft** weggeschleudert werden, wir dagegen bleiben auf der Erdoberfläche – weil ihre Masse, verglichen mit unserer eigenen, ungeheuer groß ist. Was wir ebenfalls nicht spüren: Die Erde umkreist die Sonne mit mehr als 100 000 km/h. Und die Sonne selbst bewegt sich ebenfalls, wie alle Himmelskörper im Weltall.

Dass die Erde sich dreht, kann man eindrucksvoll beweisen, so wie es zum Beispiel im Deutschen Museum in München geschieht. Hier schwingt in einem Turm ein 50 Meter langes Pendel, das täglich einmal angestoßen wird, stundenlang dicht über dem Boden hin und her und ändert dabei langsam und ständig seine Richtung. Das kann man an kleinen Kegeln sehen, die es im Laufe des Tages der Reihe nach umwirft. Tatsächlich behält das **Foucaultsche Pendel** (gesprochen: »Fukohsche Pendel«) aber seine ursprüngliche Richtung bei – die Erde dreht sich unter ihm. Dieser Beweis funktioniert nur mit einem langen und schweren Pendel, das entsprechend beharrlich ist; ein leichtes Pendel würde sich mit dem Turm und seiner Aufhängung mitdrehen.

Eine Rakete, die der Anziehungskraft der Erde entkommen und ohne weiteren Antrieb ins All fliegen soll, muss eine bestimmte **Fluchtgeschwindigkeit** (= Entweichgeschwindigkeit) erreichen und etwa 40 000 km/h schnell sein.

Der in Ulm geborene Physiker **Albert Einstein** (1879 – 1955) hat erkannt, dass Masse nicht nur Körper anzieht, sondern auch Licht. Er wies das 1919 bei einer Sonnenfinsternis nach. Als das Licht der Sonne nicht mehr blendete, konnte er mehrfach einen Stern fotografieren. Bei der Auswertung der Bilder stellte sich heraus, dass er nicht genau an dem Platz stand, an dem man ihn erwartet hatte; aber nicht seine Position hatte sich verändert, sondern die Richtung des von ihm ausgestrahlten Lichts.

Schallwellen: Der Ursprung von Donner, Lärm und Musik

A

Eine physikalische **Welle** ist eine räumliche und zeitliche Ausbreitung von Energie ohne Masse. Bekannte Beispiele sind Schallwellen und die sichtbaren Wellen, die wir Licht nennen.

B

Schallwellen entstehen und verbreiten sich durch das Hin- und Herschwingen winziger Moleküle – in der Luft, aber auch im Wasser und in festen Körpern (wenn man hört, wie ein Nachbar zwei Stockwerke entfernt einen Nagel in die Wand schlägt). Die dabei vom Menschen **empfundene Lautstärke** misst man in **Phon**. Das leiseste Geräusch, das unsere Ohren wahrnehmen können, hat etwa ein Phon, die Schmerzschwelle liegt bei 130 Phon. Weitere Beispiele: Flüstern 20 Phon, Motorrad 100 Phon, Gewehrschuss 170 Phon.

Schall bewegt sich in der Luft mit rund 330 Metern pro Sekunde, das sind etwa 1188 km/h. Wenn man bei einem Gewitter einen Blitz sieht (sein Licht ist sofort sichtbar), kann man die Sekunden bis zum Auftreten des Donners zählen und so die Entfernung des Gewitters berechnen: Drei Sekunden entsprechen dreimal 330 Metern, also etwa einem Kilometer.

C

Die Schallgeschwindigkeit wird auch mit der **Mach-Zahl** beschrieben (nach dem österreichischen Physiker Ernst Mach): »Mach 1« entspricht der Schallgeschwindigkeit. Ein Flugzeug, das mit »Mach 2« fliegt, ist doppelt so schnell wie der Schall.

Physiker interessieren sich weniger für die von Menschen empfundene Lautstärke als für objektiv gemessene Werte. Deshalb messen sie nicht die Phonzahl, sondern lieber den **Schalldruck,** mit der Maßeinheit **Dezibel.** Warum braucht man dann trotzdem noch die Angaben in Phon? Zwei Töne, die denselben Schalldruck, aber eine unterschiedliche Tonhöhe haben, werden vom Ohr nicht immer als gleich laut eingestuft: Ein Ton klingt zum Beispiel schrill oder dröhnend und wird dann als lauter empfunden. Diesen Unterschied könnte die Angabe in Dezibel nicht wiedergeben.

Würde man laute Töne sichtbar machen, dann könnte man eine Welle sehen, die große Ausschläge macht, also tiefe Wellentäler und hohe Wellenbäuche bildet: Die Welle hat eine große **Amplitude.** Sie erzeugt mit den Molekülen, die sie in der

Luft bewegt, großen Druck – den man im Trommelfell spürt, aber bei lauter Musik auch indirekt sehen kann: Wenn sich die Membranen von Lautsprechern bewegen oder »die Wände wackeln« und spürbar vibrieren. Leise Töne erzeugen nur kleine Amplituden, die Wellentäler und -berge sind also nur schwach ausgeprägt.

B

Wie hoch oder tief ein Ton ist, zeigt sich dagegen nicht im Ausschlag der Welle, sondern in ihrer Länge, der **Wellenlänge**. Eine lange Welle schwingt langsam, eine kurze Welle schwingt in derselben Zeit öfter, schneller. Die Häufigkeit der Schwingungen pro Sekunde nennt man **Frequenz.**

Die Frequenz (die **Tonhöhe**) wird in **Hertz** (Hz) gemessen: 100 Hertz sind 100 volle Schwingungen pro Sekunde. Eine lange, langsam schwingende Welle erzeugt einen tiefen Ton (eine tiefe Frequenz), eine kurze, schnell schwingende Welle einen hohen Ton.

In der Musik wurde der »Kammerton a« als **Normalton** festgelegt, den man beim Anschlagen einer Stimmgabel hört – sie schwingt mit 440 Hertz. Ein Sänger mit Bass-Stimme erreicht tiefste Töne von 85 Hertz, eine Sopranistin trifft hohe Töne bis zu 3400 Hertz. Das menschliche Ohr kann im Idealfall Töne im Frequenzbereich von etwa 16 Hertz bis 20 000 Hertz wahrnehmen.

Höhere Frequenzen liegen über dem menschlichen Hörbereich, man nennt sie **Ultraschall**. Fledermäuse orientieren sich, indem sie Ultraschallwellen von etwa 50 000 Hertz ausstoßen und das Echo auffangen. Der in der Medizin eingesetzte Ultraschall erreicht sogar Werte von mehreren Millionen Hertz.

Nur wenn ein Ton in einer bestimmten Höhe schwingt (1000 Hertz), zeigen die Dezibel-Skala und die Phon-Skala denselben Wert an (nämlich 40). Die Messeinheit Dezibel geht auf den Erfinder Alexander Graham Bell zurück, der 1876 das erste öffentliche Telefon vorstellte. »Dezi« bedeutet ein Zehntel (ein Dezimeter = ein zehntel Meter). Die Frequenz von 1000 Hertz entspricht einem Ton, den eine Sopransängerin noch mühelos erreicht; auf der Tastatur eines Klaviers befindet er sich im dritten Viertel, also ziemlich weit oben.

Wenn Radiostationen auf einer bestimmten Frequenz senden, hat das mit Schallwellen nichts zu tun, sondern mit elektromagnetischen Wellen. Gemeinsam ist beiden Wellenarten aber, dass man die Zahl ihrer Schwingungen messen und als Frequenzzahl angeben kann.

Radio, Röntgen, Handy, Licht – die elektromagnetischen Wellen

Wenn Strom (mehr dazu ab Seite 194) zu einer Glühbirne fließt, passiert Folgendes: Elektronen treffen mit Lichtgeschwindigkeit auf den Drahtfaden der Birne und stoßen dort die Metallatome an. Die beginnen zu schwingen. Ein Teil der von den Atomen aufgenommenen Energie wird als Wärmestrahlung abgegeben (der Draht erhitzt sich), ein anderer Teil als sichtbares Licht. Beides ist **elektromagnetische Strahlung.**

B

»Elektromagnetische Strahlung« heißt: Wenn die Elektronen einen Stromfluss erzeugen, entsteht zugleich ein **magnetisches Feld.** Umgekehrt kann ein Magnetfeld auch **elektrische Ladung** erzeugen, also Strom. Beides hängt zusammen, weshalb man alle elektrischen und magnetischen Erscheinungen, die miteinander in Verbindung stehen, unter dem Begriff **Elektromagnetismus** zusammenfasst.

Das **elektromagnetische Spektrum** umfasst Wellen unterschiedlicher Länge. Die kürzesten haben die höchste Frequenz (sie schwingen sehr schnell hin und her), die längsten haben die niedrigste Frequenz (sie schwingen langsam). Hier eine Übersicht mit dem jeweiligen Einsatzgebiet:

- Höhenstrahlung
- Gammastrahlen (Wellenlänge zehnmillionstel mm): Strahlentherapie
- Röntgenstrahlen: medizinische Diagnostik
- UV-Strahlen: Sonnenstudio, Prüfen von Banknoten
- sichtbares violettes Licht: Blu-ray Disc
- sichtbares blaues Licht
- sichtbares grünes Licht
- sichtbares gelbes Licht
- sichtbares rotes Licht

- Infrarot-Strahlung (infrarot = unterhalb von Rot): Wärmestrahlung
- Terawellen (Wellenlänge bis 3 mm): Körperscanner
- Mikrowellen (mehrere cm): Mobilfunk, Navi, Mikrowellenherd
- Dezimeterwellen (10 cm bis 1 m): Radar, Kernspintomograf (Medizin)
- Ultrakurzwellen (UKW, 10 m): Fernsehen, Radio, Sprechfunk
- Kurzwellen (150 Meter): Radio, Sprechfunk
- Mittelwellen (500 Meter): Radio
- Langwellen (mehrere Kilometer): Radio, Impulse für Funkuhren

Tausend Schwingungen pro Sekunde nennt man ein **Kilohertz** (kHz); im Kilohertz-Bereich schwingen zum Beispiel die Langwellen. Eine Million Schwingungen pro Sekunde nennt man ein **Megahertz** (MHz); hierzu gehören die Kurzwellen und Ultrakurzwellen. Eine Milliarde Schwingungen pro Sekunde nennt man **Gigahertz** (GHz); hierzu gehören die Mikrowellen. Eine Billion Schwingungen pro Sekunde nennt man **Terahertz** (THz); hierzu gehören die **Terawellen** in Körperscannern, aber auch das gesamte sichtbare Licht. Eine Billiarde Schwingungen pro Sekunde nennt man **Petahertz** (PHz); hierzu gehören die UV-Strahlen.

Die in einem **Körperscanner** (zum Beispiel in Flughäfen) eingesetzten Terawellen durchdringen Kleidung, Papier und

Plastik, werden aber vom Körper absorbiert. Da sie zu wenig Energie haben, um hier Elektronen freizusetzen, schädigen sie keine Zellen.

A

Auch wenn die Liste der Wellenarten (siehe oben) einen anderen Eindruck vermittelt: Das sichtbare Licht ist nur ein winziger Ausschnitt aus dem großen elektromagnetischen Spektrum. Mit **Lichtgeschwindigkeit** (rund 300 000 km/s) breiten sich aber auch alle anderen Wellen dieses Spektrums aus.

Licht braucht vom Mond bis zur Erde rund eineinhalb Sekunden. Von der Sonne bis zur Erde: achteinhalb Minuten. Die Strecke, die das Licht in einem Jahr zurücklegt (rund 9 Billionen km = 9000 Milliarden km), nennt man ein **Lichtjahr.**

Sonnenlicht ist ein Gemisch aus den Farben Rot, Orange, Gelb, Grün, Blau und Violett. Wenn es sich in Wassertropfen bricht, spaltet es sich in diese Farben auf, die dann alle als **Regenbogen** sichtbar werden.

B

Warum sind Blätter grün? Sie sind es nicht immer. Wenn das »weiße« Sonnenlicht auf sie fällt, schlucken (absorbieren) die Blätter alle Farben außer Grün. Diese Farbe wird zurückgeworfen (reflektiert), und wir sehen sie. Scheint dagegen in der Dunkelheit nur orangefarbenes Licht (wie bei manchen Straßenlaternen), dann nehmen die Blätter es auf und reflektieren fast nichts davon – sie sehen schwarz aus.

Die Geheimnisse der Quantenphysik

Woraus besteht Licht? Diese einfache Frage hat die Physiker im letzten Jahrhundert immer wieder beschäftigt. Heute weiß man: Licht – und jede andere Form der elektromagnetischen Strahlung – besitzt zugleich die Eigenschaften von Wellen und von Teilchen. Irritierend für die Physiker war anfangs zum Beispiel die Eigenschaft von geschmolzenem Stahl, dessen Wärme-Energie sich in Licht verwandelt – der heiße Stahl glüht. Je heißer er wird, desto mehr Licht gibt er ab, zunächst leuchtet er rötlich (langwelliges Licht), mit zunehmender Temperatur wird die Farbe bläulicher (kurzwellig). Kurzwelliges UV-Licht ist aber unsichtbar – also müsste auch der Stahl eigentlich mit zunehmender Hitze unsichtbar werden. Wird er aber nicht.

Solche Widersprüche ließen dem Münchner Physiker **Max Planck** (1858–1947) keine Ruhe. Sein Lehrer hatte ihm zwar vom Physikstudium abgeraten (»Da gibt es nichts Neues mehr zu entdecken!«), aber Planck ignorierte diesen Rat. So fand er schließlich nach vielen Monaten eine Lösung, indem er einen überall gültigen Wert (eine **Naturkonstante**) erfand: ein »Wirkungsquantum«, mit dem man das genaue Verhältnis von Energie und Frequenz eines Lichtteilchens beschreiben kann. Damit hatte Planck die **Quantenphysik** ins Leben gerufen, wofür er 1918 den Nobelpreis bekam. Albert Einstein glaubte nicht an die Existenz des Planckschen Wirkungsquantums, und auch Planck selbst war lange Zeit skeptisch. Heute weiß man: Es existiert.

Wenn man eine Ameisenstraße aus größerer Entfernung betrachtet, könnte man sie für eine sich bewegende Linie, für einen Strahl halten. Beim genauen Hinsehen erkennt man, dass es sich um lauter kleine Teilchen (Ameisen) handelt. Ähnlich verhält es sich mit elektromagnetischer Strahlung: Sie besteht aus Portionen (**Quanten**). Diese sogenannten Lichtteilchen oder Lichtquanten werden auch **Photonen** genannt. Sie bewegen sich mit Lichtgeschwindigkeit; aber nicht nur das sichtbare Licht gehört dazu, auch andere Strahlung, zum Beispiel Röntgenstrahlung.

Sehr seltsam verhalten sich die Teilchen, wenn man sie beobachtet: Man kann nicht gleichzeitig ihren Ort und ihre Geschwindigkeit messen. Misst man das eine, wird das jeweils andere immer ungenau. Das nennt man »**Unschärferelation**«. Zum Vergleich: Wenn man ein fest installiertes Gewehr mehrere Schüsse abfeuern lässt, dann treffen die Kugeln immer dieselbe Stelle. Bei Photonen ist das nicht der Fall, man kann nicht vorhersagen, wo die Lichtteilchen auftreffen werden. Dennoch bilden sie in ihrer Gesamtheit ein bestimmtes Verteilungsmuster – ähnlich wie bei einer Roulettekugel, bei der man nie weiß, wo sie landen wird; aber viele Kugeln verteilen sich auf Dauer gleichmäßig auf alle Zahlen.

Die Quantenphysik erklärt, was im Inneren von Atomen und noch kleineren Teilchen vor sich geht. Ein Atom besteht aus einem positiv geladenen Kern und negativ geladenen Elektronen, die den Kern umkreisen. Eigentlich müssten die Elektronen, weil sie sich bewegen, ständig Energie abgeben, immer langsamer werden und schließlich vom Kern angezogen werden. Das geschieht aber nicht, die Atomstruktur bleibt stabil. Der dänische Physiker **Nils Bohr** (1885 – 1962) erkannte, dass die Elektronen in bestimmten Abständen auf festgelegten Bahnen um den Atomkern kreisen. Auf den äußeren Bahnen haben sie mehr Energie als auf einer weiter innen liegenden Bahn. Wenn ein Elektron auf eine weiter außen liegende Bahn springt, dann muss es ein Photon aufnehmen, ein sogenanntes **Energiequantum**.

Wenn das Elektron zurückspringt, gibt es das Photon wieder ab. Dieses Verhalten bezeichnet man als **Quantensprung**. Die aufgenommene oder abgegebene Energie setzt sich zusammen aus der Frequenz des Photons und dem Wirkungsquantum. Mit diesem Modell bestätigte Niels Bohr die Existenz des von Max Planck entdeckten Wirkungsquantums und schuf die Grundlage für das **Periodensystem der Elemente** (siehe Seite 209 ff., Chemie). Auch er bekam den Nobelpreis.

A

Selbst für Experten ist Quantenphysik nicht leicht nachzuvollziehen. »Wer sie versteht, hat sie nicht verstanden«, sagte einmal der US-amerikanische Physiker Richard Feynman. Ein Nobelpreisträger.

Was ist eigentlich Energie?

Wir verbrauchen Energie, wir versuchen, Energie zu sparen, und wenn wir müde sind, fehlt uns die Energie, uns aufzuraffen. Sicher ahnen Sie es schon: Für die Physiker ist das alles nicht präzise genug. Sie definieren Energie als »gespeicherte Arbeit« oder als »Fähigkeit eines physikalischen Systems, Arbeit zu verrichten«. Und sie formulieren wieder eine Unglaublich-aber-wahr-Aussage:

Energie geht nie verloren.

Sie kann umgewandelt und gespeichert werden – aber man kann sie nicht gewinnen oder vernichten. Sie bleibt immer erhalten, besagt der **Energieerhaltungs-Satz** (oder kurz: Energiesatz).

Prüfen wir es einmal nach:
Wenn in einem Atomkraftwerk die Kernenergie eine Turbine antreibt, entsteht mechanische Energie, die sich in elektrische Energie verwandelt, also in Strom; die elektrische Energie lässt Lampen leuchten, das Licht trifft auf einen Körper und erwärmt ihn. Die Wärme verschwindet aber nicht, sondern erwärmt irgendwo ein klitzekleines bisschen die Erde oder das Universum. Sagen die Physiker, und man muss es ihnen einfach glauben.

B

Ein in der Hand gehaltener Stein enthält **potenzielle Energie,** das heißt, sie steckt in ihm, ist aber nicht aktiv. Die potenzielle Energie hängt von der Lage eines Körpers ab. Wenn der Stein herunterfällt, verwandelt sich die potenzielle Energie in **kinetische Energie** (Bewegungs-Energie). Und beim Aufprall erzeugt der Stein Wärme.

Wärme ist gewissermaßen das Aschenputtel der Energieformen, weil sie sich nicht weiter nutzen lässt, während die elektrische Energie die Königin ist: Sie steht oft am Anfang und lässt sich auf verschiedene Weise umwandeln.

Man misst Energie in **Joule:** Ein Joule (franz., gesprochen: »Dschuhl«) definiert die Energie, die man braucht, um ein Kilogramm einen Meter zu bewegen.

A

Leicht zu verwechseln sind Energie und **Leistung.** Während es bei der Definition der Energie um die Fähigkeit geht, ein Gewicht zu bewegen (jemand besitzt die Energie, den Müll wegzubringen), kommt bei der Leistung noch die Zeit hinzu (er bringt den Müll tatsächlich weg; jemand leistet viel = er hat ein hohes Arbeitstempo). Man misst die Leistung in Watt, Kilowatt oder PS.

B

Die Angabe **PS** (Pferdestärke) wurde offiziell abgeschafft, ist aber für Motoren noch immer gebräuchlich; wer ein 75-Kilo-Gewicht in einer Sekunde einen Meter anhebt, leistet ein PS. Dieser Wert wurde um 1800 eingeführt, weil man annahm, dass ein Pferd genau das schafft. Ein PS entspricht rund 735 Watt oder 0,735 Kilowatt.

Albert Einstein hat herausgefunden, dass Energie auch mit Masse und Geschwindigkeit zu tun hat; das hat er mit der einfachen Formel $E = mc^2$ festgehalten (siehe Seite 201).

Von unvorstellbar kalt bis extrem heiß: die Temperaturen

B

Weder auf der Erde noch sonst irgendwo im Universum kann es kälter werden als minus 273,15 Grad Celsius. Dieser Wert wird **absoluter Nullpunkt** genannt, weil die Bewegungsenergie der Teilchen in einem Atom nicht noch geringer sein kann, als sie bei dieser Temperatur ist.

Die **Kelvin-Skala** wird vor allem in der Wissenschaft verwendet. Sie ist so unterteilt wie die **Celsius-Skala**: Ein Grad Kelvin entspricht einem Grad Celsius, aber sie beginnt beim absoluten Nullpunkt, bei minus 273,15 Grad Celsius – das sind null Kelvin (0 K). Eis taut (und Wasser friert) bei null Grad Celsius, das sind 273,15 K. Und wenn Wasser bei 100 Grad Celsius kocht, dann sind das auch in Kelvin 100 Grad mehr, also 373,15 K.

Wenn ein Stoff so warm oder heiß wird, dass er vom flüssigen in den gasförmigen Zustand übergeht, entsteht **Verdunstungskälte.**

Wenn er abkühlt und vom gasförmigen Zustand in den flüssigen übergeht, entsteht **Kondensationswärme.**

Wie kommt Wärme von einem Ort zum anderen? Es gibt verschiedene Wege.

- **Wärmestrahlung:** Man spürt die Wärme auf der Haut, auch wenn ihre Quelle entfernt ist. Beispiele sind Sonne, Feuer und Kachelofen.
- **Wärmetransport** (= **Wärmeströmung**): Die Wärme strömt in Flüssigkeit oder einem Gas. Zum Beispiel in Form von warmem Wasser in Heizungsrohren.
- **Wärmeleitung:** Hier wird Wärme vom heißen zum kalten Teil eines Körpers geleitet. Zum Beispiel von der Elektroplatte zum Kochtopf. Metalle sind gute Wärmeleiter, Luft und Kunststoff dagegen schlechte, weshalb man sie in Häusern zur Wärmedämmung nutzt.

Die Energie, die man braucht, um ein Gramm Wasser um ein Grad Celsius zu erhöhen, ist eine **Kalorie** (1 cal). Will man tausend Gramm Wasser (einen Liter) um ein Grad erwärmen, braucht man tausend Kalorien (= eine **Kilokalorie** = 1 kcal). In der Physik wird zur Bestimmung der Energie meist der weniger populäre Begriff »Joule« verwendet (siehe Seite 191).

Elektrische Energie: Was ist Strom – und wie entsteht er?

A

Wissenschaftler sagen: Alles, was uns umgibt (und wir selbst auch) besteht aus Atomen. Aber Strom? Aus welchen Atomen soll er bestehen? Aus gar keinen, denn er besteht nicht *aus,* sondern er entsteht *in* Atomen.

Ein Atom enthält normalerweise ebenso viele positiv geladene Teilchen (Protonen) in seinem Kern wie negativ geladene Teilchen (Elektronen), die in Bahnen um den Kern herumsausen. In diesem Fall zeigt das Atom nach außen keine elektrische Ladung und ist neutral. Wenn sich aber die positiven und negativen Ladungen im Ungleichgewicht befinden, entsteht elektrische Ladung. Strom ist das Fließen einer elektrischen Ladung.

Damit elektrische Ladung fließen kann, muss ein **leitendes Material** vorhanden sein, zum Beispiel ein Metall oder salzhaltiges Wasser (auch Leitungswasser enthält Salze). Nicht leitend sind Holz, Gummi, Porzellan und Luft.

Elektrizität entsteht nur mithilfe einer **Stromquelle,** zum Beispiel in einem Generator (siehe Kasten auf Seite 196). Bekanntes Beispiel für einen Generator im Kleinformat: der Fahrrad-Dynamo.

B

Kleinere Strommengen lassen sich durch eine Batterie erzeugen. Sie enthalten zwei Stoffe, die miteinander reagieren (zum

Beispiel Zink und Mangan). Sie bewirken, dass Elektronen fließen und **chemische Energie** in elektrische Energie verwandeln. Die Elektronen treten aus ihrem Minuspol aus, fließen durch leitendes Material (eine Leitung) und am anderen Ende des geschlossenen Stromkreises durch den Pluspol zurück in die Batterie. (Lange Zeit nahm man an, dass der Strom anders herum fließt, vom Pluspol zum Minuspol.)

Die Stromquelle liefert eine bestimmte **Spannung,** das ist die Kraft, die den Elektronenfluss hervorruft. Man kann sie mit dem **Druck** in einer Wasserleitung vergleichen. Die Stromspannung misst man in **Volt.** Eine Minibatterie stellt 1,5 Volt zur Verfügung, eine Autobatterie 12 Volt, und Strom aus der Steckdose hat 230 Volt. Die Voltzahl sagt aber nichts darüber aus, wie viel Strom gerade unterwegs ist oder ob überhaupt welcher fließt.

Die tatsächlich fließende **Menge** des Stroms, die Zahl der Elektronen, nennt man **Stromstärke.** Man kann sie mit der Wassermenge vergleichen, die durch eine Wasserleitung fließt. Die Stromstärke misst man in **Ampere.** Wenn die Stromquelle nur eine geringe Spannung liefert, kann nur schwacher Strom fließen, ebenso wie eine Wasserleitung mit schwachem Druck nur ein dünnes Rinnsal tröpfeln lässt.

Als Stromverbraucher hat man vor allem mit dem anderen Ende der Leitung zu tun, also mit dem, »was rauskommt«. Das ist die **Leistung,** man misst sie in **Watt.** Eine Energiesparlampe verbraucht etwa 20 Watt, eine Waschmaschine rund 2000 Watt.

Um den **Stromverbrauch** zu ermitteln, muss man nicht nur die

Leistung kennen (in Watt gemessen), sondern auch ihre Dauer: Den Stromverbrauch misst man in **Kilowattstunden**.

Ein Kilowatt sind tausend Watt. Beispiele für eine Kilowattstunde (kWh): Eine Stunde lang werden tausend Watt verbraucht, oder eine halbe Stunde lang verbraucht eine Waschmaschine 2000 Watt, oder zehn Stunden lang brennt eine 100-Watt-Lampe.

Je größer die Spannung (gemessen in Volt) einer Stromquelle ist, desto mehr Energie (gemessen in Joule) kann transportiert werden. Wenn in jeder Sekunde eine Energie von 230 Joule transportiert wird, dann hat die Stromquelle die Spannung von 230 Volt. Die Energie von 230 Joule entspricht der Leistung von 230 Wattsekunden, das heißt: Mit diesem Strom könnte eine Sekunde lang eine 230-Watt-Lampe brennen.

B Kraftwerk, Turbine, Generator:
So kommt der Strom ins Netz

Im **Kraftwerk** entsteht zunächst Wärme – weil hier Müll oder Kohle verbrannt oder radioaktives Material gespalten wird (im Atomkraftwerk). Mit dieser Energie wird Wasser erhitzt, dessen heißer Dampf **Turbinen** (große Schaufelräder) antreibt. Wenn sie sich drehen, übertragen sie ihre Bewegung auf einen **Generator**, der sich nun ebenfalls dreht. Der Generator verwandelt **mechanische Energie** in elektrische Energie. Das geschieht, indem man eine Spule in einem Magnetfeld dreht oder einen Magneten um eine feststehende Spule bewegt. In beiden Fällen entsteht Strom.

Damit der Strom über größere Entfernungen transportiert werden kann, erhöhen **Transformatoren** seine Spannung auf rund 400 000 Volt – sie transformieren (verwandeln) sie in **Hochspannung.** Bevor der Strom die Haushalte erreicht, muss er auf 230 Volt herunter transformiert werden. Im Haushalt selbst gibt es verschiedene Geräte, die eine noch niedrigere Spannung benötigen, zum Beispiel Halogenlampen. Sie besitzen eigene Transformatoren. Ebenso Fernseher, deren Transformator für eine höhere Spannung sorgt.

Die elektrische Energie aus den Kraftwerken kommt in Form von **Wechselstrom** ins Haus (die Elektronen wechseln ständig ihre Richtung). Wechselstrom lässt sich gut über größere Entfernungen transportieren. Viele Geräte im Haushalt (Computer, Radio) benötigen aber **Gleichstrom** (die Elektronen fließen in eine Richtung). Man muss deshalb einen **Gleichrichter** vorschalten, ein Gerät, das wie ein Ventil funktioniert: Es lässt den Wechselstrom in nur eine Richtung hindurch und verwandelt ihn so in den gewünschten Gleichstrom.

Wenn Strom fließt, trifft er auf einen mehr oder weniger großen **Widerstand,** weil die Elektronen auf die Bausteine in der Leitung stoßen. In gut leitenden Metallen ist der Widerstand gering, in schlecht leitendem Material ist er sehr hoch. Man misst den Widerstand in **Ohm.** Kupfer (0,017 Ohm) ist ein besserer elektrischer Leiter als Aluminium (0,028 Ohm).

Unglaublich, aber gar nicht so schwer: die Relativitätstheorie

A

Ein türkischer Traumdeuter wird von einem Sultan gerufen: »Ich habe im Traum meine sämtlichen Zähne verloren, was hat das zu bedeuten?«

»Oh, Verehrter, das bedeutet nichts Gutes: Die Zähne stehen für Eure Familie. Ihr werdet also alle Familienmitglieder verlieren.«

Der Sultan reagiert erbost. Schlecht gelaunt verlangt er nach einem anderen Traumdeuter, dem er dieselbe Frage stellt.

»Oh, Verehrter, das bedeutet nur Gutes«, lautet die Auskunft. »Ihr werdet länger leben als alle Eure Familienmitglieder.«

Der Sultan ist begeistert und verschafft dem zweiten Traumdeuter eine Festanstellung an seinem Hof.

Die Erkenntnis aus dieser Geschichte: Alles ist relativ. Das wissen wir spätestens seit Albert Einstein, aber ist das die Art von Relativität, die der geniale Physiker mit seiner berühmten Theorie erklärt hat? Sie ist nicht ganz so einfach, weniger amüsant, aber umso faszinierender.

Einstein hat herausgefunden: Nichts ist schneller als die **Lichtgeschwindigkeit**; sie gilt überall, auf der Erde und im Weltraum, und sie ist für alle Betrachter **immer konstant** (rund 300 000 Kilometer pro Sekunde). Beispiel: Wenn ein Fußgänger auf einer Rolltreppe zügig nach oben geht, dann kommt er schneller vorwärts, als wenn er steht. Wenn er aber auf der Rolltreppe eine Taschenlampe einschaltet, dann trifft deren Licht nicht schneller oder langsamer auf ihr Ziel, ob im Gehen oder im Stehen. Auch jemand, der die Rolltreppe und das Licht beobachtet, würde immer dieselbe Geschwindigkeit messen; selbst dann, wenn der Besitzer der Taschenlampe mit unvorstellbar hohem Tempo rasen würde.

Die **Zeit,** so Einstein, ist dagegen kein absoluter Wert, sondern **relativ:** Für jemanden, der sich sehr schnell bewegt, vergeht die Zeit langsamer.

B

Durch einen Versuch wurde das viele Jahre nach Einsteins Tod bewiesen: In den Siebzigerjahren schickten Wissenschaftler eine Atomuhr in einem Linienflugzeug um die Welt, während eine zweite Atomuhr am Boden blieb. Als sie die verschickte Uhr am Ende ihrer weiten Reise mit der anderen verglichen, stellte sich heraus: Die Uhr im Flugzeug ging ein paar milliardstel Sekunden nach, die Zeit hatte sich für sie also gedehnt – wie Einstein es vorhergesagt hatte.

C

In diesem Versuch ging es um eine Reise von Stunden, und die Reisegeschwindigkeit betrug keine 1000 km/h. Was aber würde passieren, wenn ein 30-jähriger Mann, der einen Zwillingsbruder hat, nahezu mit Lichtgeschwindigkeit durchs Weltall rast und erst nach 20 Jahren zurückkehrt? Für ihn sind dann 20 Jahre vergangen, und er ist 50. Auf der Erde ist die Zeit aber

199

viel schneller verstrichen: Hier sind inzwischen 40 Jahre vorbei – und sein Zwillingsbruder ist schon 70!

Wäre so eine Reise also das ideale Anti-Aging-Programm, ein Jungbrunnen gegen das Altern? Nein. Denn der 50-Jährige, der im All war, ist aus seiner Sicht nicht langsamer alt geworden, er hat keine zusätzlichen Jahre gewonnen. Der eine Bruder ist so alt wie ein 50-Jähriger, der andere so alt wie ein 70-Jähriger: Jeder trägt seine eigene physikalische Wirklichkeit mit sich und hat so viel erlebt, wie man mit 50 oder 70 erlebt hat. Faltenbildung und Haarausfall inklusive.

Das sind zwar Gedankenspiele, aber die **Zeitdehnung** lässt sich beweisen. Wissenschaftler haben atomare Teilchen in einem kilometerlangen Teilchenbeschleuniger im Höchsttempo um die Kreisbahn gejagt, fast mit Lichtgeschwindigkeit. Ergebnis: Für die bewegten Teilchen verging die Zeit langsamer als für andere Teilchen, die nicht beschleunigt wurden. Die herumsausenden Teilchen zerfielen 30-mal langsamer.

Einsteins **Spezielle Relativitätstheorie** erklärt, dass **Raum und Zeit** voneinander abhängig sind. Was das heißt, zeigt folgendes Beispiel:

Ein ICE fährt mit Tempo 100 an einem Bahnübergang vorbei. Wie lang der Zug ist, welche Ausdehnung sein Raum hat, kann man messen. Würde er genau eine Stunde lang am Bahnübergang vorbeifahren, wäre er 100 Kilometer lang (seine Geschwindigkeit beträgt ja 100 km pro Stunde). In einer Sekunde würde er 27,77 Meter zurücklegen. Angenommen, er würde genau fünf Sekunden lang vorbeifahren, dann wären das 5 mal 27,77 Meter, er wäre also knapp 139 Meter lang. Hier kommt die Relativitätstheorie ins Spiel: Aufgrund seiner Bewegung erscheint der Zug einem Betrachter etwas kürzer als er tatsächlich ist. Aber nicht als optische Täuschung: Auch ein Messgerät würde das so »sehen« – und einen Unterschied von knapp drei Milliardstel Millimeter ermitteln.

B Die berühmteste Formel der Welt: $E = mc^2$

E steht für Energie, m für Masse, c für Lichtgeschwindigkeit. Aus der Gleichung geht hervor, dass ein Körper, der sich sehr schnell bewegt, schwerer wird und mehr Energie bekommt. Man kann also Materie (Masse) in Energie verwandeln. Und umgekehrt.

Da die Lichtgeschwindigkeit (c) sehr hoch ist, erreicht sie im Quadrat erst recht einen riesigen Wert – aber nur rechnerisch, denn das Licht selbst kann nicht schneller werden. Im selben Maß, wie die Bewegungsenergie (E) zunimmt, nimmt auch die Masse (m) zu. Da eine bewegte Masse schwerer wird als eine ruhende, kann selbst winzige Materie, wenn sie sich sehr schnell bewegt, gewaltige Energie freisetzen. Winzige Teilchen, die sich rasend schnell bewegen, sind zum Beispiel gespaltene Atome – die in Form einer Atombombe ungeheure Energie entfachen. Einstein schuf mit seiner Formel die Grundlage für die Kernspaltung und damit für die Atomenergie und die Atombombe, gegen deren Einsatz er sich aussprach.

Die berühmte Formel $E = mc^2$ ist Bestandteil von Einsteins Spezieller Relativitätstheorie aus dem Jahr 1905. Zehn Jahre später veröffentlichte Einstein die **Allgemeine Relativitätstheorie.** Sie stellt fest, dass nicht nur die Zeit relativ ist, sondern auch der **Raum.** Er lässt sich dehnen oder krümmen. Es sind Massen, die das bewirken. Solche Massen, zum Beispiel Planeten, können auch das Licht ablenken.

Eine weitere Erkenntnis dieser Theorie: **Gravitation** (Schwerkraft) und **Beschleunigung** lassen sich nicht unterscheiden. Beide haben einen verlangsamenden Effekt auf die Zeit.

Gibt es die erlösende Weltformel?

Die moderne Physik steht vor einem Problem, das sie bisher nicht lösen konnte: Ihre zwei wichtigsten Theorien lassen sich nicht miteinander vereinbaren. Die eine ist Einsteins Allgemeine Relativitätstheorie; die andere ist die **Quantenmechanik,** sie beschreibt drei der **vier Grundkräfte** der Physik: die starke Wechselwirkung (sie bewirkt den Zusammenhalt von Teilchen in einem Atom), die elektromagnetische Wechselwirkung (verantwortlich für Licht, Elektrizität, Magnetismus) und die schwache Wechselwirkung (verantwortlich für radioaktiven Zerfall). Die Quantenmechanik erklärt die Welt im Kleinen, während die Relativitätstheorie mit der Gravitation die vierte Grundkraft und die Welt im Großen beschreibt.

Die Physiker würden gerne alle vier Grundkräfte in einer vereinheitlichenden Theorie zusammenfassen – das wäre die **»Theorie von allem«** oder die Weltformel. Anhänger von bestimmten komplizierten theoretischen Modellen behaupten, sie könnten damit bereits alle Phänomene, im Großen wie im Kleinen, erklären. Zum Beispiel mit der sogenannten **Superstringtheorie**, nach der alle Teilchen aus vibrierenden, eindimensionalen Objekten (Strings) bestehen. Doch für diese Theorien gibt es keinerlei Beweise.

Physikalische Kräfte oder ein »gekrümmter Raum« – das sind abstrakte Begriffe, die man sich kaum vorstellen kann. Eine Art von Krümmung, die uns dagegen oft begegnet, ist die Wölbung von Spiegeln, Gläsern und Linsen. Sind sie nach außen gewölbt, nennt man das **konvex**, die Wölbung nach innen heißt **konkav**. Um diese Bezeichnungen nicht zu verwechseln, merkt man sich am besten:
konvex entspricht einem Berg,
konkav entspricht einem Tal.

> **A** Zum Schluss eine kleine Tabelle mit Abkürzungen für **Maßeinheiten**, die im Alltag immer wieder auftauchen:
>
> Nano = milliardstel (Nanogramm = milliardstel Gramm)
> Mikro = millionstel (Mikrogramm = millionstel Gramm)
> Milli = tausendstel (Milligramm = tausendstel Gramm)
> ➔

Zenti	=	hundertstel	(Zentimeter	= hundertstel Meter)
Dezi	=	zehntel	(Dezimeter	= zehntel Meter)
Hekto	=	Hundert	(Hektoliter	= hundert Liter)
Kilo	=	Tausend	(Kilogramm	= tausend Gramm)
Mega	=	Million	(Megawatt	= Million Watt)
Giga	=	Milliarde	(Gigabyte	= Milliarde Bytes)
Tera	=	Billion	(Terabyte	= Billion Bytes)

Chemie

Keine Angst vor Formeln!

Auf der Hitliste der unbeliebten Fächer steht diese Naturwissenschaft ziemlich weit oben. Chemie ist, wenn es kracht und stinkt – und wenn der Lehrer unverständliche Formeln an die Tafel schreibt. Schade eigentlich, denn Chemie ist in Wahrheit viel mehr.

Eigentlich ist Chemie sogar alles. Denn was immer sich um uns herum befindet, besteht aus chemischen Elementen. Die Luft, die wir atmen: zu großen Teilen aus Sauerstoff und Stickstoff. Das Holz des Tisches, an dem wir sitzen: zu mehr als 90 Prozent aus Kohlenstoff und Sauerstoff. Das Wasser, das wir trinken: überwiegend aus Wasserstoff und Sauerstoff.

Unser eigener Körper besteht ebenso aus chemischen Elementen wie die riesige Sonne (Helium, Wasserstoff) und winzige Viren (unter anderem Kohlenstoff, Wasserstoff, Stickstoff). Die Chemie erklärt uns, wie die Welt aufgebaut ist. Das ist spannend – und eigentlich gar nicht so schwer zu verstehen.

Was Ihnen in diesem Kapitel erspart bleibt:

Haben Sie mal in einem »richtigen« Chemiebuch geblättert? Selbst Bücher, die angeblich für Anfänger oder Ahnungslose gedacht sind, werfen mit Fachausdrücken und Formeln nur so um sich. Was daran liegt, dass sie meist von Chemikern geschrieben wurden. Wenn Sie von so einem Buch auch nur die Hälfte verstehen, dann ist das hier folgende Kapitel für Sie nur Kinderkram. Glückwunsch! Wenn Sie Chemie aber schwierig finden, dann freuen Sie sich, dass Ihnen Begriffe wie »Komplexbildungs-Titration« und »enantiotrope Modifikation« erspart bleiben. Es wird auch so einigermaßen anspruchsvoll.

Unsere Welt im Allerkleinsten: Atome und mehr

Alles, was wir sehen, riechen, fühlen und schmecken, besteht aus chemischen **Elementen**. Elemente sind Stoffe, die sich nicht in weitere Stoffe zerlegen lassen.

Und woraus besteht ein Element? Aus **Atomen**. Eine Million Atome würden, nah nebeneinander gelegt, den Punkt am Ende dieses Satzes verdecken.

Und woraus besteht ein Atom? Früher hielt man es für unteilbar. Heute weiß man: Es besteht aus einem **Atomkern** und einer **Atomhülle**. Der Atomkern ist elektrisch positiv geladen, die Hülle negativ.

B

Woraus bestehen Atomkern und Atomhülle?

Der Kern setzt sich zusammen aus **Protonen** (sie sind positiv geladen) und aus **Neutronen** (sie sind elektrisch neutral). Um sie herum kreisen elektrisch negativ geladene **Elektronen;** sie bilden die Atomhülle.

Der Atomkern besitzt im Vergleich zur sehr viel ausgedehnteren Hülle ein enormes Gewicht: Er wiegt zweitausendmal so viel, und seine Masse beansprucht 99,9 Prozent des gesamten Atoms. Sein Umfang macht aber nur einen winzigen Teil aus. Wäre der Kern so groß wie eine Haselnuss, würden die Elektronen der Atomhülle etwa einen Kilometer entfernt um ihn herum kreisen.

Die Elektronen sausen nicht wild in der Gegend herum, sondern auf bestimmten Umlaufbahnen oder Ebenen, die wie die Schalen einer Zwiebel um den Kern angeordnet sind. Vielleicht ist das der Grund, warum die Chemiker sie **Elektronenschalen** nennen? Einige Elemente besitzen mehr, andere weniger Schalen. Kein Atom hat aber mehr als sieben. Vor allem die äußerste Schale ist für Chemiker interessant, weil die hier kreisenden Elektronen mehr als andere bestimmen, welche Eigenschaften ein Element hat.

Und woraus bestehen Protonen sowie Neutronen? Tatsächlich kann man auch sie in noch kleinere Teilchen aufteilen: in **Quarks**. Das sind die kleinsten heute bekannten **Elementarteilchen**.

Eisen, Zink und Chlor: Warum sind Elemente so verschieden?

Einige sind sichtbar, andere nicht, und manche verflüchtigen sich schnell: Die Elemente unterscheiden sich sehr voneinander. Um eine grobe Übersicht zu bekommen, haben die Chemiker sie in zwei große Gruppen aufgeteilt: **Metalle** (zum Beispiel Gold, Eisen) und **Nichtmetalle** (Sauerstoff, Wasserstoff). Erstaunlich ist, dass von den 93 in der Natur vorkommenden Elementen mehr als 70 zu den Metallen gehören. Metalle haben die Eigenschaft, dass sie leitfähig sind, also Wärme und Strom hindurchlassen.

Elemente sehen unterschiedlich aus und verhalten sich unterschiedlich. Aber woran liegt das? An der unterschiedlichen Zahl ihrer Protonen. Wasserstoff zum Beispiel besitzt nur ein Proton, Stickstoff besitzt sieben, und der Atomkern eines Eisenatoms enthält 26 Protonen.

Chemiker lieben die Ordnung. Zumindest, was ihr Fachgebiet betrifft. Sie haben eine übersichtliche Tabelle (**siehe nächste Seite**) erstellt, in der man auf einen Blick alle Elemente mit ihren wichtigsten Eigenschaften sehen kann: das **Periodensystem der Elemente.** Alle Elemente sind hier durchnummeriert, jedes besitzt eine **Ordnungszahl.** Wasserstoff ist die Nummer 1. Das momentan letzte Element hat die Ordnungszahl 118.

B

Sehr praktisch sind die waagerechten Zeilen und die senkrechten Spalten der Tabelle:

Es gibt sieben Zeilen, **Perioden** genannt. Alle Elemente in einer Periode besitzen gleich viele Elektronenschalen. Die Elemente der obersten Zeile haben nur eine Schale, die der untersten haben sieben.

Die Spalten der Tabelle nennt man **Gruppen.** Alle Elemente, die in einer Gruppe stehen, haben ähnliche Eigenschaften. In der ersten Gruppe stehen die Alkalimetalle, in der siebten die Halogene (Salz bildende Elemente) und in der achten Gruppe, der letzten, die Edelgase (Seite 214). Je weiter unten ein Element in seiner Gruppe steht, desto metallischere Eigenschaften (siehe Seite 208) hat es.

Noch etwas kann man mithilfe des Periodensystems gut erkennen: Ob die Atome der dargestellten Elemente sich gern mit Atomen anderer Elemente zusammenschließen. Rechts

Haupt-		Nebengruppen						
1	**2**	**3**	**4**	**5**	**6**	**7**	**8**	**9**
Ia								
1 (K) □ ₁**H** 1,00794	IIa							
2 (L) ₃**Li** 6,941	₄**Be** 9,012182							
3 (M) ₁₁**Na** 22,98977	₁₂**Mg** 24,305	IIIb	IVb	Vb	VIb	VIIb		VII
4 (N) ₁₉**K** 39,0983	₂₀**Ca** 40,078	₂₁**Sc** 44,95591	₂₂**Ti** 47,867	₂₃**V** 50,9415	₂₄**Cr** 51,9961	₂₅**Mn** 54,938049	₂₆**Fe** 55,845	₂₇**C** 58,933
5 (O) ₃₇**Rb** 85,4678	₃₈**Sr** 87,62	₃₉**Y** 88,90585	₄₀**Zr** 91,224	₄₁**Nb** 92,90638	₄₂**Mo** 95,94	₄₃**Tc** [98]	₄₄**Ru** 101,07	₄₅**R** 102,90
6 (P) ₅₅**Cs** 132,90545	₅₆**Ba** 137,327	₅₇**La** 138,9055	₇₂**Hf** 178,49	₇₃**Ta** 180,9479	₇₄**W** 183,84	₇₅**Re** 186,207	₇₆**Os** 190,23	₇₇**Ir** 192,2
7 (Q) ₈₇**Fr** [223]	₈₈**Ra** [226]	₈₉**Ac** [227]	₁₀₄**Rf** * [261]	₁₀₅**Db** * [262]	₁₀₆**Sg** * [263]	₁₀₇**Bh** * [264]	₁₀₈**Hs** * [265]	₁₀₉**M** * [268
Lanthanoide			₅₈**Ce** 140,116	₅₉**Pr** 140,90765	₆₀**Nd** 144,24	₆₁**Pm** [145]	₆₂**Sm** 150,36	₆₃**E** 151,9
Actinoide			₉₀**Th** [232]	₉₁**Pa** [231]	₉₂**U** [238]	₉₃**Np** [237]	₉₄**Pu** [244]	₉₅**A** [24

PERIODENSYSTEM DER ELEMENTE

10	11	12	13	14	15	16	17	18
						-gruppen		
								VIIIa
			IIIa	IVa	Va	VIa	VIIa	₂He 4,002602
			₅B 10,811	₆C 12,0107	₇N 14,00674	₈O 15,9994	₉F 18,998403	₁₀Ne 20,1797
	Ib	IIb	₁₃Al 26,981538	₁₄Si 28,0855	₁₅P 30,973761	₁₆S 32,066	₁₇Cl 35,4527	₁₈Ar 39,948
Ni ,6934	₂₉Cu 63,546	₃₀Zn 65,409	₃₁Ga 69,723	₃₂Ge 72,61	₃₃As 74,9216	₃₄Se 78,96	₃₅Br 79,904	₃₆Kr 83,8
Pd ₀6,42	₄₇Ag 107,8682	₄₈Cd 112,411	₄₉In 114,818	₅₀Sn 118,71	₅₁Sb 121,76	₅₂Te 127,6	₅₃I 126,90447	₅₄Xe 131,29
Pt 5,078	₇₉Au 196,96655	₈₀Hg 200,59	₈₁Tl 204,3833	₈₂Pb 207,2	₈₃Bi 208,98038	₈₄Po [209]	₈₅At [210]	₈₆Rn [222]
Ds ₂69]	₁₁₁Rg [272]	₁₁₂Uub [277]	₁₁₃Uut [287]	₁₁₄Uuq [289]	₁₁₅Uup [288]	₁₁₆Uuh [292]	₁₁₇Uus	₁₁₈Uuo

Gd 7,25	₆₅Tb 158,92534	₆₆Dy 162,5	₆₇Ho 164,93032	₆₈Er 167,26	₆₉Tm 168,93421	₇₀Yb 173,04	₇₁Lu 174,967
Cm ²47]	₉₇Bk [247]	₉₈Cf [251]	₉₉Es [252]	₁₀₀Fm [257]	₁₀₁Md [258]	₁₀₂No [259]	₁₀₃Lr [262]

oben in der Tabelle steht das Element Fluor, es hat die Eigenschaft, die Elektronen anderer Atome an sich zu ziehen. Diese Eigenschaft nimmt in der Tabelle nach unten und nach links ab.

Ganz unten links steht das Element Francium, ein radioaktives und kurzlebiges Metall. Seine Atome haben besonders wenig Lust, andere an sich zu ziehen. Im Gegenteil: Sie geben gern Elektronen ihrer äußeren Schale an andere ab. Solche Atome nennt man **energiearm**. Man kann sie mit einem schwachen Menschen vergleichen, der im Bett liegt und sagt: »Nimm dir, was du willst, du kannst alles von mir haben.«

Außer den 93 natürlichen Elementen gibt es 25 künstlich hergestellte. Man erzeugt sie, indem man mit dem Atom eines schon bestehenden Elements das Atom eines anderen beschießt. Dabei kommt es zu einer Verschmelzung, bei der ein neues Element entsteht.

Um ein neues Element zu schaffen, braucht man eines, das bereits existiert? »Das gilt ja nicht«, könnte man dazu sagen – aber die Fachleute sehen das anders. Sie freuen sich, wenn es ihnen gelungen ist, ein neues Element herzustellen und ihm einen Namen zu geben. Selbst wenn es nur für ein paar tausendstel Sekunden existiert und dann wieder zerfällt.

Im Periodensystem haben Elemente einer Gruppe ähnliche Eigenschaften, weil sie dieselbe Elektronenzahl auf ihrer äußeren Schale besitzen. Diese äußere Schale nennt man **Valenzschale**.

Wenn sich bei einem Element in der Atomhülle die Zahl seiner Neutronen ändert, dann entsteht ein Abkömmling dieses Elements: ein **Isotop** (Mehrzahl: Isotope). Auch die Zahl der Elektronen kann sich verändern, dann entsteht ein **Ion** (Mehrzahl: Ionen).

Atome sind wie Menschen – sie suchen Kontakt

B

Niemand ist gern auf Dauer allein. Das gilt auch für Atome. Sie kommen praktisch nie vereinzelt vor, sondern fast immer in Kombinationen. (Es gibt eine Ausnahme, die Edelgase, zu denen wir gleich kommen.)

Der Kontakt zu anderen Atomen geschieht nicht zufällig oder nach Lust und Laune. Sondern nach der sogenannten **Oktettregel** (griechisch: okto = 8).

Das heißt: Die Atome versuchen, auf ihrer äußeren Schale möglichst acht Elektronen zu besitzen. Das mögen sie – und wenn sie sich nicht in diesem Zustand befinden, dann streben sie ihn an. Allerdings nur, wenn sie, da sie ja eigentlich zur Bequemlichkeit neigen, einen entsprechenden Anstoß bekommen. Denn um ein Elektron aus der Hülle seines Atoms zu lösen, ist Energie nötig. Zum Beispiel in Form von Hitze oder Druck.

Warum wollen die meisten Atome unbedingt acht Elektronen auf ihrer Außenschale haben? Wären sie Menschen, dann könnte man sagen: weil sie Vorbildern nacheifern. Weil sie so sein wollen wie Stars, deren Schönheit man bewundert.

Tatsächlich gibt es solche Promis unter den Atomen, die stolze acht Elektronen auf ihrer äußeren Schale besitzen: Es sind die **Edelgase.** Schon ihr Name klingt, als seien sie etwas Besonderes: Sie sind die einzigen Atome, die in der Natur allein existieren, also nicht in Kombinationen mit anderen. Das Element Radon zum Beispiel kommt in der Luft von Höhlen und Bergstollen vor; hier enthält ein Liter Luft manchmal nur tausend einzelne Radon-Atome! Das sind extrem geringe Spuren – selbst ein winziger Wassertropfen enthält Milliarden von Milliarden mal so viel Atome. Die Edelgase schielen also nicht nach anderen, sondern kommen allein zurecht und ruhen in sich selbst. Die Außenschalen ihrer Atome sind mit der höchstmöglichen Elektronenzahl besetzt (wie gesagt: acht, nur bei Helium sind es zwei). Und genau das wollen die anderen Atome auch erreichen. Diesen Idealzustand nennt man Edelgaszustand oder **Edelgaskonfiguration.**

Um die Oktettregel zu erfüllen, kann die äußere Schale eines Atoms entweder Elektronen an ein anderes Atom abgeben oder welche aufnehmen. Metall-Atome geben Elektronen ab, Nichtmetall-Atome nehmen welche auf – und zwar so viele, dass sie am Ende die angestrebten acht Elektronen in der äußeren Schale besitzen. Die Metall-Atome haben dann zwar

Elektronen verloren, sind aber trotzdem zufrieden – sie besaßen vorher ohnehin nur wenige Elektronen, und da fällt es ihnen nicht so schwer, auf diese wenigen auch noch zu verzichten.

Gibt ein Atom Elektronen ab, dann besitzt es anschließend mehr Protonen (positiv geladene Teilchen) im Kern als Elektronen (negativ geladene Teilchen) auf der Schale. Durch diesen Überschuss wird das Atom zu einem positiv geladenen Ion.

Woher wissen Chemiker, was sie vor sich haben?

Ist das weiße Pulver eine Droge, ein Ameisengift oder harmloses Backpulver? Oft sind es nur winzige Spuren, die für eine **chemische Analyse** zur Verfügung stehen. Um eine unbekannte Substanz zu identifizieren, kann man ihre Eigenschaften ermitteln – wenn man zum Beispiel eine Untersuchungsprobe in eine Flamme hält, dann zeigt die Art ihrer Verfärbung an, ob die Substanz Metalle enthält (und welche).

Gründlicher ist es, die unbekannte Substanz in ihre Bestandteile zu zerlegen. Zum Beispiel, indem man sie filtriert, erhitzt oder in einer Flüssigkeit auflöst. Besonders genaue Ergebnisse liefern hochempfindliche Analysegeräte wie das **Massenspektrometer.**

Im Massenspektrometer wird die Untersuchungsprobe erhitzt, bis sie verdampft, und dann bestrahlt. Dadurch entstehen elektrisch geladene Teilchen (Ionen siehe Seite 220), die zuerst beschleunigt und dann durch ein Magnetfeld abgelenkt werden. Je schwerer die Ionen sind, desto weniger lassen sie sich ablenken. So weiß man, um welche Ionen es sich handelt und kann sie gezielt einzelnen Elementen zuordnen.

Chemische Reaktionen: Aus alt mach neu

Chemiker wollen nicht nur analysieren, sie wollen auch Neues erschaffen (zum Beispiel Medikamente oder Kunststoffe). Das Neue kann aber letztlich nur aus dem entstehen, was schon da ist. Mehr als die bekannten chemischen Elemente gibt es auf der Erde nicht, also müssen sie in immer neuen Anteilen und auf unterschiedliche Weise miteinander kombiniert werden. Eine Möglichkeit ist die chemische **Reaktion.**

Ein Stoff (der **Ausgangsstoff**) wird dabei so verändert, dass er sich in einen anderen Stoff umwandelt. Einfaches Vermischen reicht nicht – meistens muss man den Stoff erhitzen. Wenn man so zum Beispiel die Elemente Natrium und Chlor zusammenbringt, entsteht als Ergebnis Natriumchlorid. Dies ist eine **Verbindung.** Das heißt, die Teilchen des neuen Stoffs sind fest miteinander verbunden und lassen sich nicht mehr ohne weiteres voneinander trennen und in ihre ursprünglichen Bestandteile zurückverwandeln. Chlor ist ein giftiges Gas, Natrium ist ein weiches Metall – aber als Ergebnis der Reaktion entsteht harmloses Kochsalz (nichts anderes ist Natriumchlorid).

Würde man Kochsalz dagegen mit Wasser verrühren, wäre das so entstandene Salzwasser keine chemische Verbindung, aber eine reversible (rückgängig zu machende) chemische Reaktion. Man könnte die Stoffe relativ einfach wieder voneinander trennen.

C

Der Abstand zwischen den Natrium-Atomen und den Chlor-Atomen im Kochsalz ist unvorstellbar winzig: 35 Millionen dieser Abstände ergeben einen Zentimeter.

B

Wie schon erwähnt, geschieht eine chemische Reaktion meist nicht von allein. Damit sie stattfindet, brauchen die Elemente einen Anstoß. Sie müssen **reaktionsfähig** gemacht werden (das nennt man **Aktivierung**), zum Beispiel, indem man sie erhitzt. So brennt das Pulver in einer Silvester-Rakete nur, wenn man es anzündet. Auf diese Weise bekommen die Elemente das für die Reaktion nötige Mindestmaß an Energie, die **Aktivierungsenergie.**

Die Reaktion des Elements Sauerstoff (= Oxygenium, Abkürzung O) mit einem anderen Element nennt man **Oxidation.** Eine besonders schnelle Oxidation ist die **Verbrennung.** Jeder weiß, dass ohne Luftzufuhr, also ohne Sauerstoff, kein Feuer entstehen kann. Wenn es aber brennt, dann passiert Folgendes: Kohlenstoff-Atome (abgekürzt C) geben Elektronen an Sauerstoff-Atome ab. Dabei entsteht Kohlendioxid (CO_2), jenes berüchtigte Gas, von dem immer die Rede ist, wenn es darum geht, der Umwelt zuliebe den CO_2-Ausstoß aus Schornsteinen und Auspuffrohren zu verringern.

Als Produkt einer Reaktion mit Sauerstoff entsteht immer ein **Oxid** (Mehrzahl: Oxide). Verbrennt man zum Beispiel Schwefel, das in Heizöl oder Kohle enthalten sein kann, dann entsteht Schwefeldioxid – ebenfalls ein Umweltgift und als Hauptverursacher für »sauren Regen« verantwortlich.

A

Ist, wenn etwas verbrennt, hinterher weniger da als vorher? Das sieht nur so aus. Wie bei jeder chemischen Reaktion geht auch hier kein Atom verloren; die Atome sind nur anders angeordnet.

Bei der Verbrennung entstehen Gase, zum Teil als Rauch erkennbar, die in die Umgebung entweichen. Würde dieser Vorgang in einem großen Gefäß stattfinden, aus dem nichts entweichen kann (in einem »geschlossenen System«), dann würde man nach der Verbrennung feststellen: Das Gewicht des Ausgangsstoffs und des Verbrennungsprodukts ist dasselbe. Bei einer Reaktion geht also von der Menge her nichts verloren, und es entsteht nichts Zusätzliches – dies ist das **Gesetz von der Erhaltung der Masse.**

Es gibt auch Reaktionen mit Sauerstoff, die nicht bei der Hitze einer Verbrennung, sondern unter normalen Temperaturen – und entsprechend langsam – stattfinden: zum Beispiel, wenn Eisen rostet, Butter ranzig wird, Papier vergilbt oder sich ein angeschnittener Apfel braun verfärbt.

Erinnern Sie sich noch an die besondere Rolle der Edelmetalle? Sie heißen nicht deshalb »edel«, weil sie so teuer sind (auch wenn Gold, Silber und Platin dazugehören), sondern weil sie selbst bei großer Hitze nicht mit Sauerstoff reagieren.

Während Edelmetalle gar nicht für Reaktionen zu haben sind, finden manche Reaktionen mit anderen Stoffen nur statt, wenn man einen **Katalysator** einsetzt. Er beschleunigt oder ermöglicht die Reaktion, ohne sich selbst dauerhaft zu verändern. Ein aus Platin bestehender Katalysator sorgt zum Beispiel dafür, dass sich Wasserstoff, der über das Platin strömt, entzündet. Katalysatoren kommen auch in natürlicher Form vor, dann nennt man sie Biokatalysator. Beispiel: Bakterien, die in offenen Weinflaschen leben, wirken als Katalysator, weil sie Enzyme besitzen, die dafür sorgen, dass der Alkohol des Weins mit dem Sauerstoff der Luft reagiert. So entsteht zunächst ein Zwischenprodukt und nach einer weiteren Oxidation als Endprodukt Essig.

Der bei einer chemischen Reaktion vorhandene Ausgangsstoff wird **Edukt** genannt, der neue Stoff (die Verbindung) heißt **Produkt**.

B

Je nachdem, welche Stoffgruppen bei einer Reaktion beteiligt sind, entstehen unterschiedliche Produkte: Wenn Metall-Atome mit Metall-Atomen reagieren, dann sind die Produkte ebenfalls Metalle. Was ja irgendwie logisch ist. Was aber passiert, wenn Atome von Metallen und Nichtmetallen miteinander reagieren? Dann entstehen als Produkte **Salze**. Zum Beispiel das schon erwähnte Kochsalz.

C

In trockenem Zustand bilden Salze feste Körper (**Kristalle**), wie wir sie im Salzstreuer sehen. Im Wasser lösen Salze sich auf und zerfallen in **Ionen** – das sind positiv geladene elektrische Teilchen (**Kationen**) und negativ geladene (**Anionen**).

B

Man bekommt natürlich keinen Stromschlag, wenn man mit der Hand in eine Salzdose greift. Aber wenn man Salz in Wasser auflöst, dann ist diese Salzlösung leitfähig, sie leitet also Strom weiter.

Es gibt noch eine dritte Möglichkeit, welche Stoffgruppen miteinander reagieren können: Nichtmetall-Atome und Nichtmetall-Atome. In diesem Fall entstehen **Moleküle.**

Viel weniger als der kleinste Tropfen: Das Molekül

A

Ein Molekül ist der kleinstmögliche Teil einer Verbindung aus zwei Nichtmetallen. Beispiel: Ein Wassermolekül besteht aus zwei Wasserstoff-Atomen (die Abkürzung für Wasserstoff ist H) und aus einem Sauerstoff-Atom (Abkürzung: O). Chemiker kürzen das so ab: H_2O (und sie sprechen: Hah-zwei-Oh). Schon ein einziger Wassertropfen besteht übrigens aus 180 Milliarden mal zehn Milliarden Molekülen.

B

Warum lautet die **chemische Formel** für Wasser H_2O und nicht 2HO? In diesem Fall wäre nicht nur das H zweimal vorhanden, sondern auch das O.

Eine große Zahl bezieht sich auf alles, was nach ihr kommt; eine kleine tiefgestellte dagegen nur auf das Element, hinter dem sie steht.

Deutlich wird das auch am Beispiel eines Zuckermoleküls. Es setzt sich aus 45 Atomen zusammen – aus 12 Kohlenstoff-Atomen, 22 Wasserstoff-Atomen und 11 Sauerstoff-Atomen. Die chemische Formel hierfür sieht so aus: $C_{12}H_{22}O_{11}$.

C

Wenn Chemiker darstellen wollen, was bei einer Reaktion passiert, dann stellen sie das in Form einer **Reaktionsgleichung** dar, auch **Symbolgleichung** genannt. So eine Gleichung wirkt

221

auf viele Nichtchemiker abschreckend – aber keine Sorge, hier erfahren Sie, wie sie funktioniert.

Nehmen wir mal an, dass wir die Verbrennung von Magnesium darstellen wollen. Drei schon erwähnte Tatsachen zur Erinnerung: Erstens, Verbrennung bedeutet, das Element Magnesium (abgekürzt Mg) reagiert mit Sauerstoff (O). Zweitens: Als Produkt einer Verbrennung entsteht immer ein sogenanntes Oxid. Drittens: Die Zahl der Atome vor und nach der Reaktion bleibt gleich. Man könnte also sagen »Magnesium und Sauerstoff reagieren zu Magnesiumoxid«.

So heißt das Produkt, das am Ende entsteht, man kürzt es MgO ab.

Denkbar wäre, dass die Reaktionsgleichung so aussieht:
$$Mg + O \rightarrow MgO$$
Den Pfeil spricht man als »reagiert zu« oder »wird zu«. Man darf ihn nicht mit einem »ist« (=) verwechseln, denn das Produkt, das bei der Reaktion entsteht, ist ja nicht mehr derselbe Stoff wie zuvor. Aber die Gleichung stimmt so noch nicht. Sauerstoff kommt bei der Verbrennung nicht als einzelnes Atom vor, sondern nur als Molekül, in Form von zwei Atomen: als O_2.

Die Gleichung könnte also lauten: $Mg + O_2 \rightarrow MgO$

Aber auch das ist falsch. Stellen Sie sich die Atome links vom Pfeil einmal als Kugeln vor – eine rote Kugel (Mg-Atom) und zwei weiße Kugeln (O_2). Fällt Ihnen auf, dass rechts vom Pfeil eine weiße Kugel (ein Sauerstoff-Atom) fehlt? Wir haben links drei, rechts aber nur zwei Atome. Das kann also nicht stimmen. Und nun?

Man könnte rechts vom Pfeil aus dem MgO ein MgO_2 machen, aber das ist nicht erlaubt – das wäre die Bezeichnung für einen ganz anderen Stoff, nicht für Magnesiumoxid. Rechts muss also weiterhin MgO stehen. Was man aber machen darf: die Mengen der beteiligten Stoffe verändern. Denn ob man ein oder zwei oder mehr Atome für die Gleichung nimmt, ist ja im Grunde egal; in Wirklichkeit sind bei der Verbrennung ja sowieso unzählbar viele Atome beteiligt.

Nun könnte die Gleichung so aussehen: $Mg + O_2 \rightarrow 2\,MgO$

Wenn wir uns die Atome wieder als Kugeln vorstellen, dann haben wir nun links vom Pfeil nach wie vor drei Atome – und rechts vier (nämlich zweimal Mg und zweimal O). Wieder nicht dieselbe Anzahl!

Letzter Schritt: Wir fügen links ein weiteres Mg-Atom hinzu. Dann stimmt die Gleichung, und auf beiden Seiten befinden sich jeweils vier Atome: $2Mg + O_2 \rightarrow 2\,MgO$

Genau so würde ein Chemiker die Reaktionsgleichung schreiben. Soll man jemanden, der das in seinem Beruf immer wieder machen muss, bewundern oder eher bedauern?

Aggregatzustände: Nichts bleibt, wie es ist

Chemiker unterscheiden bei allen Stoffen drei Zustände: fest, flüssig, gasförmig. Auf den ersten Blick sieht das einfach aus: Ist Eisen nicht fest, Wasser flüssig und Sauerstoff gasförmig? Das kann, muss aber nicht so sein: Jeder Stoff kann jeden **Aggregatzustand** einnehmen, wenn man ihn der entsprechenden Temperatur aussetzt. Bei Kälte werden Stoffe und Körper **fest** und schwer verformbar – ihre Teilchen bewegen sich dann nur noch wenig und ziehen sich gegenseitig stark an. Bei hoher Temperatur werden sie **gasförmig.** In diesem Fall ziehen sich die Atomteilchen kaum noch an, sie schwingen sehr schnell und lassen sich gegenseitig viel Platz. Bei Temperaturen, die im Bereich dazwischen liegen, werden Stoffe **flüssig;** ihre Eigenschaften liegen zwischen denen der festen und der gasförmigen Stoffe, sie sind nicht mehr stabil und fest, aber anders als die Gase trotzdem greifbar.

Die Aggregatzustände zeigen also wieder einmal, dass sich Atome »menschlich« verhalten: Wenn es kalt wird, erstarren sie und rücken eng zusammen. Und wenn es richtig heiß wird, dann stieben sie schnell auseinander wie die Bewohner eines brennenden Hauses.

B

Die Temperatur, bei der ein Stoff so heiß wird, dass er vom flüssigen in den gasförmigen Zustand übergeht, nennt man

Siedetemperatur oder Siedepunkt. Bei Wasser sind dies 100 Grad Celsius – was bis dahin flüssig war, verwandelt sich nun zu gasförmigem Wasserdampf. Die Temperatur, bei der ein Stoff oder Körper abkühlt und vom flüssigen in den festen Zustand übergeht, ist die **Schmelztemperatur** (Schmelzpunkt). Bei Wasser ist das 0 Grad Celsius, bei dieser Temperatur wird es zu festem Eis. Sauerstoff wird bei minus 188 Grad Celsius flüssig und bei minus 219 Grad Celsius fest. Und Eisen? Es ist kaum vorstellbar, aber tatsächlich kann es nicht nur schmelzen (bei 1535 Grad Celsius), sondern ebenfalls gasförmig werden: bei 2750 Grad Celsius.

Ein geteiltes Reich: organische und anorganische Chemie

Das Gebiet der Chemie ist so umfangreich, dass die Chemiker es in zwei große Bereiche aufgeteilt haben, in die **organische Chemie** und die **anorganische Chemie**. Was unterscheidet beide voneinander? Auf den ersten Blick ist die Antwort verblüffend: Es gibt mehr als hundert verschiedene Elemente – und die organische Chemie befasst sich mit genau einem einzigen davon, mit dem Kohlenstoff. Der Grund hierfür: Kohlenstoff ist kein Element wie andere, sondern ein ganz besonderes. Mit ihm kann man Millionen von unterschiedlichen Kombinationen erzeugen, aus denen dann zum Beispiel Kunststoffe oder Medikamente hergestellt werden. Aus allen anderen

Elementen zusammen kann man nur etwa eine halbe Million Verbindungen herstellen.

B

Warum ist Kohlenstoff so vielseitig? Er lässt sich bei höheren Temperaturen mit vielen Elementen verbinden, besitzt aber auch die ungewöhnliche Eigenschaft, mit sich selbst Ketten und Ringe zu bilden. Die können extrem lang und unterschiedlich angeordnet sein, und jedes Mal besitzen sie dann andere Eigenschaften. Deshalb bestehen so unterschiedliche Stoffe wie Ruß, Holzkohle und Diamanten aus reinem Kohlenstoff. Diamanten sind besonders hart, weil hier jedes Kohlenstoff-Atom von vier anderen Kohlenstoff-Atomen umgeben ist. Dadurch entsteht ein sogenanntes **Gitter,** regelmäßig geformt und sehr stabil.

Kohlenstoff ist aber zugleich das natürliche Element des Lebens – ohne ihn gäbe es uns nicht. Er kommt im Wasser, in Pflanzen, Tieren und Menschen vor. Aus Organismen, die vor Millionen von Jahren verwesten und dann in sauerstoffarmer Umgebung unter der Erde ruhten, entstand Erdöl – es besteht zu mehr als 80 Prozent aus Kohlenstoff. Erdöl ist zähflüssig wie Sirup, während Benzin, das aus Erdöl gewonnen wird, dünnflüssig ist und schon bei niedrigen Temperaturen verdampft (weshalb man es riecht).

Warum verhalten sich Öl und Benzin so unterschiedlich, wenn sie beide aus Kohlenstoff-Verbindungen bestehen? Die Moleküle im Benzin bestehen aus kurzen Kohlenstoff-Ketten, die im Erdöl aus langen. Die langen Moleküle ziehen sich gegenseitig viel stärker an, hängen also stärker zusammen und machen das Erdöl so klebrig.

Gut gerührt hält besser: Gemische und Gemenge

B

Wenn Chemiker, Apotheker und pharmazeutisch-technische Assistenten im Labor mit Schälchen, Kolben, Tiegeln und Trichtern hantieren, wenn sie Flüssigkeiten oder Pülverchen miteinander verrühren, dann – ja, was entsteht dann? Die Begriffe sind nicht immer leicht auseinanderzuhalten.

Gemisch und **Gemenge** ist dasselbe. Die Stoffe, die man hier zusammenrührt oder -schüttet, sind meistens fest (und heißen dann streng genommen Feststoffgemisch), zum Beispiel eine Müslimischung oder zwei Sandsorten. Man kann sie in ihre Bestandteile zerlegen, indem man sie siebt oder filtriert.

Lösung: Sie ist flüssig und **homogen,** das heißt, ihre Bestandteile haben sich so vermischt, dass man sie nicht mehr voneinander unterscheiden kann. Löst man zum Beispiel Zucker in Wasser auf, entsteht eine homogene Zuckerlösung – nicht einmal unter dem Mikroskop könnte man Zuckerteile erkennen. Lösungen lassen sich in ihre Bestandteile zerlegen, indem man sie verdunsten oder eindampfen lässt.

Suspension: Manche Stoffe lösen sich in einer Flüssigkeit nicht auf, sondern schwimmen in ihr und sind weiterhin zu sehen. So eine ungleichartige Flüssigkeit nennt man **heterogen**. Beispiele: Mit Wasser vermischte Erde oder Orangensaft. Bei solchen Suspensionen setzen sich die festen Bestandteile nach einer Weile am Boden der Flüssigkeit ab.

Emulsion: Sie besteht aus Flüssigkeiten, die sich schlecht miteinander vermischen lassen und dazu neigen, sich wieder zu trennen. Zum Beispiel Wasser und Öl. Eine natürliche Emulsion ist Milch: Unter dem Mikroskop erkennt man kleine Fetttröpfchen, die in der Flüssigkeit schweben. Weil man verhindern will, dass sich bei der Milch, die in den Handel kommt, Fett und Flüssigkeit voneinander trennen, wird die Milch mit technischen Verfahren »homogenisiert«, also homogen gemacht.

Legierung: Wenn man geschmolzene Metalle miteinander vermischt, dann entsteht beim Abkühlen eine homogene Mischung. Zum Beispiel bei der Produktion von Schmuck: Da reines Gold ziemlich weich ist, kann man durch eine Legierung mit Kupfer sogenanntes Rotgold herstellen, das härter ist.

A Was ist eine Säure, was eine Lauge?

Jeder weiß, dass Zitronensaft sauer (also eine **Säure**) ist und dass Seife, wenn sie sich in Wasser auflöst, eine **Lauge** erzeugt. Reines Wasser (destilliertes Wasser) ist dagegen weder sauer noch laugenhaft, sondern **chemisch neutral**. Jeden dieser Zustände kann man messen, zum Beispiel mit einem Spezialpapier, das man in die Flüssigkeit hält, oder mit einem Gerät mit angeschlossenem Messfühler. Der sogenannte **pH-Wert** zeigt dann den chemischen Zustand an (beim Papier als Grad seiner Verfärbung). Wenn man Säuren und Laugen mischt, dann **neutralisieren** sie sich.

B

Chemisch neutrale Flüssigkeiten haben den pH-Wert 7, Säuren einen Wert zwischen 0 und 7, Laugen zwischen 7 und 14. (Salzsäure: 1; Zitronensaft: 3,5; Blut: 8; Seifenlauge: 9,5; Backofenreiniger: 13).

Eine Lauge wird auch **Base** genannt, ihr Zustand ist **alkalisch** (= **basisch,** also nicht sauer oder neutral). Der pH-Wert ergibt sich aus der Konzentration von Wasserstoff-Atomen (Ionen) in der Flüssigkeit.

Ein **Puffer** ist eine Lösung, die den pH-Wert konstant hält, auch wenn in begrenztem Maße Säuren oder Basen hinzukommen.

Biologie
Die Faszination des Lebens

Wer sind wir? Woher kommen wir? Diese Frage will nicht nur die Philosophie beantworten, sondern auch die Biologie (bio = Leben; logos = Lehre). In ihren drei Teilgebieten **Botanik** (Pflanzenkunde), **Zoologie** (Tierkunde) und **Mikrobiologie** (Lehre von den Einzellern) untersucht sie, wie die auf der Erde lebenden Organismen entstanden sind, ordnet und erklärt sie – bis ins kleinste Detail. Einige dieser Details, sofern sie allen Lebewesen gemeinsam sind, begegnen Ihnen auf den folgenden Seiten.

Ansonsten geht es hier vor allem um Grundlegendes: um elementare Vorgänge wie Vermehrung und Vererbung sowie um die Frage, wie es die Biologen eigentlich schaffen, inmitten von Millionen verschiedener Tier- und Pflanzenarten die Übersicht zu behalten.

Was Ihnen in diesem Kapitel erspart bleibt:

Allein über das Gehirn des Menschen oder das Skelettsystem der Säugetiere gibt es ganze Bücher. Die Baupläne der Lebewesen auch nur vereinzelt darzustellen, würde deshalb den

Umfang dieses Buchs sprengen. Suchen Sie also nicht nach Knochen, Muskeln, Nerven oder anderen anatomischen Beschreibungen. Entsprechendes gilt für die Welt der Pflanzen, mögen deren Kelch- und Blütenblätter auch noch so faszinierend sein.

Alle Lebewesen sind miteinander verwandt

B

Die moderne Biologie stützt sich auf die Tatsache, dass sich alles Leben nach den Gesetzen der Physik und der Chemie richtet. Der britische Naturforscher **Charles Darwin** (1809 – 1882) hat mit seinem Werk »Über den Ursprung der Arten« weitere grundlegende Erkenntnisse geliefert, die heute unter dem Namen **»Darwinismus«** unter Wissenschaftlern anerkannt sind. Die wichtigsten Aussagen lauten: Alle heute lebenden Organismen sind miteinander verwandt; sie haben sich aus einfacheren Vorgängern entwickelt und sind durch natürliche **Selektion** (Auslese) entstanden. Das heißt: Überlebt haben immer die, denen es gelang, sich an veränderte Umweltbedingungen anzupassen.

Eine Fliege und ein Mensch sollen miteinander verwandt sein? Das erscheint abwegig, aber je genauer man hinsieht, desto deutlicher wird es: Zwischen den Eiweißmolekülen der Fliege und des Menschen gibt es viele Übereinstimmungen, und der chemische Aufbau der Erbsubstanz ist bei beiden – und überhaupt bei allen Organismen – gleich. Wissenschaftler nennen das die **»Universalität des genetischen Codes«**, und es ist der Beweis für den gemeinsamen Ursprung aller Organismen.

Was heißt überhaupt »Leben«?

Biologie ist die Wissenschaft, die sich mit dem **Leben** befasst. Aber was heißt das, was ist Leben? Wir wissen instinktiv, dass ein Stein ein unbelebtes Objekt ist und dass Menschen, Tiere und Pflanzen lebendig sind. Aber auch Bakterien und Viren?

Alle Lebewesen, so unterschiedlich sie auch sonst sein mögen, haben dieselben gemeinsamen Merkmale:

- Sie wachsen.
- Sie können sich bewegen.
- Sie reagieren auf Reize.
- Sie können sich vermehren.
- Sie nehmen Nahrung auf und scheiden Abfallprodukte aus, haben also einen **Stoffwechsel**.

»Bewegung« muss nicht heißen, sich von einem Ort zu einem anderen zu begeben; Pflanzen bewegen sich zum Beispiel, indem sie sich zum Licht drehen oder Wurzeln zu feuchten Bodenstellen schicken.

Dass sich Viren und Bakterien vermehren, spürt man schon bei einer Erkältung. Aber: Viren können sich nicht allein fortpflanzen, sie brauchen dazu fremde Zellen. Deshalb fallen sie bei der Frage »Lebst du schon?« knapp durch: Sie existieren in einer Art Zwischenreich, das weder zur belebten Materie noch zur unbelebten gehört. Bakterien dagegen bestehen die Prüfung: Sie sind eindeutig lebendige Organismen und gehören sogar zu den ältesten, die es gibt.

Pflanzen und Tiere: Die meisten sind noch unentdeckt

B

Auf der Erde wachsen Tausende Bambussorten, leben mehr als eine Million Insektenarten, kriechen mehr als 50 000 unterschiedliche Typen von Schnecken herum und bevölkern 10 000 Bakterienarten den letzten Winkel vom Wasser bis zur Wüste. Die **Artenvielfalt** auf der Erde ist beeindruckend. Wie viele Tier- und Pflanzenarten es insgesamt gibt, weiß niemand, weil die meisten von ihnen gar nicht bekannt sind. Die Schätzungen schwanken erheblich. Beschrieben und mit Namen versehen sind mehr als 1,5 Millionen Tierarten und rund 500 000 Pflanzenarten. Biologen vermuten, dass es in **Flora** (Pflanzenreich) und **Fauna** (Tierreich) mehr als zehn Millionen unentdeckte Arten gibt, sowie mindestens eine Million weitere in der kaum erforschten Tiefsee.

Als Nahrungslieferant hat der Mensch im Laufe seiner Geschichte etwa 3000 Pflanzenarten genutzt.

C Wie viele Organismen leben auf der Erde?

Die zahlenmäßig größte Gruppe von irdischen Organismen lebt im Meer. Es sind allerdings keineswegs die Fische. Auch nicht Muscheln, Quallen oder Algen. Sondern: Viren! Forscher haben sie überall im Wasser entdeckt, sogar in der Tiefsee und in heißen Quellen. Sie brauchen zum Überleben einen Wirt, und das sind in diesem Fall Bakterien. Von ihnen gibt es ebenfalls unvorstellbar viele auf der Erde, weshalb sie Platz zwei belegen. Würde man sie wiegen, kämen mehr als 500 000 Millionen Tonnen zusammen.

Auf dem dritten Platz folgen Regenwürmer (Gesamtgewicht: 100 000 Millionen Tonnen), die in jeder Form von Erdreich leben, außer unter Eis und in der Wüste. Auf Platz vier »landen« schließlich im wahrsten Wortsinn die Fliegen. Vermutlich leben mehr als hundert Billiarden dieser Tiere auf der Erde, mit einem Gesamtgewicht von knapp zweitausend Millionen Tonnen.

Der Mensch bringt es mit seinen »nur« 7 Milliarden Exemplaren immerhin auf ein Gesamtgewicht von 375 Millionen Tonnen, bei einem angenommenen Durchschnittswert von 55 Kilogramm pro Exemplar, vom Baby bis zum ausgewachsenen Mann.

Massive Eingriffe in die Natur verursachen heute ein besorgniserregend schnelles **Artensterben,** das die biologische Vielfalt verringert. Umweltverschmutzung, die Zerstörung von Lebensräumen, Überfischung, intensive Jagd und andere Ursachen haben dazu geführt, dass mehr als 15 000 Tier- und Pflanzenarten vom Aussterben bedroht sind, trotz verschiedener **Artenschutz**-Programme.

In der Erdvergangenheit gab es aber bereits fünf weitaus größere **Massensterben,** die jeweils natürliche Ursachen hatten. Zum Beispiel Vulkanausbrüche oder Einschläge von Meteoriten mit nachfolgenden Klimaveränderungen. Das größte Artensterben, vor rund 248 Millionen Jahren, vernichtete unzählige Pflanzen sowie mehr als 70 Prozent aller Amphibien und Reptilien. Nicht einmal die Katastrophe, die vor 65 Millionen Jahren zum Aussterben der Saurier führte, war so einschneidend.

Mehr als 99 Prozent aller biologischen Arten, die je gelebt haben, existieren heute nicht mehr.

Art, Gattung, Familie: Ein System schafft Klarheit

Um einen Überblick über all die verschiedenen Pflanzen und Tiere zu bekommen, haben Wissenschaftler ein System geschaffen, in das sich jedes bekannte oder neu entdeckte Lebewesen einordnen lässt. Die kleinste Einheit in dieser **Systematik** ist die **Art** (wissenschaftlich: **Spezies**), zum Beispiel eine Tierart.

Verwandte Arten bilden zusammen eine **Gattung**.
Verwandte Gattungen bilden eine **Familie**.
Verwandte Familien bilden eine **Ordnung**.
Verwandte Ordnungen bilden eine **Klasse**.
Verwandte Klassen bilden einen **Stamm** (Pflanzen: **Abteilung**).

C

Ein Beispiel: Im Tierreich gibt es den großen Stamm der Gliedertiere (ihr Körper hat keine Wirbel und ist in Abschnitte gegliedert). Zu diesem Stamm gehört die Klasse der Insekten (allen gemeinsam: unter anderem sechs Beine sowie der in Brust, Bauch und Hinterleib gegliederte Körper). Zu dieser Klasse gehört die Ordnung der Schmetterlinge (Merkmal unter anderem: mit dachziegelartigen Schuppen besetzte Flügel). Zu dieser Ordnung gehört die Familie der Bläulinge (eines ihrer Merkmale: keulenförmige Flügelenden). Zu dieser Familie gehört die Gattung mit dem Namen Cupido (klein, besondere Facettenaugen). Zu dieser Gattung gehören knapp zwanzig Arten, darunter der kleine Alpenbläuling (bestimmte Anordnung von Flecken auf der Unterseite der Vorderflügel).

B

Jede bekannte Art hat einen **wissenschaftlichen Namen**. Er setzt sich aus zwei lateinischen Teilen zusammen: dem groß geschriebenen Gattungsnamen und dem klein geschriebenen

237

Namen der Art. Beispiel kleiner Alpenbläuling: Er heißt »Cupido osiris«. Bei manchen Tier- und Pflanzenarten existieren **Unterarten,** die mit einem dritten Namen bezeichnet werden. So gibt es zum Beispiel beim Tiger den Königstiger (Panthera tigris tigris) und den Sibirischen Tiger (Panthera tigris altaica).

Auch die Namen von Familien werden nicht willkürlich gewählt: bei Tieren enden sie auf -idae (Otariidae = Ohrenrobben), und Pflanzenfamilien enden auf -aceae (ausgesprochen: »azeeä«; Rosengewächse = Rosaceae; Kakteen = Cactaceae).

Nur Individuen, die derselben Art oder Gattung angehören, können sich untereinander vermehren. Das ist zum Beispiel bei Tiger und Löwe möglich, obwohl sie nicht den gleichen Lebensraum haben (in Afrika gibt es keine Tiger). Aber sie sind miteinander verwandt und gehören der gleichen Gattung mit dem Namen Panthera an: Panthera tigris und Panthera leo.

B Wie entsteht eine Tier- oder Pflanzenart?

Lebewesen können sich an veränderte Umweltbedingungen anpassen und zum Beispiel als Säugetiere in einem kalten Klima ein dichteres Fell entwickeln. Dann gehören sie immer noch derselben Art an. Aus einer schon vorhandenen Art kann sich aber auch eine neue entwickeln. Lange glaubten Biologen, dass die **Artbildung** das Ergebnis von plötzlichen, sprunghaften **Mutationen** sei. Inzwischen weiß man: Mutationen (Veränderungen im Erbgut) sind tatsächlich die Ursache – aber sie laufen langsam ab, in Form von allmählichen Anpassungen an neue Bedingungen. Bei Tieren kann das passieren, wenn Gruppen (**Populationen**) von anderen so lange räumlich getrennt sind, bis sie sich von ihrer Ursprungsgruppe in entscheidenden Merkmalen unterscheiden.

Zellen:
Was in den Bausteinen des Körpers passiert

Alle lebenden Organismen bestehen aus **Zellen,** die im Prinzip bei Pflanzen, Tieren und Menschen ähnlich aufgebaut sind. Das Minimum ist eine einzige Zelle. Auch **Einzeller** sind lebende Organismen, zu ihnen gehören manche Pilze und die meisten Bakterien. Ein komplizierter **Mehrzeller** wie der Mensch besitzt im ausgewachsenen Zustand dagegen 70 Billionen Zellen, das sind 70 000 Milliarden. Sie erneuern sich in bestimmten Abständen, indem sie sich teilen.

Zellen sind nicht unsterblich: Wenn ihre Zeit abgelaufen ist und sie sich so oft geteilt haben, wie es das Programm für ihren Zelltyp vorsieht (zum Beispiel fünfzig Mal), dann zerfallen sie, werden im Blut abtransportiert und über den Darm ausgeschieden. Bis Sie diesen Satz zu Ende gelesen haben, sterben in Ihrem Körper rund 100 000 Zellen.

Zellen können unterschiedlich groß sein. Meist sind sie winzig. Aber ein Hühnerei zum Beispiel besteht nicht etwa aus Hunderten oder Tausenden von Zellen – es ist eine einzige Zelle.

B

Vor rund dreieinhalb Milliarden Jahren gab es noch keine Mehrzeller, sondern nur einzellige Bakterien und Blaualgen ohne Zellkern. Diese einfachen **Prokaryonten** enthielten aber schon die chemische Substanz, aus denen unsere heutigen Erbanlagen bestehen. Wie die mehrzelligen Lebewesen entstanden, weiß man nicht genau: Entweder haben sie sich aus den Einzellern entwickelt, oder mehrere Einzeller schlossen sich zu Mehrzellern zusammen. Diese höher entwickelten Organismen, die Zellen mit einem Zellkern besitzen, heißen **Eukaryonten**. Zu ihnen gehören Pflanzen, Tiere und der Mensch.

Es gibt unterschiedliche Arten von Zellen: Nervenzellen (im Gehirn) besitzen lange Ausläufer, Muskelzellen sehen spindelartig aus. Aber im Prinzip ist jede Zelle bei Pflanzen, Tieren und Menschen sehr ähnlich aufgebaut. Das Material, aus dem Zellen vor allem bestehen, ist **Eiweiß**. Es gibt verschiedene Eiweiße (auch **Proteine** genannt; ausgesprochen: »Protee-ihne«), sie alle sind aus **Aminosäuren** aufgebaut.

Die Aminosäuren sind organische Verbindungen (genauer: Carbonsäuren). Sie haben Namen und Abkürzungen, zum Beispiel Alanin (Ala), Glutamin (Gln), Tyrosin (Tyr) und Valin (Val). Es gibt 21 davon. Wenn sich aus diesen 21 verschiedenen Sorten, unterschiedlich miteinander kombiniert, mindestens 100 Aminosäuren zu einem Stück zusammenfügen, dann entsteht ein einzelnes Protein.

Die Zelle funktioniert wie eine kleine Stadt und ist von einer schützenden »Mauer« umgeben, von einer Hülle, der **Zellmembran.** Sie lässt Nährstoffe und Sauerstoff hinein, weist Giftstoffe ab und schleust Abfälle heraus. Im Inneren der Zelle schwimmen in einer Flüssigkeit, dem **Zellplasma (= Zytoplasma = Cytoplasma = Protoplasma)** verschiedene Gebilde:

- Die Kraftwerke der Zelle (**Mitochondrien**) wandeln Fett und Zucker in Energie um. Wenn wir Hunger haben und unser Körper seine »letzten Reserven« mobilisiert, dann sind sie es, die aktiv werden. Sie haben die Form eines länglichen Brotlaibs.
- Stäbchenförmige **Centriolen** kümmern sich um die Teilung der Zelle.
- Nahrung und Eindringlinge vertilgen: Das übernehmen die »Verdauungsorgane«, die **Lyosomen.**
- Ein Röhrensystem (**endoplasmatisches Reticulum**) transportiert und bearbeitet Eiweißmoleküle.
- Auf den Außenwänden dieses Röhrensystems sitzen winzige Gebilde, in denen das Eiweiß hergestellt (synthetisiert) wird; sie heißen **Ribosomen.** Manche von ihnen befinden sich auch frei in der Zelle.
- Als »Spedition« mit dem Namen **Golgi-Apparat** arbeitet ein Stapel flacher Scheiben, die wie Teller aufeinanderliegen: Sie empfangen die Eiweißmoleküle, geben sie wieder ab und transportieren sie aus der Zelle heraus.

B

Um lebensfähig zu sein, braucht jede Zelle verschiedene **Enzyme.** Das sind Eiweiße, die bestimmte Arbeiten beschleunigen und ins Gleichgewicht bringen. Sie werden auch **Biokatalysatoren** genannt. Das Enzym Amylase zum Beispiel fördert in der Zelle die Verdauung von Stärke. Andere Enzyme helfen, Glukose (Traubenzucker) und Fettsäuren zu verwerten.

C

Die Enzyme befinden sich unter anderem an den Wänden des endoplasmatischen Reticulums und in den Lyosomen. Es gibt Tausende verschiedener Enzyme, ihre Namen enden immer auf »-ase«.

B

All diese Zellorgane (**Organellen**) gibt es in tierischen und pflanzlichen Zellen. Die Zellen von Pflanzen besitzen außerdem ovale Körperchen, **Chloroplasten** genannt, in denen kleine Stapel von tablettenförmigen Gebilden liegen. Sie bestehen aus **Chlorophyll,** einer genialen Erfindung der Natur, die den Pflanzen die **Fotosynthese** ermöglicht: Bei diesem Vorgang nehmen sie mit ihren Blättern Wasser, Kohlendioxid und Licht auf; das Chlorophyll in ihren Zellen wandelt diese drei Stoffe in Zucker (Glukose) und Sauerstoff um. Die Glukose wird dann durch biochemische Reaktionen in Fett und Eiweiß verwandelt – jene Energielieferanten, die alle Organismen zum Leben brauchen.

Da Pflanzen Kohlendioxid (CO_2) aufnehmen können, spielen sie eine wichtige Rolle, wenn es darum geht, den durch ein Übermaß an CO_2 erzeugten Treibhauseffekt und die damit verbundene Erwärmung des Klimas zu verringern (siehe Seite 266).

Im Zellkern: geheimnisvolle Gene

Die »Regierungszentrale« der Zelle ist der **Zellkern** (Nukleus). Er ist von einer Membran umgeben und im Verhältnis zur übrigen Zelle deutlich größer als ein Apfelkern in einem Apfel oder gar ein Atomkern im Verhältnis zum übrigen Atom.

Der Zellkern enthält die Erbanlagen, die **Gene**. In den Genen jeder einzelnen Zelle steckt der Bauplan für den gesamten Organismus: Eine Leberzelle oder eine Hautzelle trägt nicht nur das Programm für die Entstehung von Leberzellen oder Hautzellen in sich – sondern auch für die Herausbildung von Augen, Magen, Gehirn, Haarfarbe und allen anderen Körpermerkmalen.

Schon 1968 hat ein Forscher das bewiesen, indem er der Eizelle eines Frosches den Kern einer Darmzelle einsetzte: Aus der Darmzelle entwickelte sich anschließend ein kompletter Frosch.

Die Gene sind aber nicht nur für die Weitergabe der elterlichen Erbanlagen an die Kinder zuständig: Sie kontrollieren auch die alltäglichen Aufgaben innerhalb der Zelle.

B

Die Gene liegen im Zellkern nicht lose herum. Sie sind säuberlich auf Fäden aufgereiht: auf den **Chromosomen.** (»Chromosom« bedeutet wörtlich: gefärbter Körper. Der Name entstand, weil man Chromosomen mit Farbstoffen sichtbar machen kann). Jeder Mensch besitzt in seinen Zellen 46 solcher Chromosomen; 23 hat er von seinem Vater geerbt und 23 von der Mutter. Deshalb sagt man auch, dass der Mensch 23 **Chromosomenpaare** besitzt, bestehend aus je einem mütterlichen und einem väterlichen Chromosom.

Jedes Gen hat auf einem bestimmten Chromosom seinen festen Platz: Auf dem Chromosomenpaar 9 befindet sich zum Beispiel das Gen für die Vererbung der Blutgruppe; das Chromosomenpaar 3 trägt ein Gen für die Haarfarbe. Und Merkmale für Intelligenz – die aber nur zu einem Teil vererbt und zum anderen Teil erlernt ist – haben Wissenschaftler auf dem sechsten Chromosomenpaar entdeckt. Für manche Eigenschaften, zum Beispiel die Blutgruppe, ist nur ein einziges Gen verantwortlich; meistens sind aber mehrere beteiligt.

Eine Honigbiene hat in ihren Körperzellen nur 16 Chromosomen, also etwa ein Drittel der menschlichen Chromosomenzahl. Sie ist ja auch viel kleiner und weniger kompliziert gebaut, könnte man sagen. Warum aber enthält dann die Zelle einer Kartoffel 48 Chromosomen und die eines Karpfens sogar 104? Das weiß niemand.

Die Gesamtheit der Erbinformationen einer Zelle, zum Beispiel alle Gene eines Menschen, nennt man das **Genom.** Das menschliche Genom besteht aus schätzungsweise 30 000 Genen. Diese Zahl wiederholt sich in unserem Körper rund 70 Billionen Mal, weil der Mensch ja etwa 70 Billionen Zellen besitzt.

Woraus bestehen Gene und Chromosomen?

B

Die wichtigste chemische Substanz unserer Erbanlagen ist eine Säure. Da sie sich im Zellkern, dem Nukleus, befindet, nennt man sie **Nukleinsäure.** Sie hat den umständlichen Namen Desoxyribonukleinsäure, kurz **DNS** oder englisch **DNA** (A für acid = Säure). Genau genommen macht die DNA aber nur ein Drittel der Chromosomen und Gene aus, dem zwei Drittel bestehen aus Proteinen, also aus Eiweiß.

Und woraus besteht die DNA? Aus Zucker, Phosphat und einer Base. Diese Substanzen darf man sich aber nicht als Flüssigkeit vorstellen, auch wenn der Name »Säure« das nahelegt: Die DNA hat die Form einer in sich gedrehten Strickleiter. Sie wird **Doppelhelix** genannt, weil ihre langen Außenstränge zweimal vorkommen. »Helix« bedeutet: Spirale oder Schnecke.

C

Die beiden langen Stränge der Doppelhelix bestehen aus dem erwähnten Zucker und dem Phosphat; die kurzen Querstreben, die die beiden Stränge wie Stufen einer Leiter miteinander verbinden, bestehen aus den **Basen.**

Es gibt vier verschiedene Basen. Jeweils zwei von ihnen bilden ein Paar: Adenin und Thymin, Cytosin und Guanin. Sie werden jeweils mit ihren Anfangsbuchstaben abgekürzt (A, T, C, G). Vorsicht: Diese Namen kann man leicht mit denen von Aminosäuren (Alanin, Tyrosin, Cystein, Glutamin) verwechseln.

Eine Einheit aus Zucker, Phosphat und Base – also ein Stück der »Strickleiter« – nennt man **Nucleotid.** Ein etwas größerer Abschnitt ist eine **Nucleotidsequenz.**

Die vier Basen A, C, G, T entsprechen einem Alphabet aus vier Buchstaben: Drei davon, ein **Triplett,** bilden ein »Wort«. Aus den unterschiedlichen Kombinationen (zum Beispiel ACG, AGC, CGA, AGT) ergeben sich also 64 verschiedene »Wörter«. Mit diesen 64 Basen-Tripletts, auch **Codons** genannt, werden die Aminosäuren und damit die Gene aller Organismen »geschrieben« (codiert).

Dieser **genetische Code** ist eine Art universelle Programmiersprache – und der Beweis dafür, dass alle Lebewesen einen gemeinsamen Ursprung haben.

B

Es gibt große Gene und kleine: Ein kleines Gen besteht aus etwa 500 Bausteinen (Kombinationen der vier Basen A, C, G, T), ein großes besteht aus mehr als 100 000. Neben den vielen Genen, die uns als menschliche Individuen unverwechselbar machen, besitzen wir rund 60, die wir mit allen Organismen auf der Erde teilen. Sie befinden sich in jeder Zelle von

Pflanzen, Tieren und anderen Menschen. Sie sind das **universelle Genom,** das gemeinsame Erbe des Lebens auf unserem Planeten.

B Zusammenfassung: Die Bestandteile der Erbanlagen

Vom Allerkleinsten zum Nicht-ganz-so-Kleinen: Drei der vier Bausteine A, C, G, T beschreiben eine Aminosäure; 100 oder mehr Aminosäuren bilden ein Protein; die Proteine bilden zusammen mit der DNA ein Gen; insgesamt rund 30 000 Gene befinden sich aufgereiht auf den Chromosomen; jeweils zwei Chromosomen bilden ein Paar, 23 dieser Paare befinden sich in jedem Zellkern; rund 70 Billionen solcher Zellkerne gibt es – in jeder Körperzelle einen.

Aus eins mach zwei: Wie Zellen entstehen

A

Zellteilungen finden aus unterschiedlichen Gründen statt: beim körperlichen Wachstum, bei der Wundheilung sowie bei der Neubildung und Wiederherstellung (**Regeneration**) nach einer Verletzung. Irgendwann ist das **Teilungsprogramm** einer Zelle aber beendet – was wir, wenn dies in größerem Umfang bei verschiedenen Zellarten passiert, als »Altern« bezeichnen.

Angenommen, im Körper eines Menschen sollen Leberzellen erneuert werden, Haare wachsen, oder in der Haut soll eine Wunde geschlossen werden. Das bedeutet: Neue Zellen müssen her. Woher kommen sie? Sie bilden sich aus Zellen, die schon da sind und sich teilen. Doch dabei gibt es ein Problem: Wenn sich eine Zelle »einfach so« in zwei Hälften teilen würde, müsste sie ihre wertvollen Erbinformationen halbieren, also zerstören. Deshalb hat sich die Natur einen Trick einfallen lassen: Vor der Teilung werden die Erbanlagen verdoppelt, und die so hinzugekommene Erbsubstanz wird anschließend auf die neue Zelle übertragen – nun besitzen Ursprungszelle und **Tochterzelle** das identische Erbmaterial.

B

Wenn sich eine Zelle teilt, dann verdoppelt sie zunächst ihre Chromosomen: Der DNS-Doppelstrang trennt sich in zwei Einzelstränge auf, und mithilfe von Enzymen bildet jeder alte Einzelstrang einen neuen, gegenüberliegenden zweiten Strang aus. So entstehen am Ende zwei Doppelstränge. Nicht nur die Chromosomen werden bei der Zellteilung verdoppelt, sondern der gesamte Zellkern sowie die übrige Zelle. Aus eins mach zwei: Anstelle der Mutterzelle sind nun zwei identische Tochterzellen entstanden. Diesen Prozess nennt man **Mitose.**

Reparatur-Enzyme kontrollieren diesen Prozess und greifen ein, falls etwas nicht nach Plan läuft. Dennoch kann es spontan oder durch äußere Einflüsse (zum Beispiel Giftstoffe, UV-Strahlung, Röntgenstrahlen) zu Abweichungen kommen, zu **Mutationen:** Ein Gen liegt dann nicht auf seinem vorgesehenen Platz, oder ein falscher Gen-Baustein nimmt den Platz ein. Gen-Mutationen können gute und schlechte Veränderungen hervorrufen: zum Beispiel Krankheiten, aber bei Tieren und Pflanzen auch willkommene Eigenschaften, die man gezielt zum Züchten nutzt.

Wenn sich Organismen an veränderte Umweltbedingungen anpassen und sich so einen Überlebensvorteil verschaffen, nennt man das **Modifikation.** Beispiel: Die menschliche Haut schützt sich vor UV-Licht, indem sie braun wird. Anders als bei einer Mutation bleiben die Gene dabei unverändert; Modifikationen werden also nicht vererbt.

Da sich in einem Organismus normalerweise ständig Zellen teilen, befinden sich die Chromosomen während der Lebensdauer einer Zelle stets in verschiedenen Stadien. Wenn zum Beispiel die Übertragung der Informationen von einem Chromosomen-Einzelstrang abgelesen wird, ist das die Phase der **Transkription.**

Wie werden diese Informationen übertragen? Das »Abschreiben« der Daten besorgt die sogenannte Boten-Ribonucleinsäure (**Boten-RNA** = messenger RNA = m-RNA). Sie transportiert auch die abgeschriebenen Informationen, und zwar zu den Ribosomen, den Eiweißfabriken der Zelle.

🌓 Die ewigen Zellen der Henrietta Lacks

Zellen können auch außerhalb des Körpers leben, aus dem sie eigentlich stammen. Ein extremes Beispiel sind die Körperzellen der US-Amerikanerin Henrietta Lacks. Im Jahr 1951 hatte man sie der damals 31-Jährigen aus der Gebärmutter entnommen, um sie zu untersuchen. Sie waren von Krebs befallen, an dem die Patientin einige Monate später starb. Die entnommenen Zellen aber lebten in Nährlösungen weiter und vermehrten sich dort so gut, dass Wissenschaftler sie bis heute in der Forschung einsetzen. Nach dem Namen ihrer einstigen Besitzerin werden sie »HeLa-Zellen« genannt. Ihre Gesamtmasse, in verschiedenen Laboren in aller Welt gezüchtet, ist längst um Vielfaches größer als der Körper der Spenderin zu Lebzeiten.

Das Ziel des Lebens: Fortpflanzung und Vererbung

Pflanzen, Tiere und Menschen haben ein gemeinsames Ziel, das ihnen die Evolution mitgegeben hat. Es heißt: Überleben! Das gilt nicht nur für das einzelne Individuum, sondern für die ganze Art, deren Fortbestehen sichergestellt werden soll. Dieses biologische Programm steckt in allen Lebewesen. In der Natur haben sich unter den vielfältigen Möglichkeiten der

Vermehrung (= Fortpflanzung = Reproduktion) zwei grundlegende Formen durchgesetzt:

- Die **ungeschlechtliche Fortpflanzung** erfolgt nach dem Motto: »Einer wie der andere«. Eine Zelle teilt sich und bildet eine Tochterzelle aus – die besitzt dann zwangsläufig dieselben Erbanlagen wie die Mutterzelle. Sie ist ein **Duplikat,** ein **Klon.** Beispiele: Bakterien, die sich durch Zellteilung vermehren; Pflanzen, die Ausläufer erzeugen; Pilze, die Sporen bilden.

- Die **geschlechtliche Fortpflanzung** erfolgt nach dem Motto: »Öfter mal was Neues«. Hier verschmelzen zwei verschiedene Zellen miteinander, eine **weibliche Eizelle** und eine **männliche Samenzelle.** Dabei kommt es zu einer neuen Kombination der Erbanlagen. Beispiele: Pflanzen, deren Blütenstaub aus den »männlichen« Staubgefäßen kommt und auf »weibliche« Blüten oder Blütenteile trifft (**Bestäubung**); Tiere und Menschen, deren männliche Samenzellen (**Spermien**) beim **Geschlechtsverkehr** eine weibliche Eizelle befruchten.

B

»**Befruchtung**« heißt: Der Zellkern einer Samenzelle und einer Eizelle verschmelzen miteinander zur **befruchteten Eizelle** (sie wird auch **Zygote** genannt). Aus ihr entsteht ein Embryo, der bei Säugetieren in der Gebärmutter heranwächst. Pflanzen bilden nach der Befruchtung Samenkörner, aus denen dann neue Pflanzen heranwachsen. Der Begriff »**Samen**« hat bei den Pflanzen nicht dieselbe Bedeutung wie im Tierreich, wo er die männlichen Samenzellen bezeichnet: Bei vielen Pflanzen *erzeugt* ein Samenkorn nicht den späteren Embryo, sondern es *enthält* ihn (Biologen sprechen auch bei Pflanzen von Embryos, so ungewohnt das klingt.) Ein Samenkorn kann lange ruhen, weshalb man zum Beispiel Gemüse- und Blumensamen viele Monate lang im Trockenen aufbewahren kann. Wenn sie nach dieser Zeit der **Keimruhe** Wasser aufnehmen, nimmt der Embryo (**Keimling**) seine unterbrochene Entwicklung wieder auf und fängt an zu wachsen (zu **keimen**).

Bei Wirbeltieren, sofern sie auf dem Land leben, und beim Menschen findet in den weiblichen Geschlechtsorganen eine **innere Befruchtung** statt, wenn ein Spermium im Eileiter auf ein Ei trifft. Fische, Kröten, Muscheln und andere Wasserbewohner vermehren sich dagegen durch **äußere Befruchtung:** Das Weibchen legt seine Eier ab, und das Männchen gibt seine Samenzellen dazu.

Aufklärung für Erwachsene: die Fortpflanzung des Menschen

Was Sex ist, wissen Sie. Aber wussten Sie auch, dass die Samenzellen des Mannes immer wieder neu produziert werden, die Eizellen der Frau dagegen alle schon fertig in den **Eierstöcken** liegen? Der Vorrat besteht aus rund 400 000 Stück, auch wenn davon im Laufe eines Lebens nicht mehr als 500 zum Einsatz kommen – immer dann, wenn jeden Monat mit der weiblichen Periode eines dieser Eier heranreift.

Trifft eine Samenzelle des Mannes auf so eine Eizelle, dann

entscheidet sich im Moment der Befruchtung, ob ein Junge oder ein Mädchen entstehen wird.

»Ich kann nur Mädchen«, hat der brasilianische Fußballstürmer Grafite nach der Geburt seiner dritten Tochter gesagt. Das könnte stimmen: Es liegt allein am Mann, ob sein Nachwuchs männlich oder weiblich wird.

Warum das so ist, wird deutlich, wenn man die zur Verfügung stehenden Erbanlagen des Vaters und der Mutter betrachtet: Da liegen 22 Paare wie kleine Frühlingsrollen nebeneinander, immer ein Chromosom vom Papa und eins von der Mama; und daneben liegt noch ein ungewöhnliches 23. Paar: das **X-Chromosom** und das kleinere **Y-Chromosom**. Das sind die beiden **Geschlechts-Chromosomen.** Jede Mutter besitzt den Satz XX, jeder Vater den Satz XY.

Dass sowohl Jungen als auch Mädchen gezeugt werden können, beruht auf einem genialen Trick der Natur:

Die Spermien enthalten neben den 22 »normalen« Chromosomen immer nur entweder ein X- oder ein Y-Geschlechts-Chromosom. Wenn das Spermium, das bei der Befruchtung zum Zuge kommt, ein X-Chromosom mit sich trägt, entsteht in Verbindung mit dem X-Chromosom der Mutter ein Mädchen (XX); wenn das Spermium ein Y-Chromosom trägt, entsteht in Verbindung mit dem mütterlichen X-Chromosom ein Junge (XY).

Nach der Zeugung teilt sich die befruchtete Eizelle in zwei

Hälften, dann in vier, in acht und immer weiter, bis aus dem anfänglichen Zellhaufen ein Embryo und später ein Neugeborenes entsteht.

Erinnern Sie sich noch an die Mitochondrien, jene kleinen Kraftwerke in den Körperzellen (Seite 241)? Bei der Zellteilung werden die Mitochondrien nur von der Mutter an ihre Kinder weitergegeben. Das ist ein Glücksfall für **Ahnenforscher,** die die genetische **mütterliche Linie** (Mutter, Großmutter, Urgroßmutter usw.) eines Stammbaums ergründen wollen. Soll die **väterliche Linie** bestimmt werden, bieten sich dafür die Y-Chromosome an, die nur von Vätern an die Söhne vererbt werden – weil Frauen ja kein Y-Chromosom besitzen.

Warum vermehren wir uns nicht einfach durch Zellteilung?

Der Mensch und die große Mehrheit aller Tiere vermehren sich geschlechtlich (sexuell). Das hat gegenüber der ungeschlechtlichen (asexuellen) Fortpflanzung für die betreffende Art einen großen Vorteil: Jedes Mal, wenn eine Mutter und ein Vater Nachwuchs zeugen, werden Gene miteinander neu vermischt. Warum ist das so wichtig? Könnten sich Tiere und Menschen nicht viel einfacher so ungeschlechtlich fortpflanzen wie Schimmelpilze oder Kartoffeln?

Das würde so lange gut gehen, wie ihre Lebensbedingungen gleich bleiben. Veränderte Umwelteinflüsse oder Krankheiten aber könnten jederzeit ein Fiasko anrichten: Da alle Nachkommen dieselben Erbanlagen hätten, würden sie im schlimmsten Fall alle zugrunde gehen. Wenn sie aber unterschiedliche Erbanlagen besitzen, gibt es immer einige, die überleben und das Fortbestehen der Art sichern. Da aber nur diejenigen überleben, die mit den veränderten Bedingungen zurechtkommen, geben auch nur sie ihre Gene weiter, sodass die Nachkommen an die neuen Verhältnisse besser angepasst sind. Im Englischen nennt man das »Survival of the fittest« – das Überleben der Fittesten.

Aber sind nicht auch Bakterien, die sich ungeschlechtlich vermehren, Meister im Überleben? Sie existieren seit drei Milliarden Jahren und haben sich seitdem immer wieder an ungünstige Umweltbedingungen angepasst. Beispiel: Wenn aus einem größeren krankmachenden Bakterienstamm ein paar Exemplare der Bekämpfung durch Antibiotika widerstehen, dann sind ihre Nachkommen und deren Nachkommen **resistent** gegen die Medizin – das ist schlecht für den Patienten, aber gut für die betreffende Bakterienart.

Doch bei den Bakterien ist es nur die Masse, die zählt; sie vermehren sich schnell und in großer Zahl, und da macht es aus der Sicht der Evolution nichts, wenn mal ein paar Millionen sterben, solange die Art weiter besteht. Der Mensch und alle höher entwickelten Tiere dagegen sind so **komplex** (aufwendig und kompliziert) konstruiert, dass es bei ihnen um

Klasse statt Masse geht: Wenn die Natur in die Entwicklung, Geburt und Aufzucht einer Art so viel Zeit und Energie steckt, will sie nicht durch eine Krankheit den größten Teil dieser Population opfern müssen. Der Einzelne ist einfach zu wertvoll.

B

Dank der immer wieder stattfindenden Durchmischung der Gene besitzt jedes Individuum ein anderes Immunsystem. Selbst wenn sich ein gefährlicher Erreger ausbreitet, gibt es deshalb immer einzelne, die zufällig gegen ihn resistent sind. Sie überleben und sorgen für den Fortbestand ihrer Art.

C Verrückte Spielarten der Natur:
Tricks, um zu überleben

Das Ziel ist immer dasselbe, nämlich die Erhaltung der eigenen Art – aber es gibt die unterschiedlichsten Wege dorthin. Abseits der unzähligen Normalfälle existieren erstaunliche Varianten.

Drei Beispiele von vielen: Wenn die zu den Schlauchwürmern gehörenden Rädertierchen von Pilzen befallen sind, trocknen sie aus, was für die Pilze den Tod bedeutet; die winzigen Tierchen aber können in diesem Zustand jahrelang überleben. Weibliche Igelwürmer werden 15 Zentimeter, die Männchen nur ein paar Millimeter lang. Zur Befruchtung verschlucken die Weibchen einfach ein Männchen. Bei Seepferdchen sind es die männlichen Tiere, die schwanger werden, die Eier bebrüten und in einem Beutel austragen.

Die Sexualbiologie der Affen: Treue ist die Ausnahme

B

Das Verhalten des Menschen ist auch durch die Kultur geformt, in der er lebt. Aber wie verhalten sich unsere nächsten Verwandten, wenn es um Sex und Partnerwahl geht? Gibt es auch bei ihnen so etwas wie eine Ehe? Oder treibt es hier munter jeder mit jedem?

Wieder einmal hat die Natur verschiedene Varianten entwickelt, in diesem Fall sind es vier:

- Mehrere Männchen, mehrere Weibchen: Sex mit häufig wechselnden Partnern (**Promiskuität**) findet bei Makaken und Schimpansen statt.
- Ein Männchen, ein Weibchen: Die Einehe (**Monogamie**) wird unter Gibbons und Springaffen gepflegt.
- Bei Vielehe (**Polygamie**) gibt es zwei Formen: Ein Männchen, mehrere Weibchen = Die Vielweiberei (**Polygynie**) ist bei Mantelpavianen und Gorillas verbreitet; Ein Weibchen, mehrere Männchen = Vielmännerei (**Polyandrie**) gibt es bei manchen Krallenaffen.

Diese Formen des sexuellen Verhaltens sind nicht gleichmäßig verteilt: Von den rund 190 lebenden Primatenarten praktizieren nur 23 die Monogamie, und dass sich ein Weibchen mit mehreren Männchen vergnügt, ist sogar extrem selten. In den meisten Fällen paart sich ein Männchen mit mehreren Weibchen – so kann es die meisten Nachkommen zeugen und hat den größten Reproduktionserfolg.

Berechenbarer Zufall: die Mechanismen der Vererbung

A

Es begann mit ein paar Erbsen. Dem Botaniker und Mönch **Gregor Mendel** (1822 – 1884) war aufgefallen, dass einige der runden Exemplare aus seinem Klostergarten glatt aussahen, andere dagegen runzelig. Als er in zahlreichen Versuchen verschiedene Erbsenpflanzen miteinander kreuzte, entdeckte er bestimmte Regelmäßigkeiten, die noch heute als die **Mendelschen Regeln** (= Mendelsche Gesetze) gültig sind.

B

Mendel kreuzte grüne Erbsen mit gelben und stellte fest, dass alle Erbsen der nächsten Generation gelb waren. Die Erbanlagen für die Farbe Gelb waren also **dominant** (vorherrschend), die Erbanlagen für die Farbe Grün dagegen **rezessiv**, das heißt, sie konnten sich in der ersten Generation nicht durchsetzen. Rezessive Erbanlagen, stellte Mendel aber bald fest, verschwinden nicht einfach, sie tauchen nur seltener auf als die dominanten. Kreuzte man die Erbsen der ersten Generation, waren die grünen Erbsen in der zweiten Generation wieder da: im Verhältnis 3 (gelb) zu 1 (grün). Bei der dritten Generation sah es genauso aus, auf drei gelbe Erbsen kam wieder eine grüne. Langfristig verbreiten sich also die dominanten Merkmale mehr als die rezessiven.

Angenommen, zwei »Erbseneltern« haben auf einem bestimmten Chromosom jeweils das Gen für die Farbe Grün. Dann sind sie, was dieses Gen betrifft, **reinerbig (= homozygot)**, und ihre Nachkommen bilden ebenfalls die grüne Farbe aus. Besitzt ein Elternteil das Gen für eine andere, nichtgrüne Farbe, dann sind die Eltern in Bezug auf dieses Gen **mischerbig (= heterozygot)**.

Reizwort Gentechnik: Was heißt das eigentlich?

B

Jeder kennt den Begriff, viele verbinden damit ein negatives Gefühl, aber nur wenige wissen, was hier geschieht. Zum Beispiel dies: Ein Stück Erbinformation, das den Bauplan für die Produktion von menschlichem Wachstumshormon enthält, wird in eine Bakterienzelle eingesetzt und veranlasst sie, dieses Hormon zu produzieren. Das ist möglich, weil alle Organismen denselben »genetischen Code« besitzen, also dieselbe chemische Zusammensetzung ihrer Erbsubstanz.

Bakterien vermehren sich schnell. Manche teilen sich etwa alle zwanzig Minuten, und ihr neuer Bauplan (»produziere Wachstumshormon!«) vermehrt sich entsprechend mit. Doch was so einfach klingt, ist in der Praxis kompliziert und aufwendig. Entsprechend teuer ist dann auch das gentechnisch

hergestellte Wachstumshormon oder ein gentechnisch herge-
stellter Impfstoff.

Kritiker der Gentechnik werfen ihr vor, dass sie die Grenzen
der Natur niederreißt. Ihre Befürworter entgegnen: Auch in
der Natur kann es vorkommen, dass Erbinformationen zwischen verschiedenen Arten ausgetauscht werden. Der Mensch
besitzt in seinem Erbgut sogar seit Jahrtausenden genetische
Informationen, die ursprünglich von Viren stammen – ihr Anteil beträgt immerhin neun Prozent.

Zur Übersicht:

A Für Ahnungslose | **B** Für Besserwisser | **C** Für Champions

Erdkunde
Wissenswertes über unseren Planeten

Der Planet, auf dem wir leben, ist einzigartig – falls nicht doch zufällig irgendwo im Universum Außerirdische einen ähnlichen Trabanten bewohnen. Wie ist die Erde entstanden, welche Geheimnisse verbirgt sie in ihrer Tiefe, und wie hat sie sich bis heute verändert? Um solche geologischen Fragen geht es in diesem Kapitel ebenso wie um die Bewohner auf unserem Planeten. Denn dass er Heimat für Pflanzen, Tiere und Menschen ist, das unterscheidet ihn ja gerade von allen anderen Himmelskörpern.

Was Ihnen in diesem Kapitel erspart bleibt:

Wenn Ihre Schulzeit schon länger zurückliegt, dann haben Sie sicher auch gelernt, dass im Dauerfrostboden Mittelsibiriens große Braunkohlevorräte lagern, die nur schwer zugänglich sind – und es längst vergessen. Oder war es Nordsibirien? Unnützes Wissen, ebenso verschwunden wie die Sowjetunion. Solche Fakten, die man nie braucht und von denen es im Fach Erdkunde viel zu viele gibt, werden auf den folgenden Seiten nicht wiederbelebt.

Ein Planet von vielen: die Erde im All

Die Erde ist einer von acht **Planeten** in unserem **Sonnensystem.** Noch vor einigen Jahren zählte man neun Planeten, die die Sonne auf einer festen Umlaufbahn umkreisen, aber inzwischen wurde Pluto dieser Status aberkannt, weil er deutlich kleiner ist als die anderen.

C

Klein war Pluto natürlich schon immer. Aber 2003 hat man den Eisplaneten Eris entdeckt, der größer ist als Pluto. Sollte man ihn nun ebenfalls zum Planeten erklären oder lieber Pluto herabstufen? Die Astronomen, die das 2006 auf einer internationalen Konferenz zu entscheiden hatten, wählten die zweite Möglichkeit.

Etwa 99,9 Prozent der Masse des gesamten Sonnensystems befinden sich in der **Sonne** selbst. Dieser gigantische Energieproduzent, dessen Licht rund achteinhalb Minuten bis zur Erde braucht, ermöglicht das Leben auf unserem Planeten.

Die Sonne ist ein durchschnittlich großer Stern, sie besteht vor allem aus Wasserstoff und Helium. Ihr Durchmesser ist mehr als hundertmal so groß wie der Erddurchmesser, und an Masse übertrifft sie die Erde sogar um das Dreihunderttausendfache.

Sonne und Erde entstanden zur gleichen Zeit, vor rund viereinhalb Milliarden Jahren: In den Überbleibseln der riesigen Staub- und Gaswolke, aus der sich die Sonne bildete, verklumpten unter der Einwirkung von Druck und Hitze Eisenkerne, Gesteinsmassen, gefrorenes Wasser, Methan und Ammoniak, bis am Ende ein Begleiter des mächtigen Sterns entstanden war: die Erde.

Genau betrachtet ist die Erde keine gleichmäßige Kugel. Das haben Vermessungen mithilfe von Satelliten ergeben. Ihr waagerechter Durchmesser am Äquator ist 40 Kilometer länger als ihr senkrechter Durchmesser von Pol zu Pol – was bei einer Strecke von 12 750 Kilometern aber eine verschwindend geringe Differenz ist.

Unter uns und über uns: vom Erdkern bis zur Atmosphäre

B

Eine Reise vom Mittelpunkt der Erde nach außen zu ihrer Oberfläche würde in 6400 Kilometern Tiefe beginnen. Hier unten, im **inneren Erdkern,** herrschen Temperaturen von rund 6500 Grad. Der Erdkern besteht aus Eisen, das bei dieser Hitze eigentlich schmelzen müsste. Es steht aber unter so großem Druck, dass es zusammengepresst und fest bleibt. Erst im **äußeren Erdkern** lässt der Druck etwas nach, sodass das Eisen hier flüssig wird, obwohl die Temperatur mit 5000 Grad schon niedriger liegt. Eisen und Nickel zirkulieren in der Hitze und erzeugen so das **Erdmagnetfeld,** das sich an der Oberfläche mit einem Kompass sichtbar machen lässt.

Bei unserer gedanklichen Reise nach oben haben wir jetzt die Hälfte der Strecke zurückgelegt und erreichen nach 3500 Kilometern den **Erdmantel.** Auch in ihm ist die zum Teil geschmolzene Masse aus Eisen, Magnesium und Quarz, 1000 bis 3000 Grad heiß, in ständiger Bewegung.

2900 Kilometer weiter kommen wir endlich an die Oberfläche: Die dünne **Erdkruste** besteht aus festem Gestein und ist oft nicht einmal 50 Kilometer dick. Aber selbst eine **Tiefenbohrung** reicht nicht aus, um sie durchdringen zu können: Der bisherige Bohrrekord liegt bei zwölf Kilometern – das sind nur 0,09 Prozent des Erddurchmessers.

C

Alle Angaben zu den Erdschichten und ihren Temperaturen beruhen nur auf Schätzungen. Gewonnen werden sie, indem man die Daten von **Erdbebenmessungen** interpretiert.

B

Obwohl die Erdkruste aus festem Material besteht, ist auch sie in Bewegung: Sie setzt sich aus mehreren großen **Platten** zusammen, die auf dem heißen, zähflüssigen Erdmantel treiben wie langsame Flöße im Wasser. Sieben große und viele kleinere solcher Platten gibt es. Sie sind nicht identisch mit den Umrissen der Kontinente – so kann sich eine Platte auch unter Ozean und Land zugleich erstrecken.

Vor 200 Millionen Jahren, als die Saurier die Erde bevölkerten, hingen Afrika, Nord- und Südamerika noch zusammen und bildeten den Urkontinent **Pangäa**. Dieses riesige Gebilde brach vor 150 Millionen Jahren auseinander, und heute bewegen sich sieben große sowie einige kleinere Platten über der Erde. Sechs der großen Platten tragen einen Kontinent.

Heute spüren wir die Bewegungen der verschiedenen Erdplatten, wenn sie mit unvorstellbarer Kraft aufeinanderstoßen oder aneinander vorbeischrammen: in Form von **Erdbeben** oder **Seebeben** (die auch Erdbeben sind, aber unter Wasser stattfinden).

B

Nach wie vor bewegen sich die Kontinente auf den Erdplatten langsam voneinander weg oder zueinander hin, mit zwei bis zehn Zentimetern im Jahr. Dieser Vorgang wird **Kontinentaldrift** genannt. Beispiel: Der Abstand zwischen Europa und Amerika wächst Jahr für Jahr um 1,5 Zentimeter. Das misst man, indem man von verschiedenen Kontinenten aus Laserstrahlen auf Satelliten richtet und prüft, ob sich die Laufzeit hin und zurück mit der Zeit verändert.

Setzen wir unsere Reise fort: von der Erdoberfläche nach oben in die **Atmosphäre**. Sie beginnt direkt über unseren Köpfen, reicht etwa 400 Kilometer in die Höhe – nach kosmischen Maßstäben ein Katzensprung – und geht dann in den Weltraum über. Die Erdatmosphäre besteht aus einem Gemisch aus Stickstoff (etwa 78 Prozent), Sauerstoff (etwa 21 Prozent) sowie aus Kohlendioxid und verschiedenen Edelgasen (etwa ein Prozent). Nach oben hin wird diese Lufthülle immer dünner, bis sie im Vakuum des Alls endet.

Da die Menschheit auf der Erde immer mehr Kohlendioxid produziert, das beim Heizen, Autofahren und anderen Verbrennungsvorgängen freigesetzt wird, erhöht sich der Anteil des Kohlendioxids in der Atmosphäre. Es hat die Eigenschaft, dass es die von der Sonne auf die Erde abgestrahlte Wärme in geringerem Maß in den Weltraum zurückstrahlen lässt. Auf der Erde entsteht so der befürchtete **Treibhauseffekt,** der nach Ansicht von Experten bereits zu einer spürbaren **Klima-Erwärmung** geführt hat.

B

Auch wenn die seit einigen Jahren gemessene Erhöhung der jährlichen Durchschnittstemperatur sehr wahrscheinlich vom Menschen verursacht ist: Das Klima der Erde hat in der Vergangenheit auch ohne menschlichen Einfluss häufig verrückt gespielt. Es gab Eiszeiten und Warmzeiten – vor 55 Millionen Jahren war es zum Beispiel in der Nähe des Nordpols so warm, dass dort Krokodile lebten. Das beweisen entsprechende Fossilien, die im kanadischen Teil der Arktis gefunden wurden.

Die **unterste Schicht der Atmosphäre** heißt **Troposphäre.** In dieser Zone, die rund 10 bis 15 Kilometer hoch reicht, entsteht unser Wetter. Da hier oben die kurzwelligen Blauanteile im Sonnenlicht von unzähligen Staub- und Wasserteilchen zerstreut werden, wirkt der Himmel für uns blau. Die Luft ist in dieser Höhe bereits so dünn, dass die meisten Flugzeuge in der oberen Troposphäre nicht mehr genug Auftrieb (Seite 177) bekommen würden.

Nicht nur die Dichte der Luft nimmt nach oben hin ab, auch die Temperatur. In der nächst höheren Zone, der **Stratosphäre,** erreicht sie Extremwerte von minus 85 Grad Celsius. Nur in der Mitte der Stratosphäre, in der **Ozonschicht** in 20 bis 30 Kilometer Höhe, ist es deutlich wärmer. Das Edelgas Ozon filtert hier einen großen Teil der für die Erde gefährlichen ultravioletten Strahlen (UV-Strahlung) aus dem Sonnenlicht. Wolken gibt es in der Stratosphäre, die bis in 50 Kilometer Höhe reicht, nicht mehr: Die Luft ist hier zu kalt, um noch Wasserdampf aufnehmen zu können.

In der **Mesosphäre,** bis zu 80 Kilometer über der Erdoberfläche, entstehen die Sternschnuppen: Die von außen in die Atmosphäre eindringenden Staubteilchen, die mit Sternen nichts zu tun haben, dringen bis hierher vor und verglühen.

Die **Thermosphäre** reicht bis in eine Höhe von 450 Kilometer. Hier oben kreist die Internationale Raumstation ISS um die Erde. Da die Sonnenstrahlung die Luft hier oben elektrisch leitend macht (ionisiert), wird diese Zone auch **Ionosphäre** genannt.

In der **obersten Schicht der Atmosphäre** schließlich, der **Exosphäre** (exo = außerhalb), beginnt der Übergang zum Weltraum. Eine klare Grenze – nach dem Motto »Sie betreten jetzt das All« – gibt es nicht.

Die Erdzeitalter: Der Mensch ist nur eine Randerscheinung

B

Angenommen, von der Entstehung der Erde bis heute wäre genau ein Tag vergangen. Wie sähen diese **24 Stunden im Zeitraffer** der Erdgeschichte aus?

00.00 Uhr (vor 4,5 Mrd. Jahren): Dauerregen, heftige Stürme und Gewitter, grelle Blitze und heiße Vulkane – noch ist die Erde eher die Hölle als ein Ort, auf dem Leben entstehen könnte.

02.45 Uhr (vor 4,0 Mrd. Jahren): Wasser hat sich zu riesigen, warmen Meeren angesammelt. In ihnen entstehen Moleküle, die Zucker und Aminosäuren enthalten – Bausteine für späteres Leben.

05.20 Uhr (vor 3,5 Mrd. Jahren): Bakterien, Einzeller und Blaualgen gehören zu den ersten Organismen auf dem jungen Planeten. Ansonsten passiert nicht viel – und das für sehr, sehr lange Zeit. Rund drei Milliarden Jahre lang fällt der Evolution nichts anderes ein, als Einzeller zu produzieren.

20.48 Uhr (vor 600 Mio. Jahren): In den Meeren leben Quallen und Weichtiere.

21.30 Uhr (vor 475 Mio. Jahren): Im Wasser leben Urfische. Die ersten Pflanzen, Skorpione und Spinnen erobern das Land; ihre Vorgänger waren Wasserbewohner.

21.57 Uhr (vor 385 Mio. Jahren): Farne wuchern üppig, einige Schachtelhalme und Bärlappe wachsen zu kleinen Bäumen heran. Im Wasser tummeln sich zahlreiche Fischarten. Die ersten bilden sogar schon Lungen aus und schieben sich mit ihren kräftigen Flossen für kurze Aufenthalte an Land.

22.00 Uhr (vor 375 Mio. Jahren): Amphibien, Schaben und Libellen bevölkern die Erde, auf der es immer noch totenstill ist. Die Pflanzen wachsen in dieser Zeit, die wir heute **Karbon** nennen, so üppig, dass sie nach dem Absterben nicht mehr alle von Mikroorganismen zersetzt werden können. Sie lagern sich ab und werden im Lauf der Zeit zu **Kohle**.

22.30 Uhr (vor 275 Mio. Jahren): Das Ei ist erfunden! Anders als die vom Wasser abhängigen Amphibien können jetzt Tiere ihre Jungen auch an Land auf die Welt bringen: Die Reptilien sind geboren.

22.40 Uhr (vor 250 Mio. Jahren): Verschiedene Landmassen haben sich zum Superkontinent Pangäa zusammengeschlossen, aus kleineren Meeren hat sich ein großer Ozean gebildet. Viele der einstigen Buchten und Meeresufer sind verschwunden. Etlichen Amphibienarten fehlt jetzt der Lebensraum, sie sterben aus. Auch das Klima verändert sich: Auf dem Land entstehen **Wüsten**. Mehr als 90 Prozent der Tierarten verschwinden, die Erde wird vom größten **Massensterben** in ihrer Geschichte heimgesucht.

22.48 Uhr (vor 225 Mio. Jahren): Die **Saurier** beherrschen den Planeten. Es gibt sie überall und in allen Größen, vom wenige Zentimeter großen Winzling bis zu den Riesenformen, den Dinosauriern. Einige Arten können fliegen, der Urvogel **Archaeopteryx** ist bereits eine Mischform aus Reptil und Vogel.

23.39 Uhr (vor 65 Mio. Jahren): Eine verheerende Katastrophe erschüttert die Erde. Aus dem All ist ein mehrere Kilome-

269

ter großer **Meteorit** auf ihrer Oberfläche aufgeprallt (im heutigen Mexiko). Gewaltige Mengen von Staub wirbeln auf und verdunkeln den Planeten, Stürme toben und verbreiten die Asche von neu entstandenen Vulkanen. Viele Pflanzen, die Licht zum Leben brauchen, verenden, ebenso wie zahlreiche Tierarten. Auch die Saurier sterben aus. Nur wenige Echsen, darunter Krokodile und Schildkröten, überstehen das große Sterben an der Grenze zwischen der **Kreidezeit** und dem **Tertiär**. Aber eine bisher unbedeutende Gruppe von Tieren bekommt jetzt ihre Chance: die Säugetiere.

23.42 Uhr (vor 60 Mio. Jahren): Im Wald leben die ersten **Primaten,** Vorfahren der späteren Affen und des Menschen. Sie sind klein und ähneln eher Eichhörnchen als Äffchen.

23.58 Uhr (vor 6 Mio. Jahren): Ein Teil der Primaten in Afrika bleibt an das Leben im Wald gebunden, der andere Teil lernt, auf zwei Beinen zu gehen und kommt so auch im hohen Gras der Steppe gut zurecht.

23.59 Uhr (vor 2,5 Mio. Jahren): Die ersten Urmenschen stellen primitive Steinwerkzeuge her. Eine halbe Minute vor Mitternacht (vor 1,2 Millionen Jahren) ist der **Homo erectus** in der Lage, Feuer zu entfachen.

Der moderne **Homo sapiens** (wörtlich: vernunftbegabter Mensch) erscheint erst acht Sekunden vor Mitternacht (vor 400 000 Jahren).

Fünfzehn hundertstel Sekunden vor Mitternacht (vor 12 000 Jahren) endet eine große **Eiszeit**, die der Mensch überlebt – doch Wollnashorn, Säbelzahntiger und Mammut erleben die nun folgende Epoche der Erde nicht.

0,04 Sekunden vor Mitternacht wird Jesus Christus geboren.

Einen Wimpernschlag später beherrscht der Mensch mit seinen technischen Erfindungen nicht nur die gesamte Erde, sondern dringt auch in den Weltraum vor.

B Die Entwicklung der Menschheit: Wir werden immer mehr

Zu Beginn unserer Zeitrechnung (im Jahr 1 n. Chr.) leben auf der Erde etwa 150 Millionen Menschen. 1800 Jahre später, zur Zeit Goethes, sind es eine Milliarde. Nach nur weiteren 125 Jahren (um 1925) ist die zweite Milliarde erreicht. Bis zur dritten Milliarde vergehen nur 35 Jahre (1960) und bis zur vierten Milliarde nur noch 14 Jahre (1974). Seitdem verlangsamt sich das Tempo der **Bevölkerungsexplosion**, aber die Menschheit wächst dennoch rasant weiter. Die fünfte Milliarde ist 1987 erreicht, die sechste 1999, die siebte 2011.

A

Im Jahr 2050 werden nach einer UN-Schätzung neun Milliarden Menschen die Erde bevölkern: 5,3 Milliarden in Asien, 1,8 Milliarden in Afrika, 1,2 Milliarden in Nord- und Südamerika. Europa spielt dann, was seine Einwohnerzahl betrifft, mit 600 Millionen eine eher kleine Rolle.

Pazifik, Atlantik und Meere: Satte Mehrheit für die Ozeane

Fast drei Viertel der Erdoberfläche sind mit Wasser bedeckt, von Ozeanen, Meeren, Flüssen und Seen. Jeder **Ozean** ist auch ein **Meer,** aber nicht jedes Meer ist ein Ozean: Die vier Ozeane der Erde – Pazifik, Atlantik, Indischer Ozean und Arktischer Ozean – sind nicht nur riesig, sondern auch miteinander verbunden; ein Meer dagegen ist deutlich kleiner und kann von Land eingeschlossen sein.

Der Pazifik belegt rund ein Drittel der Erdoberfläche, der Atlantik 21 Prozent und der Indische Ozean knapp 15 Prozent – das sind zusammen etwa 70 Prozent. Die rund 80 Meere der Erde sind zusammengenommen nicht annähernd so groß wie einer dieser Ozeane. Das **Mittelmeer** ist mit seinen 2,5 Millionen Quadratkilometern zwar ein Riese unter den Meeren, aber es war in Urzeiten noch viel größer: Eigentlich ist es nur ein zusammengeschrumpfter Ozean.

C

Angenommen, es wäre absolut windstill, und die **Meeresoberfläche** wäre ganz glatt: So gleichmäßig und eben wie eine Tischplatte wäre sie auch dann nicht. Die Ozeane dellen sich zu Tälern ein und wölben sich zu Hügeln. Es gibt erhebliche **Höhenunterschiede,** die zum Beispiel im Atlantik ohne weiteres bis zu 100 Metern ausmachen. Die Hauptursache (neben Strömungen und Temperaturunterschieden) sind Gebirge und Vertiefungen am Meeresboden, die unterschiedliche Schwerkraft ausüben. Selbst im vergleichsweise kleinen Genfer See gibt es beim Wasserspiegel Unterschiede von immerhin zwei Metern.

Wenn man alle Ozeane und Meere trockenlegen und das zurückbleibende Salz gleichmäßig verteilen würde, dann wäre die Erde von einer mehr als 50 Meter hohen Salzschicht bedeckt. Aber warum ist **Meerwasser** überhaupt **salzig?** In der frühen Erdvergangenheit hat es Millionen Jahre lang geregnet; das Wasser hat Mineralien und Salze aus Gestein herausgewaschen und in die Ozeane gespült. Wenn Meerwasser verdunstet und in der Atmosphäre zu Wolken aus Wasserdampf wird, bleibt das Salz im Meer zurück.

B

Ein gigantisches, aus Wasser bestehendes Zirkulationssystem umspannt die Erde: Gewaltige **Meeresströme**, teils in der Tiefe, teils an der Oberfläche, erwärmen sich entweder und steigen nach oben, oder sie kühlen ab und sinken in tiefere Zonen. Einer dieser Ströme transportiert vor der Ostküste der USA mehr als 15 Millionen Kubikmeter Wasser in Richtung Süden – pro Sekunde. Zum Vergleich: Der Amazonas, wasserreichster Fluss der Erde, bringt es im selben Zeitraum nur auf 0,1 Millionen Kubikmeter.

Eine der mächtigsten Meeresströmungen entsteht im Golf

von Mexiko und heißt deshalb **Golfstrom.** Er ist mehr als 100 Kilometer breit und transportiert warmes Wasser von Amerika nach Nordeuropa. Wenn das warme Wasser verdunstet, erwärmt es auch die Temperatur der Luft und beeinflusst damit das Klima auch in Mitteleuropa.

So entstehen Wind und Wetter

Würde die Erde stillstehen und eine glatte Oberfläche besitzen, könnte man leicht vorhersagen, wie der **Wind** in den einzelnen Kontinenten und Regionen weht. Warme Luft steigt auf, vor allem über dem **Äquator,** an dem die Sonnenstrahlung am stärksten ist; am Nord- und Südpol kühlt sie auf ein Minimum ab. Da kalte Luft schwerer ist als warme, drückt sie auf die Erde und erzeugt ein **Tiefdruckgebiet.** Die nach oben steigende Warmluft übt einen schwächeren Druck aus als die kältere Luft und erzeugt ein **Hochdruckgebiet.** Da Luft die physikalische Eigenschaft hat, Druckunterschiede auszugleichen, strömt sie vom Hochdruckgebiet zum Tiefdruckgebiet – als Wind.

Aber die Erde steht nicht still, sondern dreht sich, was die Richtung ihrer Luftströme verändert. Sie besitzt Meere, die sich langsamer abkühlen als das Land und so für weitere Druckunterschiede und Winde sorgen. Und ihre Gebirge wirken für die zirkulierende Luft als Hindernis. All diese Faktoren (und andere) machen es unmöglich, über einen längeren Zeitraum vorherzusagen, woher der Wind weht. Oder wohin.

Während das **Wetter** von Tag zu Tag oder sogar noch häufiger wechselt, bleibt das **Klima** einer Region in jeder Jahreszeit im Durchschnitt gleich. Klima heißt also: langfristiges Durchschnittswetter. Die für die Jahreszeiten typischen Temperaturen und Regenmengen haben dazu geführt, dass auf der Erde verschiedene **Klimazonen** mit dazugehörender Landschaftsform entstanden sind. Da das Klima in diesen Zonen auch bestimmt, welche Pflanzen dort wachsen, nennt man sie auch **Vegetationszonen**.

Landschaften und Klimazonen: Wo wächst was?

B

- **Tropisch feuchtes Klima:**
  In der Nähe des Äquators wächst die üppigste Vegetation der Erde, der **Regenwald** (Brasilien, Indonesien).
- **Tropisch wechselndes Klima:**
  Hier ist es warm und meistens trocken. In dieser Zone liegt die **Savanne**, die für weite Teile Afrikas typische Landschaft.
- **Trockenes Klima:**
  Tagsüber ist es hier extrem heiß, nachts aber erstaunlich kalt. Die **Wüsten** bedecken fast ein Drittel der Landfläche auf der Erde. Allein die größte, die **Sahara,** ist mit rund neun Millionen Quadratkilometern fast so groß wie die USA (9,3 Mio. Quadratkilometer). Sie besteht nicht nur

aus Sand – es gibt auch Gegenden mit Geröll, Felsen und sogar Gebirgen.

- **Gemäßigt trockenes Klima**:
  Heiße Sommer und milde Winter prägen die **Steppe** – eine Landschaft, die häufig in den USA und in Australien vorkommt.

- **Gemäßigtes Klima**:
  Typisch für diese Zone, in der auch Mitteleuropa liegt, sind vor allem **Wälder**. Sie bedecken etwa ein Viertel der Landfläche auf der Erde.

- **Subpolares Klima**:
  Der Winter dauert hier bis zu neun Monate lang, und wenn die Böden im Sommer einigermaßen aufgetaut sind, dann beginnt schon wieder der kalte Herbst. Dementsprechend kümmerlich sieht die aus Flechten, Moosen und Sträuchern bestehende Pflanzenwelt aus (Alaska, Sibirien).

- **Polares Klima**:
  Der Sommer dauert hier höchstens einen Monat, sodass nur Algen, Flechten und Moose wachsen. Wie zum Beispiel in Grönland.

Vor rund tausend Jahren war es auf der Nordhalbkugel und auf Grönland, der größten Insel der Erde (2,17 Millionen Quadratkilometer), deutlich wärmer: Als der aus Norwegen stammende Wikinger Erich der Rote an einer Küste im Süden landete, sah er »grünes Land« (Grönland) und gründete hier um 985 n. Chr. die erste von mehreren Siedlungen.

Was passierte in den Eiszeiten?

B

Warum es sie gab, ist ungeklärt. Möglicherweise haben kosmische Staubwolken die Einstrahlung der Sonne vermindert. Auch die genaue Zahl der Eiszeiten ist unbekannt, weil jede neue die Spuren der älteren weitgehend beseitigt hat. Trotzdem ist es Wissenschaftlern gelungen, für die jüngere Erdvergangenheit **vier große Eiszeiten** zu definieren. Einige von ihnen haben mehrere Namen, weil sie regional nach den Flüssen benannt wurden, bis zu denen die Eisgrenze reichte (hier nur die Namen für Deutschland):

- Vor 600 000 bis 550 000 Jahren: die Günz-Eiszeit.
- Vor 480 000 bis 430 000 Jahren: die Mindel-Eiszeit oder Elster-Eiszeit.
- Vor 240 000 bis 180 000 Jahren: die Riss-Eiszeit oder Saale-Eiszeit.
- Vor 120 000 bis 12 000 Jahren: die Würm-Eiszeit oder Weichsel-Eiszeit.

C

Die Temperaturen lagen während dieser Kälteperioden mindestens fünf Grad unter den heutigen Durchschnittswerten. Bis zu 30 Prozent der Erde waren von Eis bedeckt (heute sind es zehn Prozent), und die Eisdecke auf der Nordhalbkugel war bis zu drei Kilometer dick. Bei den letzten drei Eiszeiten reichte die durchgehende Eisdecke in Mitteleuropa in Richtung Süden aber nie weiter als bis Köln und Dresden.

Zwischen diesen Eiszeiten und auch nach der letzten ging es mit den Temperaturen immer wieder auf und ab. Seit 10 000 Jahren erlebt die Erde bis heute eine **Warmzeit**. Aber auch sie ist nicht konstant: Im Mittelalter gab es zum Beispiel eine überdurchschnittlich warme Zeit (von 950 bis 1250), in der die Engländer an der Themse sogar Wein züchteten. Zwischen 1550 und 1700 dagegen wurde es so kalt, dass man trotz allgemeiner Warmzeit von einer »**kleinen Eiszeit**« spricht. Damals fror in manchen Jahren die Lagune von Venedig zu, und in London wurden auf der ebenfalls zugefrorenen Themse Jahrmärkte veranstaltet. Die Temperaturen sanken aber bei weitem nicht so stark und konstant wie bei den »richtigen« Eiszeiten.

Wenn Eisberge tauen, dann steigt der Wasserspiegel. Umgekehrt sinkt er, wenn Wasser zu Eis gefriert. Deshalb lag der **Meeresspiegel** in der Vergangenheit während der Eiszeiten rund 100 Meter unter dem heutigen Niveau. In besonders warmen Perioden, zum Beispiel im **Jura** vor rund 150 Millionen Jahren, lag er dagegen rund 100 Meter höher als heute: Große Teile der Kontinente befanden sich unter Wasser.

Wie die Alpen entstanden

Dort, wo heute Zugspitze und Dolomiten emporragen, befand sich bis vor 200 Millionen Jahren ein flaches Meer. Dessen Zeit ging zu Ende, als vor rund 50 Millionen Jahren die afrikanische Erdplatte nach Norden trieb und gegen den Rand Südeuropas stieß: Mit unvorstellbarer Kraft wölbte sich der Meeresboden nach oben, er »faltete sich auf«. Inseln entstanden, die immer mächtiger und höher wurden – bis sie am Ende ein **Faltengebirge** bildeten. Was mit vom Meeresboden nach oben kam, waren zu Kalkstein gepresste Meerestiere. So kann man heute in den Alpen versteinerte Muscheln finden.

B

Die Verwerfungen wegen des ungeheuer starken Drucks waren so groß, dass sich nicht nur Berge und Täler bildeten, sondern dass am Ende ein Teil der älteren Gesteinsschichten über den jüngeren lagen (normalerweise liegen die jüngsten Schichten oben). Vor etwa sechs Millionen Jahren erreichte das neue Gebirge seine endgültige Höhe. Beinahe zumindest – denn bis heute wachsen die Alpen weiterhin, Jahr für Jahr um einen Millimeter.

Wenn man heute in den Bergen zwischen Garmisch-Partenkirchen und Italien Ablagerungen von Muscheln findet, dann sind sie Überbleibsel des einstigen Meeresbodens zwischen Afrika und Europa. Die Schlussfolgerung, »die Alpen lagen einst unter Wasser«, wäre aber falsch. Das hat es in dieser Höhe nie gegeben.

C Ansichtssache: der höchste Berg der Erde

Würden Sie bei der Frage nach der größten Erhebung auf den 8848 Meter hohen Mount Everest tippen? Diese Antwort ist nur dann richtig, wenn man allein das betrachtet, was für uns sichtbar ist. Der tatsächlich höchste Berg heißt **Mauna Loa** und steht auf dem Meeresboden im Pazifik. Dort durchstößt er nach 9000 Metern die Insel Hawaii, von der aus er noch einmal 4168 Meter nach oben ragt. Insgesamt ist er also mehr als 13 Kilometer hoch.

Vulkane: feuerspeiende Begleiter der Erdgeschichte

B

Napoleon, Goethe und alle anderen, die damals lebten, haben es mitbekommen: Als im April 1815 der indonesische Vulkan Tambora ausbrach, schleuderte er so viel Asche in die Atmosphäre, dass sich der Himmel monatelang verdunkelte. 1816 folgte deshalb ein »Jahr ohne Sommer«, in dem wegen der ferngehaltenen Sonne in Neuengland (USA) mitten im Juni Schnee fiel. Kältewellen in Europa und Nordamerika sorgten zur selben Zeit für Ernteausfälle und Hungersnot. In der Schweiz etwa mussten bewaffnete Bauern ihre Felder gegen Plünderer verteidigen.

Vulkanausbrüche, auch auf dem Boden der Ozeane, begleiten die Erde seit dem Beginn ihrer Geschichte. Sie beeinflussen das Klima und können so gewaltige Erschütterungen auslösen, dass die dadurch entstehenden Flutwellen katastrophale Folgen anrichten. Zurzeit existieren rund 500 aktive Vulkane, mit etwa 50 bis 60 Ausbrüchen pro Jahr.

B

Ein Ausbruch beginnt mehr als 100 Kilometer unter der Erdoberfläche. Der hier durch Gesteinsbewegungen entstehende Druck und hohe Temperaturen verflüssigen das Tiefengestein zu **Magma**. Wenn sich in ihm Gas bildet und der Druck weiter zunimmt, bahnt es sich seinen Weg an die Erdoberfläche und tritt hier als glühende **Lava** aus.

Warum alle Weltkarten lügen

Stellen Sie sich vor, Sie nehmen eine Orange, schälen Sie vorsichtig, damit die Schale als ganzes Stück erhalten bleibt, und versuchen dann, die gewölbte Schale flach auf einen Tisch zu legen. Vor dieser unmöglich zu lösenden Aufgabe stehen Kartografen, die Zeichner von Landkarten: Wenn sie die Erdoberfläche mit ihren Kontinenten wie eine Schale flachdrücken, kommt es zwangsläufig zu Verzerrungen.

Jede Weltkarte erfüllt im Idealfall drei Kriterien: Sie ist **flächentreu** (alle Länder in der richtigen Form und Größe), **winkeltreu** (die Himmelsrichtungen stimmen) und **längentreu** (alle Entfernungen stimmen). Winkeltreue und Flächentreue lassen sich aber nicht vereinbaren, und längentreu kann eine ebene Karte auch nie sein. Die Hersteller von Karten müssen also Kompromisse machen. Oft fallen sie zum Nachteil der Flächentreue aus: Viele Karten zeigen zum Beispiel das 7,7 Millionen Quadratmeter große Australien kleiner als Grönland – obwohl Grönlands Fläche nicht einmal 2,2 Millionen Quadratkilometer misst. Diese Größenverzerrung nimmt man in Kauf, weil dafür die Himmelsrichtungen der Kontinente und Länder korrekt sind.

A Geo-Berufe: Wer macht was?

Wissenschaftler, die als **Geologen** arbeiten, beschäftigen sich mit der Entstehung der Erde und mit ihrer Vergangenheit, zum Beispiel mit den unterschiedlichen geologischen Schichten im Boden. **Geografen** interessieren sich dagegen für die Gegenwart der Erde, auch für Länder und Menschen; Geografie ist nichts anderes als Erdkunde. Ein **Geometer** ist ein Landvermesser oder Vermessungsingenieur. Und **Geophysiker** betrachten die physikalischen Zustände im Inneren der Erde, sie erforschen zum Beispiel Erdbeben und Vulkane.

Zur Übersicht:

Ⓐ Für Ahnungslose | **Ⓑ** Für Besserwisser | **Ⓒ** Für Champions

Geschichte

Fünf Jahrtausende Alltag, Kriege, Krisen

Das TV-Studio versinkt im Dämmerlicht, nur der Kandidat wird hell angeleuchtet. »In welchem Jahr ereignete sich …?« beginnt der Moderator seine Frage. Sind Sie in solchen Momenten auch froh, dass Sie entspannt zu Hause vor dem Bildschirm sitzen und nicht auf dem heißen Stuhl in der Quizsendung?

Geschichte, das bedeutet für die einen: langweilige Jahreszahlen und die Namen von mehr oder weniger bekannten Herrschern (allein »Heinrich« hießen in Europa mehr als zweihundert). Für die anderen heißt es: die Vergangenheit, ihre Menschen und deren Handeln zu verstehen. Das kann durchaus spannend sein, wenn es anschaulich dargestellt ist. Denn schließlich waren es ja immer lebendige Menschen – mal ehrgeizig, mal visionär, mal ängstlich –, die das Leben der vergangenen Jahrhunderte geprägt haben. Auf den folgenden Seiten können Sie miterleben, was in den wichtigen Epochen der Weltgeschichte geschah, wie es geschah und warum es geschah. Oft geht es dabei nicht um Herrscher und Kriege, sondern um den Alltag ganz normaler Menschen.

Was Ihnen in diesem Kapitel erspart bleibt:

Selbst wenn Sie alles, was nun folgt, komplett durchlesen, werden Sie nicht in einem Berg aus Zahlen, Namen und Ereignissen ersticken. Und Sätze im typischen Geschichtsbuchstil werden Sie auch nicht finden (»durch den Reichsdeportationshauptschluss kam es zur umfassenden Aufhebung geistlicher Hoheits- und Eigentumsrechte.«) Versprochen!

Wann beginnt Geschichte?

Mit der **Steinzeit,** die schon vor rund 500 000 Jahren ihren Anfang nahm? Mit Menschen also, die in Höhlen lebten, Steinwerkzeuge herstellten und Angst vor Säbelzahntigern hatten? Oder erst später, als im Nahen Osten um 7000 v. Chr. die ersten Siedlungen gebaut wurden? Die Historiker haben sich hier festgelegt, und so können wir ihnen ganz einfach folgen: Sie bezeichnen alles, was länger als 5000 Jahre zurückliegt, als **Vorgeschichte.** Erst ab 3000 v. Chr. fängt die »richtige« Geschichte an, mit ihrer ersten Epoche, der **Frühgeschichte.** Sie beginnt mit einer entscheidenden Erfindung, ohne die Geschichte undenkbar wäre: mit der Schrift. Denn ohne schriftliche Überlieferungen wüssten wir heute kaum, was einst passierte.

3000 – 1200 v. Chr: die ersten Hochkulturen

Mal war es trocken, mal gab es Überschwemmungen, nur die Hitze blieb immer. So wie es im heutigen Irak noch setzt der Fall ist. Vor 5000 Jahren lebten hier die **Sumerer,** denen es gelang, mitten in der Sumpflandschaft am Ufer des Flusses Euphrat die ersten Städte zu bauen. In ihrer Hauptstadt **Babylon** errichteten sie später technisch spektakuläre Anlagen: einen weit ausgedehnten Königspalast, der von künstlich bewässerten Terrassen umgeben war, Tempel für ihre Götter und Göttinnen – der höchste ragte 90 Meter empor –, Straßen und prachtvolle Tore. Und sie hatten bereits eine Schrift, die **Keilschrift.** Also alles, was eine **Hochkultur** ausmacht. **Babylonien** ist somit die erste.

Ägypten ist die zweite große Hochkultur jener Zeit. Sie »startet« knapp 500 Jahre später als Babylonien, aber einige ihrer Bauwerke stehen noch heute: die **Pyramiden** in Giseh. Sie werden um 2500 v. Chr. für den **Pharao** (= König) Cheops gebaut. Die Pharaonen, glaubt man zu jener Zeit, haben eine göttliche Abstammung. Sie genießen in Ägypten als Alleinherrscher die absolute Macht, ihnen gehört sogar das gesamte Land.

B

Da die Ägypter an ein Weiterleben nach dem Tod glauben, bereiten sie ihre verstorbenen Könige gründlich auf das Jenseits vor: Die Leichname werden vom Gehirn und von allen Innereien befreit, bis sie nur noch aus Haut und Knochen bestehen, dann zehn Wochen lang in Salz eingelegt, damit sie austrocknen, und schließlich mit Leinenbinden und einer klebrigen Masse umwickelt (»einbalsamiert«). Die so entstandenen **Mumien** kommen in einen hölzernen Sarg, der in einem **Sarkophag** aus Stein aufbewahrt wird. Und der wird in einem der vielen Gänge in einer Pyramide versteckt, damit Räuber ihn und den wertvollen Schmuck, der dem Königsgrab beigelegt wird, nicht finden.

C

Nicht nur Könige, auch gewöhnliche Menschen und sogar Tiere werden präpariert. Zeitweise existiert in Ägypten eine regelrechte »Mumienindustrie«. Forscher schätzen, dass in Ägypten in drei Jahrtausenden mehrere hunderttausend Mumien hergestellt werden.

B

Fast alle ägyptischen Sehenswürdigkeiten, die wir heute in Museen bewundern – die Büste der Königin **Nofretete**, die Schmuckstücke und Mumien – stammen aus einer viel jüngeren Zeit als die Pyramiden (aus dem »Neuen Reich«): Als **um 1250 v. Chr.** der berühmte König **Ramses II.** regiert – und das stolze 66 Jahre lang – sind die Cheops-Pyramiden schon mehr als 1200 Jahre alt. Ihre Entstehung liegt also für den Pharao so weit zurück wie für uns das Mittelalter.

C

Frauen sind im alten Ägypten emanzipiert. Sie haben einen Beruf, suchen sich ihren Partner selbst aus und werden als

Mütter von allen geachtet. Die Königin **Hatschepsut** gehört **um 1500 v. Chr.** sogar zu den Mächtigsten, die das Land je erlebt. Als sie erkennt, dass ihr Mann als Pharao überfordert ist, übernimmt sie die Regierung und modernisiert die Verwaltung sowie das Heer.

B

Europa besitzt **um 1500 v. Chr.** seine erste Hochkultur: Die **Minoer** auf der Insel **Kreta** bauen riesige, bis zu vier Stockwerke hohe Paläste (zum Beispiel den bis heute gut erhaltenen in Knossos), glauben an eine Erd- und Fruchtbarkeitsgöttin, haben eine eigene Schrift und reisen als Händler bis nach Ägypten. »Minoisch« heißt diese Kultur, weil der Kreta-König Minos sie gegründet haben soll. Er hat nicht wirklich gelebt, sondern nur als **Sagengestalt** in der **Mythologie** (Göttersage), als Sohn des Gottes Zeus. Als später das übrige Griechenland seine Blütezeit erlebt, hat Kreta schon eine tausendjährige Geschichte hinter sich.

Die erste Hochkultur in **China** ist **um 1500 v. Chr.** die **Shang-Dynastie.** Ihre Könige glauben, dass sie von Göttern auserwählt sind, sorgen aber ganz bodenständig dafür, dass sich eine funktionierende Landwirtschaft entwickelt. Alles, was sonst noch zu einer Kultur dazugehört, gibt es natürlich auch – Städte, Schrift, Kunstwerke aus Bronze. Und dazu eine **Zeitrechnung** (Kalender) sowie **Orakel:** Zukunftsdeuter bemalen die Rückenpanzer von Schildkröten mit Schriftzeichen und interpretieren dann die Bewegungen der Tiere.

1200 v. Chr. – 500 n. Chr.: das Leben in der Antike

B

Sie sind gute Seefahrer, tüchtige Händler und leben an der Ostküste des Mittelmeers (heute: Syrien und Libanon). Hier treffen sich die **Phönizier** mit den Karawanen aus Ägypten, hier tauschen sie Stoffe, Silber und Zinn gegen andere Waren. Und da sie über ihre Geschäfte Buch führen, benutzen sie eine aus Buchstaben bestehende Schrift. Von diesem phönizischen Alphabet stammen alle Schriften ab, die wir heute kennen.

A

Auch die Volksstämme, die sich in Griechenland angesiedelt haben, verwenden nun keine aus Zeichen bestehende Schrift mehr, sondern Buchstaben. Doch das ist längst nicht alles, was sich die Ionier, Dorer und Äolier einfallen lassen: Sie gründen um 900 v. Chr. die Städte **Sparta** (dorisch) und **Athen** (ionisch), sie entwickeln die erste zaghafte Demokratie, sie bauen beeindruckende Tempel wie die Akropolis, und sie richten die ersten Olympischen Spiele aus.

Das **klassische Altertum,** jenes goldene Zeitalter, in dem das alles gedieh, ist in Wahrheit ein silbernes: In staatlichen Bergwerken schuften Sklaven, und mit dem glitzernden Edelmetall, das sie zutage fördern, bezahlt der Staat seine Bildhauer, Architekten, Philosophen, Dichter und Mathematiker. Die schaffen als Gegenleistung Werke für die Ewigkeit.

Athen und Sparta – meistens Konkurrenten, selten Partner

»Griechenland«, das heißt um 500 v. Chr. vor allem: Athen und Sparta. Eigentlich sind das zwei Städte, aber ihr Einfluss ist so groß, dass sie fast das gesamte Land unter sich aufgeteilt haben. Nur wenige Gebiete Griechenlands, zum Beispiel die Insel Kreta, sind in dieser Zeit neutral. Die Griechen selbst nennen sich **Hellenen** (noch heute heißt ihr Staat »Hellas«).

Wenn sie nicht gerade gemeinsam gegen die verhassten **Perser** kämpfen – deren König **Xerxes** will um **480 v. Chr.** gleich ganz Griechenland erobern –, dann pflegen die beiden bedeutendsten Städte ihre eigene Rivalität.

Athens Mittelpunkt ist der große Marktplatz, **Agora** genannt. Er liegt am Fuß der **Akropolis,** Athens großer Tempelanlage und Kultstätte, die sich majestätisch über der Stadt erhebt. Auf dem Marktplatz verkehren vor allem Männer – um einzukaufen, zu diskutieren, sich die neuesten Nachrichten erzählen zu lassen und einmal im Monat dabei zu sein, wenn hier öffentlich **Sklaven** versteigert werden: überwiegend Kriegsgefangene aus Griechenlands **Kolonien,** aber auch einheimische Männer und Frauen, die ihre Schulden nicht bezahlen können.

Seine Blütezeit erlebt die 250 000-Einwohner-Stadt Athen um **450 v. Chr.** unter **Perikles.** Der angesehene Politiker versammelt

Dichter und Denker um sich, lässt die Akropolis ausbauen und setzt durch, dass auch Bürger aus den ärmeren Schichten Geschworene werden dürfen. Staatliche Ämter verteilt er per Los. An der Regierung sind aber nur frei geborene und volljährige Männer beteiligt. Frauen besitzen nicht einmal das Wahlrecht. Mädchen werden schon im Jugendalter mit älteren Männern verheiratet. Dann heißt es für sie: Nachwuchs auf die Welt bringen und sich um den Haushalt kümmern.

B

Auch Sparta ist anfangs noch ein Zentrum für Künstler – doch dann entwickelt sich Athens Konkurrent zunehmend zu einer kriegerischen Gesellschaft. Schon in der Antike verbinden die Griechen mit dem Begriff **»spartanisch«** Härte gegen sich selbst.

C

In Sparta geborene **Kinder** werden kurz nach ihrer Geburt von einem aus alten Männern bestehenden »Expertenrat« untersucht: Falls sie nicht körperlich gesund sind, setzt man sie in einer abgelegenen Schlucht aus. Alle anderen kommen als Jungen mit sieben Jahren in eine Militärakademie. Hier lernen sie zu kämpfen und Entbehrungen zu ertragen. Die Mädchen leben auch nach ihrem siebten Geburtstag zu Hause, werden aber ebenfalls trainiert, im Ringkampf und anderen Sportarten.

Als Einzige in Griechenland dürfen die **Spartanerinnen** mit mehr als einem Mann verheiratet sein und obendrein Liebhaber haben: Wichtig ist allein, dass sie viele Kinder bekommen. Ein unscheinbares »Heimchen am Herd« ist die Frau in Sparta aber nicht – sie gilt als selbstbewusst und ist gesellschaftlich anerkannt. Wenn ihr Mann stirbt, erbt und verwaltet sie seine Güter.

B Entsteht in Griechenland wirklich die Demokratie?

Der Reformpolitiker **Solon** (um 640–561 v. Chr.) schafft in Athen alte Privilegien des Adels ab und richtet eine **Volksversammlung** ein. Ähnliche Ideen verwirklicht um 500 v. Chr. der Athener Staatsmann **Kleisthenes**: Er erfindet das **Scherbengericht**: Diese Versammlung tritt zusammen, wenn ein Politiker zu machtgierig wird und die Mehrheit der Anwesenden seinen Namen auf eine Tonscherbe schreibt. Dann muss er für zehn Jahre in die Verbannung.

In Griechenland dürfen zwar alle **Vollbürger** wählen und an den politischen Beratungen sowie Beschlüssen teilnehmen; aber als Vollbürger gelten nur erwachsene Männer, sofern sie nicht Sklaven sind oder Ausländer, die abfällig als »Barbaren« bezeichnet werden. Deshalb sind nicht einmal 20 Prozent aller Griechen am politischen Leben beteiligt – von einer echten **Demokratie** (Volksherrschaft) kann man also nicht sprechen. Eher von einer **Oligarchie** (Herrschaft der wenigen).

B

Um **350 v. Chr.** ist **Makedonien,** Griechenlands nordwestlicher Nachbarstaat, zur Großmacht aufgestiegen. Die Makedeonier besiegen Athen, und als 336 v. Chr. ein erst Zwanzigjähriger den makedonischen Königsthron übernimmt, kommt die Mittelmeerwelt aus dem Staunen nicht mehr heraus: Schon zwei Jahre später (334 v. Chr.) schlägt er die Perser, dann erobert er Ägypten und zieht nach Indien. Rund 20 000 Kilometer legt er mit seinen Truppen zurück, bis sie keine Kraft mehr haben und sich weigern, noch weiter zu ziehen. Aber es reicht auch so: In nur 13 Jahren, bis zu seinem plötzlichen Tod durch eine Krankheit, hat sich **Alexander der Große** (356 – 323 v. Chr.) ein Weltreich geschaffen.

Aufregend, vielseitig, grausam – das Leben im alten Rom

B

Auch wenn die Stadt im Jahr **753 v. Chr.** gegründet worden sein soll (»sieben-fünf-drei – Rom kroch aus dem Ei«), lebten auf ihrem Gebiet schon lange vorher Bauern und Hirten. Ihre auf sieben Hügel verstreuten Dörfer wachsen und schließen sich zusammen. Die so allmählich entstehende Stadt besitzt lange Zeit keine schützende Mauer und wird **387 v. Chr.** von den Kelten überfallen (siehe Seite 294). Die zerstören, was ihnen in den Weg kommt – bis auf das **Kapitol:** Hier, auf dem kleinsten der sieben Hügel, dem Zentrum Roms, dem Ort der Tempel und der politischen Versammlungen, wird erbittert Widerstand geleistet. Nach einer längeren Belagerung ziehen die Feinde ab – aber erst, nachdem sie ein üppiges Lösegeld bekommen haben.

Der Schock sitzt tief. Rom bildet nun ein gut gerüstetes Heer aus, greift in den folgenden Jahren seine Nachbarn an, besiegt sie und verhält sich dabei sehr geschickt: Es unterdrückt die geschlagenen Gegner nicht, sondern schließt mit ihnen Verträge. In denen müssen sich die Besiegten zur militärischen Unterstützung verpflichten.

Mit dieser Taktik wächst Rom von Krieg zu Krieg, macht immer mehr eroberte Länder zu römischen **Provinzen** – und wird innerhalb von siebzig Jahren zur Großmacht: zunächst über ganz Italien (ab 270 v. Chr.), später über alle Gebiete rund ums Mittelmeer, einschließlich Ägypten. Sogar die nordafrikanische Handelsmacht **Karthago,** selbst eine Großmacht, wird nach einer Reihe von Kämpfen – die drei **punischen Kriege** – besiegt. Diesmal, **146 v. Chr.,** sind die Römer nicht zimperlich: Sie zerstören die einst von den Phöniziern gegründete Stadt (heute: Ruinen im Norden Tunesiens) und verkaufen ihre Bewohner als Sklaven.

Die Hauptstadt des Römischen Reichs ist die erste Millionenstadt der Geschichte. Alle Wege führen nach Rom – und von dort hinaus: Ein umfangreiches **Straßennetz** durchspannt das gesamte Land. Viele der Verkehrswege sind mit Steinen gepflastert.

Nachdem die Römer Griechenland erobert haben, sind von dort viele Künstler und Gelehrte nach Rom gekommen. So wird die römische Kultur stark von der griechischen geprägt. Sogar die griechischen **Götter** werden weitgehend übernommen.

Sie bekommen aber neue Namen: Aus dem Göttervater Zeus wird Jupiter, und der Meeresgott Poseidon heißt nun

Neptun. Die Römer verehren außerdem eigene Haus- und Familiengötter, für die sie in ihrer Wohnung einen Altar haben.

B Die Kelten – Störenfriede auf dem römischen Weg zum Erfolg

Bevor Rom zur Weltmacht wird, machen die **Kelten** (von den Römern werden sie **Gallier** genannt) den Südländern das Leben schwer. Fast nackt, todesmutig, laut schreiend – so stürzen sich die Kämpfer dieses Volkes auf ihre Gegner, die sie meist besiegen und denen sie sogar die Köpfe abschlagen. Um **800 v. Chr.** gelingt es ihnen, die Bronze durch das härtere Eisen zu ersetzen (Beginn der **Eisenzeit**).
Als Meister der Metallverarbeitung sind die Kelten nun anderen überlegen. Sie verwenden für ihre Fuhrwerke mit Eisen beschlagene Räder und Pflüge aus Eisen anstatt aus Holz. Um **300 v. Chr.** beherrschen sie weite Teile Europas, von den britischen Inseln über Frankreich bis zur heutigen Türkei.

Anders als die Römer fühlen sich die Kelten nicht einer Nation verpflichtet, sondern nur ihrem jeweiligen **Stamm** und dessen Anführer, dem sie Treue bis in den Tod schwören. Zu Hause – ihr Heimatgebiet liegt zwischen dem der Germanen im Norden und dem der Römer im Süden – leben sie in Siedlungen, die sie mit Schutzmauern umgeben. Die Kelten glauben an mehr als 350 Götter und verehren ihre Lehrer und Priester, die **Druiden**.

Doch am Ende fehlt den heldenhaften Kämpfern der Sinn für strategisches Denken sowie für Disziplin – die »Festigkeit und Ausdauer im Unglück«, wie der römische Diktator **Julius Cäsar** (100–44 v. Chr.) formuliert. Im Jahr 52 v. Chr. besiegt er den Keltenführer **Vercingetorix** (um 82–46 v. Chr.) und macht Gallien zur römischen Provinz.

Römer und Germanen verdrängen die Kelten schließlich so vollkommen, dass heute von ihnen nicht viel geblieben ist: ein paar Reste von Siedlungen (zum Beispiel in Manching bei Ingolstadt), ein paar Wörter wie »Amt« und »Reich« (von rig = König), ein paar Namen wie Trier (Treveris), Weser, Elbe, Isar und Main.

B

Um die Bürger Roms mit frischem Wasser zu versorgen, errichten Techniker und Bauarbeiter bis zu 250 Kilometer lange Überlandleitungen. Diese **Aquädukte** sehen aus wie aneinandergereihte Torbögen und sind Meisterwerke der Ingenieurkunst: manchmal vierstöckig und immer so konstruiert, dass das Wasser auch nach vielen Kilometern noch genug Gefälle hat, um ohne Pumpen zu fließen – sogar über Täler und Höhenzüge. Nutznießer sind vor allem öffentliche Badehäuser (**Thermen**) und die Villen der Oberschicht; wer in einem mehrstöckigen Mietshaus wohnt, muss sich das Wasser meist aus einem Brunnen holen, der häufig ebenfalls von einem Aquädukt gespeist wird. Viele Wohnungen verfügen über Toiletten (ohne Wasserspülung), die an eine **Kanalisation** angeschlossen sind. Ihr Standort ist aber ungewöhnlich: Sie befinden sich meistens in der Küche.

▲ Sklaven – die heimlichen Stützen des Staates

Sie arbeiten auf Feldern und Schiffen, in Bergwerken und Haushalten – und sie sind viele: In der Stadt ist zeitweise jeder dritte Einwohner ein Sklave, auf dem Land sogar jeder zweite. Die Männer und Frauen kommen meistens aus Ländern, die Rom erobert hat. Viele Germanen, Griechen, Afrikaner sind unter ihnen. Mancher Besitzer hält sein menschliches Eigentum wie Vieh, was von 73–71 v. Chr. zu **Sklavenaufständen** führt, die der Sklave und Gladiator **Spartakus** (gest. 71 v. Chr.) leitet.

Bis zu 40 000 Anhänger folgen seiner Revolte, die am Ende erfolglos bleibt. Die meisten städtischen Sklaven haben sich nicht beteiligt, denn ihnen geht es nicht immer schlecht. Manche von ihnen können sogar in höhere Berufe aufsteigen oder werden aus Dankbarkeit für langjährige Treue von ihrem Besitzer freigelassen. Dann erhalten sie das eingeschränkte Bürgerrecht, und ihre Kinder werden Vollbürger.

Im Römischen Reich gibt es keine Schulpflicht. Wer genug Geld hat, leistet sich für seine Kinder einen privaten Lehrer. Wer weniger hat, schickt den Nachwuchs auf eine öffentliche Schule, aber Kinder aus armen Familien lernen oft weder lesen noch schreiben. Kurze Notizen schreibt man auf kleine Tafeln, die mit Wachs beschichtet sind. Für längere Texte benutzt man **Papyrusrollen** aus Ägypten. Um 100 n. Chr. setzt sich **Pergament** durch, das aus Tierhäuten hergestellt wird. Geschrieben wird mit einer Tinte aus Pflanzensaft.

In Rom entsteht unter Kaiser **Augustus** (63. v. Chr. – 14 n. Chr.) die erste Feuerwehr. Ihre Mitarbeiter, die **Vigiles** (Wächter) rücken bei einem Brand mit Pferdefuhrwerken, Wasserpumpen und Löschdecken aus. Sie kontrollieren auch, ob in Mietshäusern alle Bestimmungen eingehalten werden. In Wohnräumen mit offenem Feuer zu kochen ist verboten.

Die Germanen kommen – für die Römer der Anfang vom Ende

B

Sie selbst bezeichnen sich als Alemannen, Treverer oder Bataver – das Wort »Germanen« kennen sie nicht. Vermutlich sind es die benachbarten Kelten, die sie so nennen, und die Römer übernehmen den Begriff dann – als Sammelbezeichnung für alle Stämme am Rhein und östlich davon. Von ihren zahlreichen Namen sind heute die meisten verschwunden, nur **Friesen**, **Sachsen**, **Franken** und ein paar andere existieren noch.

Wer sind die Germanen? Sie leben in Dörfern, bauen Getreide an und wohnen in dunklen, stickigen Häusern, denn helle Fenster – es gibt ja kein Glas – bedeuten Luftzug und Kälte.

Um es in den Wintermonaten wenigstens etwas wärmer zu haben, holen die Bauern sogar das Vieh unter ihr Dach. Sie ertragen ein hartes Leben und werden nur selten alt. Schon ihre Kinder müssen mitarbeiten und beim Gänsehüten und Beerensammeln helfen.

B

Die Römer im sonnigeren Süden ahnen noch nichts Böses, als im Jahr **113 v. Chr.** eine Schreckensnachricht ihre Hauptstadt erreicht: In den nördlichen Alpen (heute: bei Kärnten in Österreich) sind seltsame, furchterregende Fremde aufgetaucht. In einem riesigen Menschenzug – Männer, Frauen, Kinder – bewegt sich diese **Völkerwanderung** germanischer Stämme in Richtung Rom. Es handelt sich um rund hunderttausend **Kimbern,** die ihre Heimat (heute: Schleswig-Holstein) nach einer Flutkatastrophe verlassen haben und nun eine neue Bleibe suchen. Flüchtlinge. Unterwegs haben sich ihnen **Teutonen** angeschlossen, ebenfalls Opfer des Hochwassers.

Als sie auf die ersten römischen Soldaten treffen, machen die rotblonden Verhandlungsführer aus dem Norden einen Vorschlag: »Unsere Männer arbeiten für euch als Soldaten, und ihr gebt uns Land.« Doch die römischen Legionäre, ausgerüstet mit Brustpanzern und Schwertern, blicken verächtlich auf die ärmlich aussehenden Germanen, die nichts weiter als lange Stoßlanzen und primitive Streitäxte bei sich haben: »Verschwindet. Geht dahin zurück, wo ihr hergekommen seid!«

B

Die Germanen ziehen weiter, aber sie kommen wieder. Nicht nur einmal. Und nicht mehr in friedlicher Absicht. Was ihnen an Waffen und Organisation fehlt, das machen sie bei ihren Kämpfen durch Entschlossenheit und Mut wett. So töten sie 105 v. Chr. in einer einzigen Schlacht Zehntausende von römischen Legionären. Nicht immer sind sie es, die in den folgenden Jahren siegen. Manchmal gewinnen auch die Römer – und dann kommt es vor, dass germanische Mütter ihre Kinder erwürgen und sich anschließend selbst töten, um der Sklaverei zu entgehen.

A

Als die Römer im Jahr 83 n. Chr. am oberen Rhein mit dem Bau eines Schutzwalls, dem **Limes,** beginnen, ist es im Grunde schon zu spät. Immer wieder wird der 550 Kilometer lange, mit Wachtürmen ausgestattete Grenzwall von den Germanen überrannt (Verlauf des Limes: etwa von Bonn bis Regensburg). Im Jahr 258 geben die Römer ihn auf. Bald ist der ganze westliche Teil des einstigen römischen Reichs in germanischer Hand.

Nur der oströmische Teil mit seiner Hauptstadt **Konstantinopel** existiert noch; diesen Namen gibt Kaiser **Konstantin** (um 285 – 337) der alten Metropole Byzanz (heute: Istanbul) im Jahr 330. Das einst so mächtige Römische Reich ist zerfallen, Mitteleuropa wird jetzt von den Germanen beherrscht. Die Antike ist Vergangenheit.

Es gibt einen weiteren Grund für das Ende des Römischen Reiches: die **Malaria**. Ihr Siegeszug beginnt damit, dass die Römer ihre Wälder abholzen und alte Bewässerungsanlagen verkommen lassen. So entstehen Sümpfe, in denen sich unzählige Mücken als Überträger der tödlichen Erreger vermehren. Das von der Krankheit dezimierte und geschwächte römische Heer wird von den germanischen **Westgoten** besiegt. Deren König **Alarich I.** (um 370 – 410), der schon griechische Kulturstätten verwüstet hatte, zieht im August 410 mit seinen Soldaten drei Tage lang plündernd durch Rom. Noch im selben Jahr stirbt auch er an der Malaria, ebenso wie große Teile seines Volkes.

500 – 1500: die tausend turbulenten Jahre des Mittelalters

Es sind vor allem Fürsten und kaum bekannte Könige, die im Mittelalter die politische Macht haben. Die ländlichen Gebiete, die sie regieren, sind meist klein und dünn besiedelt.

Groß herauszukommen, das gelingt nur einem – was sich dann auch in seinem Namen zeigt: Der fränkische König **Karl der Große** (um 742 – 814) hat zwar vom Vater und einem verstorbenen Bruder ein beachtliches Gebiet geerbt, aber das genügt ihm nicht. Mit 53 Feldzügen gelingt es ihm, viele weitere Regionen zu erobern, vom Mittelmeer bis zur Nordsee, vom heutigen Nordspanien bis nach Polen.

B

Karl, **Weihnachten 800** zum **Kaiser** gekrönt, ist allerdings nicht nur Machtmensch, sondern pflegt auch das kulturelle Erbe und lässt Werke der Antike aufzeichnen, damit sie nicht verlorengehen.

Als Europas größter Herrscher an einer Rippenfellentzündung stirbt, wird sein Reich aufgeteilt: in den **westfränkischen Teil,** aus dem **später Frankreich** hervorgeht, und in **Ostfranken, später Deutschland.** Dazwischen liegt noch ein Stück Land, das ein fränkischer König mit dem Namen Lothar erhält und das nach ihm benannt wird: **Lothringen.**

C

Karls Nachfolger, später nach ihrem berühmten Familienmitglied **Karolinger** genannt, bleiben durch ihre ungewöhnliche Namensgebung im Gedächtnis: Karl der Kahle, Karl der Dicke, Karl der Einfältige, Karl das Kind – wenn so viele Könige denselben Namen haben, muss man sie voneinander unterscheiden. Die Karolinger bringen ebenso Ludwig den Nichtstuer hervor, Ludwig den Frommen und Ludwig den Blinden, der im Jahr 900 auch über Italien herrscht. Nach den Karolingern folgen die **Ottonen** (dreimal Otto, zweimal Heinrich). Als Heinrich I. **919** zum König gewählt wird, ist er der Erste, der ein »**Reich der Deutschen**« regiert. Ihm folgt sein Sohn Otto I., schon zu Lebzeiten **Otto der Große** genannt (912 – 973).

C Warum heißt es »Deutschland«?

Als einziger europäischer Nationalitätsname geht der Begriff »**deutsch**« nicht auf ein Land oder eine Bevölkerungsgruppe zurück – ein »deutscher« Volksstamm existiert nicht. Sachsen, Ostfranken und andere verwenden um 850 das Wort »theodisk« oder »diutisc«, was so viel heißt wie »volkssprachlich«, im Gegensatz zum Latein der Gebildeten und als Abgrenzung zu den romanischen Sprachen im Westen. Aus diesem sprachlichen Begriff wird erst viel später auch ein politischer. Das Wort »Dutch« (englisch für »holländisch«) hat denselben Ursprung.

B

Nicht weniger erfolgreich als Karl der Große mit seinen Truppen sind zur gleichen Zeit Krieger aus dem hohen Norden: die **Wikinger.** Mit ihren schnellen Booten dringen sie in die Flussmündungen von Elbe, Rhein und Seine ein, plündern Dörfer, Klöster und Kirchen, um kurz darauf mit ihrer Beute abzuziehen. Es ist der Mangel an Ackerland, aber auch Abenteuerlust, der die aus Dänemark, Schweden und Norwegen kommenden »Nordmänner« (**Normannen**) antreibt. Schwedische Wikinger lassen sich später zwischen Ostsee und dem Schwarzen Meer nieder und werden von den Einheimischen »Russen« genannt.

Im Jahr 984 landet der Norweger **Erik der Rote** auf Grönland. Sein Sohn **Leif Eriksson** (= Eriks Sohn) erreicht um das Jahr **1000** sogar die Küste Nordamerikas. Auch in Italien und in Frankreich lassen sich Normannen nieder – der Name »Normandie« zeugt noch heute davon. Ein anderer Normanne, **Wilhelm der Eroberer** (William the Conqueror), dringt **1066** nach England vor und lässt sich dort sogar zum neuen König krönen.

Mächtiger als alle anderen – der Papst und die Kirche

Mächtig werden ohne zu kämpfen: Das gelingt im Mittelalter den Päpsten. Staat und Kirche bilden eine untrennbare Einheit, und folgende Prozedur setzt sich immer mehr durch: Ein König bestätigt eine Papstwahl, und der gewählte Papst krönt daraufhin den König zum Kaiser.

Im Jahr 1095 zeigt sich, dass bei diesem Handel auf Gegenseitigkeit die Kirche im Laufe der Zeit mächtiger geworden ist als die andere Seite: Als sich ein Herrscher auf dem Gebiet der heutigen Türkei von islamischen Reiterheeren aus Asien bedroht sieht, ruft er nicht den gerade amtierenden König zur Hilfe, sondern den Papst – obwohl der gar keine Truppen hat.

B

Papst Urban II. (um 1042 – 1099) lässt sich nicht lange bitten. Im französischen Clermont hält er eine flammende Rede gegen die Türken und fordert wörtlich, »diese wertlose Rasse auszurotten«. Wer im Kampf fallen wird, dem sollen alle Sünden vergeben werden. Seine Worte begeistern mehr als 70 000 Menschen, die im Jahr **1096** vollkommen unvorbereitet zum ersten **Kreuzzug** gegen die »Ungläubigen« aufbrechen. Bevor sie losziehen, nähen sie sich ein rotes Kreuz auf die Schulter, dann machen sie sich auf den Weg nach Jerusalem, das von der muslimischen Herrschaft befreit werden soll. Bewaffnete Ritterheere folgen ihnen.

Unterwegs plündern die aufgestachelten Christen jüdische Gemeinden und ermorden Tausende von Juden – als »Rache für den Tod Jesu«, wie sie sagen. Sechs weitere Kreuzzüge folgen bis zum Jahr 1270. Um den christlichen Glauben geht es dabei immer weniger, um die Eroberung fremder Gebiete und die Zerstörung ihrer Kultur immer mehr.

Die Ritter – edle Kämpfer, arme Gesellen

Sie kämpfen hoch zu Ross auf Turnieren, und die Herzen der Frauen liegen ihnen zu Füßen? Das ist nur die halbe Wahrheit. Wer nicht das Glück hat, fest an einem großen Hof angestellt zu sein, muss als **Ritter** sehen, wie er zurechtkommt. Besonders hart ist das Leben für die fahrenden Ritter, die umherreisen und sich für **Kriegseinsätze** anheuern lassen. Die meisten aber kämpfen für einen bestimmten Herrn, oft ein Bischof oder König, von dem sie ein Stück Land bekommen und dem sie **Treue** schwören. Das Land lassen sie von Bauern bewirtschaften, die ihnen dafür einen Teil der Ernte abgeben.

B

Um Ritter zu werden, muss man **adelig** sein und als **Knappe** eine mehrjährige Lehre absolvieren; meist bei einem Ritter aus der Verwandtschaft. Ein Ritter soll nicht für seinen eigenen Gewinn in den Kampf ziehen, sondern um Christentum und Kirche zu verteidigen.

Bei den Turnieren gibt es neben den gefeierten Helden natürlich auch Verlierer. Härter als die Niederlage ist für die Ritter der finanzielle Verlust: Sie müssen Pferd und Ausrüstung dem Sieger überlassen.

ⓒ Kaiser, König und Co.: Wer ist was?

- Die Bezeichnung **Kaiser** ist kein Adelstitel, sondern der Name für ein Amt. Er geht zurück auf den römischen Herrscher Julius Cäsar (= Kaiser). Von 800 bis 1556 lassen sich die Kaiser vom Papst krönen – er bestimmt, wer diesen Titel tragen darf.

- Ein **König** kann seinen Titel entweder erben, wie bei den Merowingern, oder er wird von hohen Adligen gewählt. Feste Regelungen gibt es bis 1356 nicht. Im Mittelalter wird die Herrschaft des Königs als von Gott gegeben angesehen. Wer das Amt antritt, erhält entsprechende **Insignien**: Als oberster Heerführer besitzt der König ein **Schwert**, mit dem er die Feinde der Christen vertreiben soll; seine **Krone** symbolisiert die Dornenkrone Christi. **Zepter und Stab** weisen ihn als obersten Richter aus, sein **Krönungsmantel** soll zeigen, dass er die Schwachen und Armen beschützt.

- Den Begriff **Herzog** gab es schon bei den Germanen. Ein »herizogo« war ein Heerführer, der »vor dem Heer zog«.

➜

- Wer von diesen Soldaten erfolgreich kämpft und eroberte Gebiete in Besitz nimmt, wird entsprechend mächtig. Einige Herzöge unterwerfen sich dem König, andere kämpfen gegen ihn, um selbst an die Macht zu kommen.
- Ein **Fürst** ist ein adeliger Würdenträger, ebenso wie der **Graf,** der in der Rangfolge unter ihm steht. Fürstentümer und Grafschaften zeugen aber davon, dass auch diese Männer durchaus über Macht und Besitz verfügen können. Ein **Kurfürst** ist ein Fürst, der an der Wahl des Königs beteiligt ist, ihn kürt (daher »Kur«fürst).

Alltag im Mittelalter:
Auf Gott vertrauen und sich fügen

Neun von zehn Menschen leben im Mittelalter auf dem Land. Sie arbeiten hart, auf Höfen und Feldern, die ihnen nicht gehören. Als unfreie **Hörige** sind sie zwar selbstständig, aber ihr **Grundherr,** häufig ein Fürst oder Bischof, hat das Recht, regelmäßige Abgaben zu empfangen – zum Beispiel einen Teil der Ernte sowie an bestimmten Festtagen zehn Gänse. Die Abgaben sind immer gleich hoch, auch wenn die Ernte schlecht ausfällt.

B

Die Bauern leben zwar nicht wie rechtlose Sklaven – die gibt es im europäischen Mittelalter nicht –, aber sie sind abhängig. Nur wenn es einem Hörigen gelingt, ein Jahr lang in einer

Stadt zu leben, kann er anschließend über sich selbst bestimmen: **»Stadtluft macht frei«,** heißt es deshalb.

Auch Frauen und Kinder arbeiten; Mädchen hüten zum Beispiel die Tiere und helfen im Haushalt. Die Kindersterblichkeit ist hoch: Etwa die Hälfte der Neugeborenen wird nicht einmal 15 Jahre alt. Schulbildung genießen nur die Kinder von Adeligen; alle anderen lernen das, was sie im Alltag brauchen, von ihren Eltern. Entbehrungen, Krankheit, Kriege und Hunger werden als von Gott gegeben hingenommen. Von Menschen zugefügtes Leid aber nicht: Dorfgerichte bestrafen unerlaubte Handlungen.

Deutschland, das östliche Frankreich (Burgund) und Italien bilden **um 1150** das **Deutsche Reich.** Da die deutschen Könige, die es regieren, auch den Anspruch auf das Amt des Kaisers haben, nennen sie es in Erinnerung an die mächtigen Kaiser Roms »römisch-deutsch«. Und da sie sich von Gott beauftragt fühlen, fügen sie auch noch den Namen »heilig« an – sodass ein seltsam aufgeblähter Name entsteht: das **Heilige Römische Reich Deutscher Nation.**

B

Im Jahr **1152** wählen die deutschen Fürsten **Friedrich I.** (1122 – 1190) zum König, wegen seines rotblonden Bartes von den Italienern »Barbarossa« genannt. Friedrich, der sich auch zum Kaiser krönen lässt, gehört dem Stamm der **Staufer** an, die von 1138 bis 1254 die deutschen Könige stellen. Ihre erbitterten Gegner sind die von England unterstützen **Welfen,** die sie nach blutigen Kämpfen besiegen. Heute sind die Staufer ausgestorben, das Adelsgeschlecht der Welfen existiert noch immer (Prinz Ernst August von Hannover zum Beispiel gehört dazu).

Um 1240 stürmen plündernde und mordende Reiterheere der **Mongolen** durch Europa. Sie erobern große Teile Russlands, Polens, dringen 1241 nach Ungarn und Österreich vor – und kehren zum Glück für Deutschland plötzlich um: Ihr Oberhaupt, der Großkhan, ist gestorben. Deshalb müssen sie zurückreiten, um einen Nachfolger zu wählen.

Bedroht – in diesem Fall von den Habsburgern – fühlen sich auch die Einwohner der drei alpenländischen Kantone Uri, Unterwalden und Schwyz. Im August **1291** schließen sie sich zum **»Ewigen Bund«** zusammen. Dieser auf einer Bergwiese mit dem Namen Rütli geleistete Schwur, der **Rütli-Schwur,** ist die Grundlage für das spätere Entstehen der **Schweiz** (»Zwölf-neun-eins: Gegründet wird die Schweiz«).

Die auch in Österreich und der Schweiz verwurzelte Familie der **Habsburger** stellt von 1438 bis 1806 bis auf wenige Ausnahmen alle deutschen Könige und Kaiser.

Auch wenn die meisten Menschen im Mittelalter auf dem Land leben, gewinnen die **Städte** zunehmend an Bedeutung. In Norddeutschland schließen sich Lübeck, Hamburg und andere Städte zu einer Handelsgemeinschaft, der **Hanse,** zusammen. In Frankfurt am Main findet 1330 eine internationale Messe statt, bei der die anreisenden Händler kaufen und verkaufen dürfen, ohne wie sonst den Einheimischen gegenüber benachteiligt zu sein.

Doch in den Städten gibt es weder Kanalisation noch Abfallbeseitigung – was in den folgenden Jahren die Ausbreitung von Ratten begünstigt. Sie haben Flöhe, und die übertragen die Pest.

Hunger, Pest und Krieg – Europa wird vom Tod gepackt

B

Sieben schlimme Jahre müssen die Menschen ab **1342** ertragen. Das Unheil beginnt mit einem nicht enden wollenden Hochwasser am Rhein, dann folgen drei kalte Jahre mit Unwettern und ausbleibendem Sommer. Anfangs gelingt es den Bauern noch, die Missernten mit Vorräten zu überbrücken. Doch im Jahr darauf ist eine Hungersnot unvermeidbar. Die Menschen können ihr Unglück nicht fassen und suchen **Sündenböcke** – zum Beispiel Juden oder Frauen, die der **Hexerei** bezichtigt werden. Nach einem heftigen Hagelsturm beschreibt ein bayerischer Chronist die großen Schäden und ergänzt: »Ihrowegen fing man allhier etliche Weiber, welche den Hagel und Wind gemacht haben sollen, die man auch mit Urtheil und Recht verbrennt.«

A

Die Mangelerscheinungen der Hungermonate setzen die Widerstandskraft vor allem älterer Menschen herab, und so hat die sich immer schneller ausbreitende **Pest** ein leichtes Spiel.

Von Anfang **1348 bis Ende 1350** erlebt Europa finstere Jahre: Der
»**schwarze Tod**« wütet überall und rafft mehr als ein Viertel aller Menschen hinweg – schätzungsweise 20 Millionen. Die Ursachen der Seuche sind damals vollkommen unbekannt, entsprechend hilflos begegnet man ihr. In manchen Städten, zum
Beispiel in Erfurt und Florenz, stirbt jeder Zweite. Ganze Land-
striche sind am Ende regelrecht entvölkert.

In einem desolaten Zustand befindet sich um 1400 die Kirche:
Kardinäle lehnen einen neu gewählten Papst ab und wählen
einen anderen. Dieser **Gegenpapst** wird 1409 von einer kirchlichen Versammlung abgesetzt und durch einen dritten ersetzt –
mit dem Ergebnis, dass sich nun alle drei Päpste im Amt sehen
und ihre eigenen Anhänger um sich scharen.

1429 nähert sich der **Hundertjährige Krieg** zwischen England
und Frankreich dem Ende, als es der nicht einmal 20-jähri-
gen **Jeanne d'Arc** (1412–1431) mit einer kleinen, von ihr an-
gefeuerten Truppe gelingt, die von den Briten belagerte Stadt
Orléans zu befreien. Der Grund dafür, dass sich englische Besatzer überhaupt in Frankreich aufhalten, liegt hundert Jahre zurück: Damals starb der französische König, und der mit
ihm verwandte englische König (Edward III.) bestand darauf,
sein Nachfolger zu werden.

Europa hat sich inzwischen verändert: Neue Städte sind entstanden, mit Handwerkern, Kaufleuten, Universitäten und in-

ternationalen Beziehungen. Reiche Händler und Bankiers wie die **Fugger** in Augsburg und die **Medici** in Florenz bekommen als Berater von Kaisern und Päpsten politischen Einfluss.

Zu dieser Zeit ist Deutschland ein Flickenteppich aus vielen kleinen Fürstentümern – der König hat immer weniger zu sagen. Umso größer ist der Einfluss, den **Johannes Gutenberg** mit seiner bahnbrechenden Erfindung hat: **1448** stellt er in Mainz den **Buchdruck** vor. Künftig müssen Texte nicht mehr mühsam von Mönchen mit der Hand abgeschrieben werden, und das geschriebene Wort verstaubt nicht länger in Bibliotheken – als Träger neuer Gedanken kann es sich schnell und weit verbreiten.

C

China kennt den Druck mit Buchstaben zu dieser Zeit schon lange: Die erste Zeitung wurde hier schon im Jahr 770 gedruckt.

B

Als die Epoche des Mittelalters sich um 1450 ihrem Ende nähert, fängt die »mittelalterliche« Prozedur der **Hexenverfolgung** erst richtig an. Wenn eine irgendwie auffällige, unbequeme oder nicht angepasste Frau als »Hexe« denunziert wird, die mit dem Teufel in Verbindung stehen soll, dann hat sie praktisch keine Chance mehr: Sie wird gefoltert, und wenn sie unter Schmerzen gesteht, ist das ihr Todesurteil. Gesteht sie nicht, findet häufig die sogenannte **Hexenprobe** statt: Die Beschuldigte wird gefesselt in einen Fluss geworfen – wenn sie ertrinkt, gilt das als Beweis ihrer Unschuld; wenn sie auftaucht, wird sie als schuldig angesehen und auf dem Scheiterhaufen verbrannt. Zehntausende Frauen werden so hingerichtet.

C

Ab **1450** findet eine groß angelegte Verfolgungswelle statt, geschürt von **Papst Innozenz VIII.** Die von der Kirche eingeleitete **Inquisition** (Untersuchung) richtet sich nicht nur gegen Hexen, sondern auch gegen sogenannte **Ketzer,** gegen Menschen, die »vom Glauben abgefallen« sind und sich von der Kirche entfernt haben. Auch bei diesen Befragungen wird gefoltert; meist sind es Geistliche vom **Dominikaner-Orden,** die so eine Befragung leiten. An ihrem Ende können Strafen und Todesurteile stehen.

Portugiesische und spanische **Seefahrer** brechen in den letzten Jahren des Mittelalters zu **Entdeckungsreisen** auf, die auch bei den Daheimgebliebenen zu einer Erweiterung des Horizonts führen: Nun steht fest, dass die Erde eine Kugel ist und keine Scheibe, die den Mittelpunkt des Universums bildet, wie die Kirche immer behauptete. Die Menschen lösen sich von diesem engstirnigen Weltbild und von der angeblich gottgewollten Ordnung. Stattdessen sehen sie sich zunehmend als freie Individuen, die für ihr Schicksal selbst verantwortlich sind.

B

Die von Italien ausgehende **Renaissance** (= Wiedergeburt) beflügelt das Denken auf allen Ebenen: Bildung, Kunst und Wissenschaft erleben einen Aufschwung; in der Architektur werden die Formen und in der Philosophie die Texte der Antike wiederentdeckt. Unter den Künstlern ragen **um 1500** vor allem Michelangelo und Leonardo da Vinci in Italien und Albrecht Dürer in Deutschland heraus (siehe Seite 416 – 419).

Im August **1492** brechen im Süden Spaniens drei Schiffe unter dem Kommando des Abenteurers **Christoph Kolumbus** (um 1451 – 1506) auf, um den Seeweg nach Indien zu finden. Am 12. Oktober erreichen sie eine Insel der Bahamas, Kolumbus nennt sie »San Salvador«, ohne zu wissen, dass er in Amerika gelandet ist.

Kolumbus glaubt bis zu seinem Tod, nach Asien gesegelt zu sein. Der Name »Amerika« wird aus Versehen zu Ehren eines anderen Seefahrers vergeben: Eine 1507 veröffentlichte Weltkarte erwähnt diesen Namen, weil ihr Urheber annimmt, dass der Italiener **Amerigo Vespucci** (um 1451 – 1512) den neuen Kontinent entdeckt habe. Der kommt dort zwar erst ein paar Jahre nach Kolumbus hin, aber der Name bleibt trotzdem bestehen.

1500–1750: eine gespaltene Kirche und Jahre der Gewalt

B

Zu Beginn der **Neuzeit** (etwa ab 1500) sind die Menschen nicht weniger religiös als im Mittelalter, aber ihre Kritik an der Kirche wächst. Einfache Priester verdienen nur wenig Geld, während Bischöfe und Kardinäle meist dem Adel entstammen und ebenso reich wie mächtig sind. Die Kirche hat zwei ungewöhnliche Einnahmequellen: Geistliche Ämter können gekauft und verkauft werden (= **Simonie**), und einfache Gläubige können sich gegen Bezahlung von den Strafen für ihre Sünden erlösen lassen (= **Ablasshandel**).

Gegen diese Praxis geht der Augustinermönch **Martin Luther** (1483 – 1546) vor: Am 31. Oktober **1517** bringt er an der Schlosskirche in Wittenberg seine 95 Thesen gegen den Ablasshandel an.

Die Gnade Gottes, so seine Überzeugung, sei nur durch den Glauben und durch Reue zu erlangen, nicht durch Bezahlung einer Geldbuße (siehe auch Seite 364, im Kapitel über Religion).

Eine derart massive Kritik nimmt der Papst nicht hin: Der **Reformator** (Erneuerer) Luther wird als Ketzer bezeichnet und verfolgt. Als der ihm wohlgesonnene Kurfürst von Sachsen ihn auf der Wartburg bei Eisenach versteckt, nutzt Luther die Zeit und übersetzt die Bibel ins Deutsche. Eine folgenreiche Tat: Damit ermöglicht er, dass die Heilige Schrift, die bisher nur in Latein und in verschiedenen Mundarten vorlag, von jedem Christen gelesen werden kann – Luther legt damit auch die Grundlage für eine allen Deutschen gemeinsame Sprache, das **Hochdeutsche**.

C

Die Standhaftigkeit, mit der Martin Luther der Obrigkeit die Stirn bietet, imponiert den Bauern. Sie wehren sich dagegen, von ihren Einkünften immer mehr an die Kirche und den Adel abgeben zu müssen. Als sie damit keinen Erfolg haben, werden sie radikaler: **1524** erstürmen sie Klöster und Schlösser. Der Gegenschlag der Fürsten lässt nicht lange auf sich warten – ihre bewaffneten Landsknechte werfen den **Bauernaufstand** nieder und töten mehr als 100 000 Aufständische.

A

Von nun an ist das Monopol der Kirche beendet: Auch in Frankreich, England, Skandinavien und anderen Ländern hat die **Reformation** dazu geführt, dass es **zwei Kirchen** gibt – die katholische und die evangelisch-protestantische.

B

In Russland führt Zar **Iwan der Schreckliche** (1530–1584), von krankhaftem Verfolgungswahn getrieben, ein Terror-Regime und lässt vor allem Adelige und Geistliche umbringen.

Brutales Töten und Zerstörung gibt es aber auch in der sogenannten **neuen Welt:** Zwischen 1520 und 1546 unterwerfen spanische **Konquistadoren** (Eroberer) die Hochkulturen der **Azteken,** der **Inka** und der **Maya**.

Als die Spanier **1588** versuchen, auch England zu erobern, wird ihre aus 130 Schiffen bestehende Kriegsflotte, die **Armada,** im Ärmelkanal geschlagen. **England** hat sich damit zur führenden **Weltmacht** erhoben. Doch auch seine gebildete und mehrsprachige Königin **Elisabeth I.** (1533 – 1603), die das Land zu politischer Stärke und wirtschaftlicher Blüte führt, kommt nicht ohne die Tötung einer Gegnerin aus: Die protestantische Queen lässt ihre katholische Nebenbuhlerin **Maria Stuart** (1542 – 1587) hinrichten. Die Königin von Schottland hatte sich an einer Verschwörung gegen Elisabeth beteiligt.

Als in Prag **1618** verärgerte Protestanten bei einer Versammlung zwei katholische Gesandte des Kaisers aus dem Fenster werfen (sie überleben den **Prager Fenstersturz**), ahnt noch niemand, welche Folgen dieses eher harmlose Ereignis haben wird. Dass ein Mitglied der protestantischen **Union** zum neuen König gewählt wird, verärgert die Anhänger des gegnerischen Bündnisses, der katholischen **Liga.** Der Konflikt weitet sich immer mehr aus, bis sich zwei Seiten erbittert bekämpfen: Auf der einen stehen Protestanten, Frankreich, Dänemark und Schweden, auf der anderen Katholiken, Spanier und die ebenfalls katholischen Habsburger.

B

Bis 1648 dauert der daraus resultierende **Dreißigjährige Krieg,** unter dem vor allem die deutsche Bevölkerung leidet: Hungernde Soldaten beginnen zu plündern, vergewaltigen und zu töten, schwedische Besatzer zwingen Bauern, Jauche zu trinken. Nach vielen zermürbenden Kämpfen hat Deutschland am Ende ein Drittel seiner Einwohner verloren.

Erst nach drei Jahre dauernden Verhandlungen sorgt der **Westfälische Frieden (1648)** für eine Regelung unter den Kriegsparteien: Frankreich und Schweden erhalten Teile des deutschrömischen Reichs, aus dem die Niederlande und die Schweiz ausscheiden. Die Reichsfürsten bekommen mehr Macht, der Kaiser und die Habsburger weniger.

England schafft 1638 endgültig die Folter ab, und als erste englische **Kolonie** in Amerika beschließt das 1652 auch Rhode Island. Doch auf amerikanischem Boden finden inzwischen zunehmend Kämpfe gegen die **Indianer** statt. Die ersten europäischen Siedler lebten noch friedlich mit ihnen zusammen und ließen sich zeigen, wie man Mais anbaut. Seit aber immer mehr Einwanderer kommen und Land für sich beanspruchen, nehmen die Konflikte zu. Erste Indianerstämme sind bereits ausgerottet.

1655 verliert Schweden nach Kämpfen in Amerika eine Kolonie an die Niederländer, die ihrerseits 1664 Kolonien an England abtreten müssen. Die Engländer geben der Siedlung Neu-Amsterdam einen neuen Namen, nach der britischen Stadt York: **New York.** In ihrer Heimat kommt es kurz darauf zu einer Katastrophe: Am 7. September **1666** bricht in **London** ein verheerendes Feuer aus (»The Great Fire«), das mehr als 13 000 Häuser und 89 Kirchen zerstört.

Frankreich – Glanz und Prunk am Hof des Sonnenkönigs

A

»Der Staat bin ich!«, soll er gesagt haben. Mit nur 23 Jahren wird **Ludwig XIV.** (1638 – 1715) im Jahr 1661 zum **Alleinherrscher Frankreichs.** Er sieht sich als Stellvertreter Gottes, beschneidet den Einfluss von Kirche und Adel, steht über den Gesetzen, beeinflusst die Justiz in seinem Sinn und macht sich selbst zum Mittelpunkt des Lebens einer ganzen Nation. Als er sich in **Versailles** bei Paris ein prunkvolles Schloss bauen lässt, weckt er damit die Sehnsüchte der Fürsten in anderen Ländern; eine der vielen Versailles-Nachahmungen ist zum Beispiel das Schloss Schönbrunn bei Wien (1717).

B

54 Jahre lang regiert Ludwig (in Frankreich: Louis) in dieser »absoluten« Herrschaftsform, dem **Absolutismus.** Wie die Sonne sieht er sich über allen anderen stehen, doch der »Sonnenkönig« ist kein Friedenskönig: Er hat ein Heer von Berufssoldaten ausbilden lassen, das die Niederlande angreift. Die Besetzung misslingt allerdings. Vorstöße gegen Deutschland und Spanien sind zunächst erfolgreicher, bis England den angegriffenen Ländern hilft. Diese Kriege und Ludwigs verschwenderische Ausgaben machen Frankreich arm und erregen immer mehr den Unmut der Bevölkerung.

Ganz anders die Entwicklung in England: Hier sichert der König 1698 in einem Grundgesetz (**Bill of Rights**) dem **Parlament** die Redefreiheit und Mitsprache zu, zum Beispiel bei der Erhebung von Steuern. Noch im selben Jahr beschließen die Parlamentarier, dass Privatleute afrikanische Sklaven kaufen und verkaufen dürfen. **1707** schließen sich England und Schottland zu einem gemeinsamen **Großbritannien** zusammen.

1750–1900: Revolutionen und Sehnsucht nach Freiheit

B

Immer mehr Menschen ziehen in Großstädte: Paris hat um 1750 schon 400 000 Einwohner, Amsterdam die Hälfte, Wien etwa 180 000, und in Berlin leben rund 100 000. Die größte und zugleich modernste Stadt aber ist London (750 000): Hier gibt es nicht nur komfortable Wohnungen, sondern sogar Bürgersteige und eine nächtliche Straßenbeleuchtung.

Auch sonst ist **England** technisch allen voraus: Fabriken, Bergwerke, Dampfmaschinen und Eisenbahnen bringen den Inselstaat wirtschaftlich in Fahrt. Bald erreicht die **Industrielle Revolution** auch das übrige Europa.

Nur mit seinen Besitztümern in Amerika läuft es für England nicht so gut: Die an der amerikanischen Ostküste lebenden Auswanderer sehen nicht ein, dass sie an ihre Heimat zwar

Steuern zahlen, im Londoner Parlament aber kein Stimmrecht haben sollen. Nach diversen Kämpfen gegen britische Soldaten erklären deshalb 13 amerikanische Kolonien am **4. Juli 1776** ihre Unabhängigkeit und gründen die **Vereinigten Staaten von Amerika.** Bis heute wird der 4. Juli in den USA als Unabhängigkeitstag (Independence Day) gefeiert.

A

In der Schweiz werden zu dieser Zeit noch Hexen verbrannt (die letzte 1784), und in Frankreich kümmert sich der König vor allem um sein Luxusleben, während das Volk unter der Last der Steuern leidet – von deren Zahlung Adelige und Priester aber verschont bleiben. So wächst der Unmut, bis am **14. Juli 1789** mehr als 900 wütende Handwerker, Kaufleute und andere Bürger die **Bastille** stürmen (gesprochen: »Bastieh«); in dieses berüchtigte Staatsgefängnis werden unter anderem Gelehrte und Schriftsteller eingesperrt, die es gewagt haben, das Regime des Königs zu kritisieren. Mit dem Sturm auf die Bastille beginnt die **Französische Revolution.** Bis heute feiern die Franzosen den 14. Juli als Nationalfeiertag.

Frankreichs Monarchie ist zusammengebrochen, Beschlüsse werden nun demokratisch vom Parlament in Paris gefasst. Es erklärt unter anderem, dass die Menschen- und Bürgerrechte für alle gelten, so wie es die Parole der Revolutionäre gefordert hat: Freiheit, Gleichheit, Brüderlichkeit (Liberté, Egalité, Fraternité).

Ludwig XVI. (1754 – 1793) hat als König seine Macht verloren, wird gezwungen, von Versailles nach Paris zu ziehen, versucht zu fliehen und wird später unter dem Jubel des Volkes von der Guillotine (Fallbeil) geköpft. Auch seine Frau **Marie Antoinette** kann diesem Ende nicht entgehen.

Wenige Wochen zuvor, im September 1792, hat das Parlament die Abschaffung der Monarchie beschlossen und Frankreich zur **Republik** erklärt (= Staatsform, bei der das Parlament bestimmt). In den anderen Ländern Europas regieren weiterhin Könige, deren Familien oft miteinander verwandt sind.

Napoleon – ein genialer Stratege ergreift die Macht

Im Jahr 1796 gelingt es einem ungewöhnlich begabten Armeeführer Frankreichs, mit seinen Soldaten den Norden Italiens zu besetzen und Mailand einzunehmen. Der Name des 27-Jährigen: **Napoleon Bonaparte** (1769 – 1821). Drei Jahre später dringt er, inzwischen General, mit Soldaten in eine Abgeordnetenversammlung ein und ernennt sich zum »Ersten Konsul«, der Offiziere, Beamte und Richter ernennen darf. Doch das reicht dem machthungrigen Feldherrn nicht aus: 1802 lässt er sich zum Konsul auf Lebenszeit wählen, nur er darf jetzt neue Gesetze vorschlagen.

Wollten die Franzosen mit ihrer Revolution nicht die Machtfülle eines Einzelnen abschaffen? Geschickt nimmt Napoleon seinen Kritikern den Wind aus den Segeln, indem er 1804 den **Code Civil** einführt, in dem die Ideale der Französischen Revolution festgeschrieben sind, zum Beispiel die Gleichheit aller Bürger. Die sind nun überwiegend zufrieden, und so gelingt es dem Ehrgeizigen, sich noch im selben Jahr (**1804**) in der Kathedrale von Nôtre Dame zum **Kaiser** zu machen. Die Krone in Form eines Lorbeerkranzes setzt er sich selbst auf – und zeigt damit dem anwesenden Papst, dessen Aufgabe das eigentlich gewesen wäre, wer die wahre Macht besitzt.

A

Nach verschiedenen Eroberungszügen beherrscht Napoleon fast ganz Europa. Deutschland steht komplett unter seinem Einfluss, das Heilige Römische Reich Deutscher Nation wird 1806 aufgelöst. Auch das einst mächtige Preußen (es gehört nicht zum Reich) wurde von Napoleon erobert. Nur England widersteht: **Admiral Lord Nelson** (1758–1805) gelingt es 1805 in der Seeschlacht bei Trafalgar (Südspanien), die französisch-spanische Flotte zu schlagen.

Die einen sehen den gebildeten und kulturell interessierten Heerführer Napoleon nur als Besatzer, die anderen bewundern ihn; auch Goethe, der ihn kennenlernt, zeigt sich beeindruckt: Für ihn ist Napoleon der Mann, der endlich Ordnung in das Chaos der deutschen Fürstentümer bringt.

Als Napoleon **1812** mit seinem Vormarsch nach Russland scheitert, ist seine Sieges-Serie beendet. Ein Jahr später gelingt es auch deutschen, russischen, englischen und österreichischen Truppen, die Franzosen gemeinsam zu schlagen; in der **Völkerschlacht bei Leipzig** stehen sich rund 500 000 Soldaten gegenüber, so viele wie in keinem Krieg zuvor.

1814 marschieren die verbündeten Truppen in Paris ein – Napoleon muss abdanken und sich in die Verbannung zurückziehen – auf die Insel Elba, von wo aus er aber noch ein letztes Mal für 100 Tage nach Frankreich zurückkehrt. Ohne Erfolg, denn in der **Schlacht von Waterloo** (südlich von Brüssel) unterliegt er seinen Gegnern erneut. Sie schicken ihn daraufhin noch weiter weg: Die britische Insel St. Helena liegt vor der Südwestküste Afrikas. Hier lebt Napoleon, bis er im Alter von 51 Jahren stirbt – nicht im Kampf, sondern an Magenkrebs.

Wie soll es nach Napoleon in Europa weitergehen? Lange verhandeln die Vertreter der verschiedenen Länder miteinander auf dem **Wiener Kongress,** bis sie sich **1815** einigen. Einer der Beschlüsse sieht vor, dass sich 35 Fürstentümer und vier freie Städte zum **Deutschen Bund** zusammenschließen. Er trifft sich in Frankfurt am Main zur **Bundesversammlung.**

Deutscher Widerstand gegen Unterdrückung und Not

Die erste große Massenkundgebung in Deutschland: Rund 30 000 Menschen versammeln sich im Mai **1832** rund um die Burg Hambach bei Neustadt an der Weinstraße. Auf diesem **Hambacher Fest** werden Forderungen nach Freiheit und nach Einheit in Form einer Republik laut. Als deren Symbol tragen einige der Demonstranten Fahnen bei sich. Ihre Farben: **Schwarz-Rot-Gold.** Der Deutsche Bund reagiert, indem er versucht, die aufkeimende liberal-demokratische Bewegung zu unterdrücken: Die Versammlungs- und Pressefreiheit wird eingeschränkt.

Um 1830 müssen viele Arbeiter bis zu 70, 80 und noch mehr Stunden in der Woche in den Fabriken schuften, oft unter härtesten Bedingungen. In England wird 1833 festgelegt, dass Neun- bis Dreizehnjährige nur noch 48 Wochenstunden und Vierzehn- bis Achtzehnjährige nicht mehr als 68 Wochenstunden arbeiten dürfen. In Deutschland ist unkontrollierte **Kinderarbeit** aber weiterhin an der Tagesordnung.

1844 kommt es in Schlesien zum **Weberaufstand:** Hungernde Arbeiter zerstören Webmaschinen und Privaträume verhasster Fabrikanten. In dieser Atmosphäre sozialer Ungerechtigkeiten trifft eine Parole des sozialistischen Ökonomen **Karl Marx** (1818–1883) auf offene Ohren bei den Ausgebeuteten: »Proletarier aller Länder vereinigt euch!«

C

»**Proletarier**« waren im alten Rom die Besitzlosen, die nicht mehr als ihren Nachwuchs (proles) hatten. Zur Zeit von Karl Marx versteht man unter diesem Begriff die Lohnarbeiter. Die modernen, abwertenden Bezeichnungen »Prolet« und »prollig« (für ungebildet, ungehobelt) gehen ebenfalls auf diesen Ursprung zurück.

B

In England hatten schon 1838 mehr als 100 000 Menschen demonstriert und ein allgemeines Wahlrecht gefordert. Bisher dürfen nur Bürger wählen, die ein bestimmtes Einkommen und Besitz nachweisen können. Missernten und Hunger stellen die Menschen in Europa aber vor weit größere Probleme, gegen die sie sich ebenso wehren wie gegen Zensur und fehlende Demokratie. Als im Februar 1848 in Paris bei Unruhen Demonstranten erschossen werden, löst das die **Februar-Revolution 1848** aus – zunächst in Frankreich und Italien, kurz darauf auch in Österreich und Deutschland (**März-Revolution**).

C

In Mannheim heißt es in einem Aufruf: »Das deutsche Volk hat das Recht zu verlangen: Wohlstand, Bildung und Freiheit für alle Klassen der Gesellschaft ohne Unterschied!« Eine weitere Forderung lautet, ein Parlament zu gründen. Die Demonstrationen zeigen Wirkung: Der Bundestag in Frankfurt am Main hebt die Zensur auf.

Im Dezember **1848** formulieren Abgeordnete in der Frankfurter Paulskirche die ersten **»Grundrechte des Deutschen Volkes«**. Noch immer besteht Deutschland aber aus mehreren Kleinstaaten und Königreichen, von denen **Preußen** mit seinem König **Friedrich Wilhelm IV.** (1795–1861) zu den mächtigsten gehört.

In den USA fordern im Juli 1848 zum ersten Mal Frauen die Gleichberechtigung. Sie haben keinen freien Zugang zu Berufen, und wenn sie Geld verdienen, gehört es ihrem Mann. In der Folge erhält 1849 die erste Ärztin ihre Zulassung.

B

Mehr Freiheit auch in **Russland: Zar Alexander II.** (1818 – 1881) legt im Februar 1861 in einem Erlass fest, dass die Bauern nicht länger Untertanen der Adeligen sind.

In den **USA** wollen die **Republikaner** und ihr Präsident **Abraham Lincoln** (1809 – 1865) die Sklaverei abschaffen. Mehrere Südstaaten spalten sich daraufhin ab und bilden eine eigene Regierung. Sie wollen auf den Tabak- und Baumwollfeldern weiterhin Sklaven als billige Arbeitskräfte nutzen.

Im April **1861** greifen Einheiten der Südstaaten in South Carolina stationierte Truppen des Nordens an: Der **amerikanische Bürgerkrieg** beginnt. Nach anfänglichen Verlusten gewinnen **1865** die Nordstaaten. Bilanz: mehr als eine halbe Million Tote auf beiden Seiten.

C

Wegen der Loslösung der Südstaaten (Trennung, Absonderung = Sezession) heißt der amerikanische Bürgerkrieg auch **Sezessionskrieg.**

C

1866 wird in Baltimore die erste amerikanische Gewerkschaft gegründet; die Unternehmer erkennen sie aber noch nicht an. Zwei Jahre zuvor hatten sich schon in London Arbeiter aus verschiedenen Ländern zusammengeschlossen, nach einem Programm, das Karl Marx entwarf.

Schluss mit der Kleinstaaterei: Das Deutsche Reich entsteht

Nach einem kurzen Krieg, in dem Preußen und Österreich um ihren gemeinsamen Besitz Schleswig-Holstein streiten, geht Preußen 1866 als Sieger hervor.

Der preußische König **Wilhelm I.** (1797–1888) macht den konservativen Politiker **Otto von Bismarck** (1815–1898) zu seinem Ministerpräsidenten und **Preußen** zum mächtigsten Staat in Mitteleuropa. Mehr als die Hälfte aller Deutschen lebt hier, zwischen Königsberg im Nordosten und Trier im Südwesten.

Mit diplomatischem Geschick schließt Bismarck 1870 Bündnisse mit Bayern, Baden und Württemberg. Als er bei einem eher nebensächlichen Anlass Frankreich provoziert, das daraufhin Preußen den Krieg erklärt, geht der Plan des Strategen endgültig auf: Preußische Truppen besetzen Frankreich und gewinnen den **Deutsch-Französischen Krieg (1870–1871)**. Nun kann Bismarck sein eigentliches Ziel verwirklichen und das **Deutsche Reich** gründen.

Der Jubel ist groß, nicht nur bei den Liberalen und im preußischen Norden: Endlich ist sie da, die von vielen so lange herbeigesehnte Einheit Deutschlands.

Am 18. Januar **1871** wird Wilhelm I. ausgerechnet im Schloss von Versailles zum Kaiser des neuen Deutschen Reichs ausgerufen – für die Franzosen eine weitere Provokation. Der Kriegsverlierer Frankreich muss außerdem die Gebiete Elsass und Lothringen an Deutschland abgeben sowie fünf Milliarden Franc Kriegsentschädigung zahlen.

B

Kaiser Wilhelm macht daraufhin Otto von Bismarck zum ersten **Reichskanzler,** einem mächtigen Superminister für alles. Außenpolitisch gelingt es Bismarck, mit seinen europäischen Nachbarn fortan in Frieden zu leben. Im eigenen Land kämpft er dafür mit umso mehr Gegnern: mit Katholiken, Arbeitern, Sozialisten und Sozialdemokraten. Er führt aber im Deutschen Reich, in dem es bisher verschiedene Münzsysteme gab, als einheitliche Währung die **Mark** ein – und die Krankenversicherung für alle. Deutschland wird dadurch als **Sozialstaat** zum europäischen Vorbild.

C

1870 erklärt der Vatikan, dass die Entscheidungen des Papstes »unfehlbar« seien. Darüber regen sich in Deutschland viele Politiker auf, vor allem Angehörige der Liberalen. Mit der Folge, dass Geistlichen per Gesetz verboten wird, sich in der Öffentlichkeit zu politischen Fragen zu äußern.

An der noch jungen deutschen Börse kommt es 1873 zum ersten Crash. Frankreich hat schneller als erwartet seine Schulden bezahlt (die **Reparationszahlungen** nach dem verlorenen Deutsch-Französischen Krieg), womit der Geldstrom der vergangenen Monate versiegt. Nun geben die Banken den Aktiengesellschaften keine Kredite mehr – der Boom der **Gründer-zeit** (der Name kommt daher, dass zu dieser Zeit viele Firmen gegründet wurden) ist erst einmal vorbei.

Wegweisende Erfindungen werden aber weiterhin gemacht. So lässt zum Beispiel die Verwendung neuer Eisenkonstruktionen spektakuläre Bauten entstehen: kühne Brücken, opulente Einkaufspassagen und den 300 Meter hohen **Eiffelturm** in Paris (**1889**). Im Oktober **1886** baut Gottlieb Daimler (1834 – 1900) einen Ottomotor in eine Kutsche ein – und hat damit das **Auto** erfunden.

Deutschlands verhängnisvoller Größenwahn

Noch nicht einmal 30 Jahre ist er alt, da wird er **1888** König von Preußen und Kaiser von Deutschland: **Wilhelm II.** (1859 – 1941). Zwei Jahre später schickt er den Reichskanzler Bismarck gegen dessen Willen in den Ruhestand, wenige Tage vor dem 75. Geburtstag.

Wilhelm will das wirtschaftlich groß gewordene Deutschland auch militärisch auf eine Stufe mit der Weltmacht Großbritannien stellen und lässt eine Hochseeflotte bauen. Die Briten reagieren verstimmt auf das deutsche »Säbelrasseln« und schließen sich mit dem alten Gegner Frankreich sowie mit Russland zusammen.

Deutschland dagegen hat weniger starke Verbündete: Österreich-Ungarn und das Osmanische Reich (Türkei). **Österreich**

und **Ungarn** haben sich 1867 unter Kaiser Franz Joseph I. zu einer Doppelmonarchie zusammengeschlossen, im Volksmund »**Donaumonarchie**« genannt. Der österreichische Kaiser ist zugleich König von Ungarn.

1900–1945:
zwei Weltkriege und 65 Millionen Tote

A

Grausam waren Kriege schon immer gewesen. Aber dass Soldaten aus mehreren Kontinenten mit Schlachtschiffen, U-Booten, Flugzeugen und Giftgas gegeneinander kämpfen, das hatte es bis 1914 noch nie gegeben.

Viele europäische Konflikte und Spannungen, zum Beispiel um Besitz und Grenzen im Balkan, bringen nach 1900 immer mehr Regierungen zu der Überzeugung: Ein kurzer Krieg mit schnellem Sieg wird die unübersichtliche Lage zu den eigenen Gunsten verändern. Mit dem, was dann tatsächlich folgt, rechnet niemand.

Der Erste Weltkrieg (1914–1918):
mehr Tote als erwartet

B

Franz Ferdinand, Neffe des österreichischen Kaisers und als dessen Nachfolger vorgesehen, besucht im Juni 1914 die serbische Stadt Sarajewo und wird dort von serbischen Nationalisten ermordet. Österreich-Ungarn erklärt deshalb Serbien den Krieg. Deutschland stellt sich auf die Seite Österreichs – auf der anderen stehen die mächtigen Nationen Russland, Frankreich und Großbritannien.

Wilhelm II. verherrlicht alles Militärische und kritisiert 1912 »das ewige Betonen des Friedens bei allen Gelegenheiten«. Der deutsche Kaiser sieht Deutschland bedroht und will zugleich dessen Macht ausweiten – so erklärt das Kaiserreich Anfang August **1914** seinen Gegnern Russland und Frankreich den Krieg. Deutschland rechnet mit einem französischen Angriff; um dem zuvorzukommen, dringen deutsche Truppen in das neutrale Belgien ein, von dort aus wollen sie Frankreich besetzen.

»Ich kenne keine Parteien mehr, ich kenne nur noch Deutsche!« Mit diesem Satz löst Kaiser Wilhelm II. Begeisterung aus, sogar bei den Sozialdemokraten, die er zuvor als »vaterlandslose Gesellen« beschimpft hatte.

B

Immer mehr Länder beteiligen sich. Großbritannien tritt gegen Deutschland in den Krieg ein, die mit Deutschland verbündete Türkei gegen Russland. Da Deutschland seine Truppen nun in Europa braucht, nutzt Japan die Gunst der Stunde und versucht, sich in Afrika deutsche Kolonien anzueignen. Schließlich greifen selbst die USA als weiterer Gegner Deutschlands ein.

A

Als 1917 auch noch ein deutscher Hungerwinter folgt, ist die **Niederlage** besiegelt: Im November **1918** muss das Deutsche Reich kapitulieren. Die Donaumonarchie Österreich-Ungarn, mit fast 53 Millionen Einwohnern nach Russland und dem Deutschen Reich der drittgrößte Staat Europas, löst sich auf; einzelne Mitgliedsländer wie Tschechien und Rumänien machen sich selbstständig.

Keiner der Beteiligten ahnte, dass europäische Konflikte zu einem langen, zermürbenden Weltkrieg mit fast **acht Millionen Toten** heranwachsen würden. Viele waren begeistert in diesen Krieg gezogen, nur wenige hatten zum Frieden gemahnt, aber alle hatten mit einer schnellen Entscheidung gerechnet.

B

Noch vor dem Ende des Krieges kommt es zu Unruhen in **Russland:** Hungernde Arbeiter streiken, Bauern demonstrieren, Soldaten meutern. **1917** setzt eine Übergangsregierung den Zaren ab, und noch im selben Jahr gelingt es dem Revolutionär **Wladimir Iljitsch Lenin** (1870 – 1924) während der **Oktoberrevolution** eine kommunistische Regierung zu bilden. Als sich 1922 Russland und 14 andere Staaten zur **Sowjetunion** zusammenschließen, hat Lenin gerade seinen zweiten Schlaganfall erlitten. Zwei Jahre später stirbt er, und **Josef Stalin** (1879 – 1953) übernimmt die Macht in dem riesigen Reich mit seinen 134 Millionen Menschen, von denen mehr als 80 Prozent auf dem Land leben.

Die Weimarer Republik: Deutschlands erste Demokratie

Deutschland hat den Krieg verloren und muss dafür bezahlen: Neben mehr als 200 Milliarden Goldmark muss es umfangreiche Kohlelieferungen, 13 Prozent seines Territoriums (Elsass-Lothringen, Teile Schlesiens und Westpreußens) abgeben sowie die Kolonien, die Flotte und alle schweren Waffen abtreten. Das alles diktieren die Siegermächte im **Versailler Vertrag,** der **1919** nahe Paris im Schloss von Versailles unterzeichnet wird. Die Deutschen sind empört und empfinden diesen Vertrag als ungerecht, zumal sie das Deutsche Reich nicht als allein schuldig am Weltkrieg sehen. Im März 1921 besetzen französische Truppen Düsseldorf und Duisburg, um Deutschland zur Zahlung der ausstehenden Gelder zu zwingen.

B

Kein Zweifel besteht daran, dass es einen Neunanfang geben muss. Der Kaiser dankt ab, in Weimar tritt die Nationalversammlung zusammen und wählt den SPD-Politiker **Friedrich Ebert** (1871–1925) im Februar **1919** zum Reichspräsidenten der neuen **Weimarer Republik.** Zum ersten Mal regiert in Deutschland eine parlamentarische Demokratie.

Ebert will der Welt zeigen, dass die Deutschen zum Frieden fähig sind und »das deutsche Volk vor Bürgerkrieg und Hungersnot bewahren«. Doch in dieser turbulenten Zeit ist das schwer: Streiks und Unruhen erschüttern das Land ebenso wie politische Gewalttaten radikaler linker und rechter Gruppen, die die neue Demokratie ablehnen. 1919 lässt die Regierung den kommunistischen Spartakus-Aufstand niederschlagen; seine Anführer **Karl Liebknecht** (1871–1919) und **Rosa Luxemburg** (1870–1919), die Gründer der Kommunistischen Partei (KPD), werden ermordet.

Nationalsozialisten auf dem Weg zur Macht

In der Bevölkerung schwindet das Vertrauen in die Weimarer Republik: Die **Inflation** und der Zusammenbruch der Währung (**1923**), die **Weltwirtschaftskrise** (**1929**) und sechs Millionen Arbeitslose (1932) verschaffen den radikalen Gruppen immer mehr Zulauf. 1930 wird die **NSDAP** (Nationalsozialistische Arbeiterpartei Deutschlands) bei den Reichstagswahlen mit 18,3 Prozent der Wählerstimmen die zweitstärkste Partei im Parlament; 1932 kann sie sogar auf 37,9 Prozent zulegen.

Als keine klaren Mehrheiten zustande kommen, ernennt Reichspräsident **Paul von Hindenburg** (1847–1937) am **30. Januar 1933** den Führer der NSDAP zum **Reichskanzler: Adolf Hitler** (1889–1945). Der hatte neun Jahre zuvor (am 9. November 1923) schon einmal versucht, an die Macht zu kommen; doch damals scheiterte sein Putschversuch, und der Österreicher wurde zu einer Gefängnisstrafe verurteilt. Nun hat Hitler sein Ziel erreicht: Unantastbar steht er an der Spitze einer Regierung, die nur aus Nationalsozialisten besteht.

Vier Wochen nach Hitlers Erfolg steht am 28. Februar 1933 in Berlin der Reichstag in Flammen. Die Nationalsozialisten behaupten lautstark, der **Reichstagsbrand** gehe auf Brandstiftung der Kommunisten zurück; sie setzen eine Notverordnung »zum Schutz von Volk und Staat« durch, die es ihnen erlaubt, mehrere Grundrechte außer Kraft zu setzen. Am 23. März 1933 folgt das **Ermächtigungsgesetz,** das der Regierung ermöglicht, Gesetze unter Umgehung des Parlaments zu erlassen. Nur die SPD stimmt dagegen; die meisten Abgeordneten der KPD sitzen während der Abstimmung im Gefängnis, ebenso wie einige Sozialdemokraten – die NS-Regierung hat sie in »Schutzhaft« genommen.

B

Im Juni 1933 wird die SPD aufgelöst, führende Mitglieder werden verhaftet und in **Konzentrationslager (KZ)** gebracht; das erste entsteht im März 1933 im bayerischen Dachau. Alle Parteien außer der NSDAP werden verboten. Von nun an haben die Nationalsozialisten freie Hand – die Demokratie ist abgeschafft, die Errungenschaften der Weimarer Republik sind Geschichte.

A

Alles, was nicht ins ideologische Bild der Nationalsozialisten passt, verliert seine Existenzberechtigung: Moderne Kunstwerke, als **»entartete Kunst«** verunglimpft, werden beschlagnahmt oder zerstört; die Bücher verfemter Schriftsteller werden verboten. 1933 findet in Berlin eine große öffentliche **Bücherverbrennung** statt, bei der NS-Mitglieder rund 20 000 Werke »undeutschen Geistes« in die Flammen werfen.

Propaganda und Jobs:
Wie Hitler die Deutschen überzeugt

B

Als die neue Regierung in einer Rede »die Ehrfurcht vor unserer großen Vergangenheit, den Stolz auf unsere alten Traditionen« beschwört, trifft sie den Nerv der Bevölkerung: Endlich geht es nicht mehr um die angebliche Alleinverantwortung für den vergangenen Krieg, um die Schmach der Niederlage, um Schuldgefühle.

Die Deutschen fühlen sich seit Jahren gedemütigt, müssen in wirtschaftlich harten Zeiten die Last der hohen finanziellen Opfer tragen, die die Sieger dem Land auferlegt haben. Das Selbstbewusstsein der Bevölkerung ist 1933 gebrochen – und nun kommt hier ein Mann, der es ihnen zurückgibt. Geschickt spricht Adolf Hitler von der »Volksgemeinschaft«, die Opfer bringen müsse, um zu neuer Größe und Stärke heranzuwachsen. Damit erzeugt er ein Gefühl der Zusammengehörigkeit, das er noch verstärkt, indem er Minderheiten wie Juden und Kommunisten für alles verantwortlich macht, was im Land schiefläuft.

A

Und: Hitler schafft Arbeitsplätze. Im Straßenbau, in der staatlichen Rüstungsindustrie. 1933 werden für Rüstung 0,7 Milliarden Reichsmark ausgegeben, sechs Jahre später sind es schon fast 26 Milliarden. Dass die **Staatsverschuldung** entsprechend steigt, spüren die einzelnen Bürger nicht. Dass sie wieder Arbeit haben, schon.

1933 gibt es in Deutschland noch sechs Millionen Arbeitslose, doch bereits **1936** herrscht **Vollbeschäftigung**. Staatlich festgesetzte Löhne und Preise verhindern eine Inflation. Sogar SPD- und KPD-Anhänger schwenken um, jubeln Hitler bei seinen zahlreichen Auftritten zu und lassen sich von seinen Reden mitreißen.

Hass und Terror:
Wie das NS-Regime gegen Juden vorgeht

Dass Hitlers Regierung die Öffentlichkeit gegen jüdische Mitbürger aufhetzt und von Schlägertrupps einschüchtern lässt, wird von den meisten Deutschen hingenommen. Ein Schönheitsfleck der ansonsten erfolgreichen Politik, vor dem man den Blick abwendet. So kann Hitler ohne Gegenstimmen oder gar Proteste im September **1935** die **Nürnberger Gesetze** beschließen: Jüdische Bürger, als »Volksschädlinge« und »rassisch minderwertig« gebrandmarkt, dürfen keine Ämter mehr übernehmen, außerdem werden Ehen sowie außereheliche Beziehungen zwischen Juden und Staatsangehörigen »deutschen oder artverwandten Blutes« verboten.

B

Im Sommer 1936 finden in Berlin die **Olympischen Spiele** statt. Bevor die internationalen Besucher in die Stadt strömen, lassen die NS-Verantwortlichen alle Plakate und Parolen entfernen, auf denen gegen Juden gehetzt wird. Deutschland soll sich dem Ausland gegenüber weltoffen präsentieren. Kaum ist das sportliche Großereignis vorbei, nehmen die Ausschreitungen zu: Jüdische Geschäfte werden beschmiert (»Kauft nicht bei Juden!«), in manchen Kliniken dürfen jüdische Ärzte nur noch jüdische Patienten behandeln, und Juden finden immer schwerer eine Mietwohnung.

A

Am **9. November 1938** kommt es in der sogenannten **Reichskristallnacht** in ganz Deutschland zu staatlich gelenkten Angriffen auf jüdische Bürger: 91 von ihnen werden ermordet, fast alle Synagogen brennen, und mehr als 7000 Geschäfte, die Juden gehören, werden zerstört oder beschädigt.

B

Wer als Jude nicht auswandert oder nicht schon verhaftet wurde und im KZ interniert ist, hat es in den folgenden Monaten immer schwerer. 1939 erhalten jüdische Männer zusätzlich zu ihrem eigentlichen Vornamen den **Zwangsnamen** »Israel« und Frauen den Vornamen »Sara«; ab 1941 müssen alle Juden auf ihrer Kleidung deutlich sichtbar einen gelben Davidstern, den **»Judenstern«**, tragen. Wer Wohneigentum besitzt, wird enteignet und muss Haus oder Wohnung verlassen.

A

Bewaffnete Truppen der **SA** (Sturmabteilung) und der **SS** (Schutzstaffel) terrorisieren nicht nur jüdische Bürger. Erbarmungslos gehen sie auch gegen Kommunisten und Homosexuelle vor. Selbst Behinderte werden nicht verschont; 1939 tritt ein staatliches **Euthanasie-Programm** in Kraft, das vorsieht,

»lebensunwertes Leben« (gemeint sind Schwerbehinderte) auszulöschen. Ärzte, die zu solchen Tötungen bereit sind, finden sich problemlos.

1942 beschließt das NS-Regime die sogenannte **Endlösung:** Alle europäischen Juden sollen in **Vernichtungslager** verschleppt und dort mit Giftgas getötet werden. Dem Plan folgen die entsprechenden Taten, in dieser systematisch angelegten Form und Größe einmalig in der Menschheitsgeschichte. Ab Ende 1941 entstehen im besetzten Polen, abgelegen und vor der deutschen Bevölkerung geheimgehalten, ein halbes Dutzend solcher Todesfabriken.

Machtgier ohne Grenzen: Deutschlands Weg ins Verhängnis

Auch in anderen Ländern Europas sind **Diktatoren** an die Macht gekommen: in Österreich, Italien, Spanien, Portugal, Griechenland, Jugoslawien, Polen und Bulgarien. Die NS-Regierung hat sich nicht nur mit Italiens Machthaber **Benito Mussolini** (1883 – 1945) verbündet, sondern auch mit Japan. Beide Länder haben ähnliche Machtgelüste wie Deutschland: Italien besetzt Libyen, 1937 greifen japanische Truppen China an. Deutsche Soldaten marschieren im März 1938 in Österreich ein und im Oktober in die Tschechoslowakei, wo sie das überwiegend von Deutschen bewohnte Sudentenland übernehmen. Die Mehrheit der dortigen Bevölkerung ist mit dem »Anschluss« an das Deutsche Reich einverstanden.

Die Schrecken des Zweiten Weltkriegs (1939–1945)

Am **1. September 1939** dringen Soldaten der deutschen Wehrmacht ohne Kriegsankündigung in **Polen** ein. Großbritannien und Frankreich fordern Hitler zum Rückzug auf; als er ablehnt, erklären sie dem Deutschen Reich am 3. September den Krieg – der **Zweite Weltkrieg** hat begonnen.

B

Im April 1940 besetzen deutsche Truppen Dänemark und Norwegen, im Mai die neutralen Länder Belgien, Luxemburg und die Niederlande. Frankreich folgt im Juni, kampflos dringen die deutschen Soldaten nach Paris vor. Doch Großbritannien bleibt standhaft: Zwar richten deutsche Bomber in London und Coventry verheerende Zerstörungen an, aber bei der **Luftschlacht um England** erlebt Deutschland **1940** seine erste Niederlage.

Ansonsten aber reiht sich aus deutscher Sicht Erfolg an Erfolg. Nachdem deutsche Truppen Griechenland und Jugoslawien besetzt haben, folgt 1941 der Angriff auf die Sowjetunion und am Jahresende gemeinsam mit Italien die Kriegserklärung an die USA. Italien ist ebenso ein Verbündeter Deutschlands wie Japan, das in Asien strategische Siege erringt.

Doch ein Jahr später beginnt sich das Blatt zu wenden. Britische und amerikanische Bomber zerstören ab Ende März **1942** große Teile von Lübeck, Köln, Dresden, Hamburg, München und anderen deutschen Städten. Die Alliierten erhoffen sich hiervon eine Demoralisierung der Bevölkerung. Doch vergeblich: Die vielen nächtlichen **Bombenangriffe** lassen die Menschen in den brennenden Städten nicht nur körperlich, sondern auch in ihrem Durchhaltewillen näher zusammenrücken. Unterstützt von der nicht nachlassenden **Propaganda** der NS-Führung, die unverdrossen für Siegeszuversicht sorgt: im Radio (über die weit verbreiteten **Volksempfänger**) und im Kino (in der »**Wochenschau**«, die als wöchentlich produziertes Nachrichtenmagazin im Vorprogramm vor dem Hauptfilm gezeigt wird).

Militärisch geht Deutschland seiner Niederlage entgegen. Bei **Stalingrad** wird die deutsche Armee in einer der größten Schlachten des Zweiten Weltkriegs geschlagen (**Januar 1943**). Die **Rote Armee** Russlands siegt und nimmt mehr als hunderttausend feindliche Soldaten gefangen. Nur 5000 von ihnen überleben; mehr als 700 000 Tote hat die Schlacht um Stalingrad am Ende auf beiden Seiten gefordert.

1944 landen amerikanische Soldaten in der **Normandie** und besiegen dort die deutschen Besatzer. Als im April 1945 die Alliierten Berlin einnehmen, begeht Adolf Hitler Selbstmord. Acht Tage später (am **8. Mai 1945**) kapitulieren die deutschen Streitkräfte bedingungslos.
Japan versucht noch, der Niederlage zu entgehen. Doch als am **6. August 1945** über **Hiroshima** eine amerikanische **Atombombe** explodiert und zwei Tage später eine zweite über der Stadt **Nagasaki,** ist auch das Schicksal von Deutschlands Verbündetem besiegelt.

Die schreckliche **Bilanz** des Zweiten Weltkriegs: rund **52 Millionen Tote,** etwa die Hälfte davon sind Zivilisten. Die meisten Opfer beklagt die Sowjetunion (20 Mio.), gefolgt von China (13 Mio.) und Polen (5,8 Mio). Die Zahl der deutschen Opfer beträgt rund 5,5 Millionen, dazu kommen weitere 2,5 Millionen Menschen, die auf der Flucht oder nach ihrer Vertreibung sterben. In den Konzentrations- und Vernichtungslagern verloren fast sechs Millionen Juden ihr Leben.

A

Deutschland ist im Sommer 1945 weitgehend zerstört und von den Alliierten besetzt, die sich das Land als **Besatzungsmächte** aufteilen: im Norden die Engländer, im Osten die Sowjets, im Westen die Franzosen, im Süden die Amerikaner. Obwohl Frankreich im Krieg von deutschen Truppen besetzt worden war, bekommt es nun auch den Status einer **Siegermacht.**

B

Im **Potsdamer Abkommen** beschließen die Sieger im Juli 1945 für Deutschland unter anderem: die **Entmilitarisierung** (Abgabe von Waffen, Verbot ihrer Produktion), die **Entnazifizierung** (Verbot von NS-Organisationen, Bestrafung von NS-Tätern) und die Umsiedlung von Deutschen, die in Schlesien, Ostpreußen und dem Sudetenland leben. Rund zwölf Millionen **Vertriebene** müssen ihre Heimat verlassen, die nun Polen und der Tschechoslowakei zugesprochen wird. 24 führende NS-Politiker stehen im Oktober 1945 im **Nürnberger Prozess** als Kriegsverbrecher vor Gericht; zwölf von ihnen werden ein

Jahr später gehängt, drei freigesprochen. Die anderen erhalten lange Haftstrafen.

1945 bis heute: vom Kalten Krieg zum erwärmten Klima

B

Nach dem Wunsch der Sowjetunion soll aus Deutschland 1945 ein neutraler Staat werden. Doch die Amerikaner haben andere Pläne: Da die Differenzen zwischen den USA und der Weltmacht im Osten immer deutlicher werden, wollen sie die Deutschen zu ihren Verbündeten machen – zu starken Verbündeten gegen den als bedrohlich empfundenen Kommunismus. Allerdings ist Deutschland noch nicht stark, sondern liegt völlig am Boden – Armut und Wohnungsnot sind groß. Deshalb bekommen die Kriegsverlierer schon bald Hilfe für den **Wiederaufbau,** vor allem Sachlieferungen und Kredite.

A

Aus dem von den westlichen Siegern besetzten Teil Deutschlands, der **Westzone,** soll ein demokratischer Staat werden. Die Besatzungsmächte USA, England und Frankreich können ihn nicht vollständig selbst verwalten, also braucht man deutsche Beamte und Politiker – auch wenn viele von ihnen schon in der NS-Zeit politische Ämter hatten. **Parteien** wie die SPD und KPD dürfen wieder aktiv werden, andere wie die CDU/CSU (1945) und die FDP (1948) werden neu gegründet.

Am **23. Mai 1949** tritt das **Grundgesetz** der neuen **Bundesrepublik** in Kraft, und im Herbst finden die ersten Wahlen zum neuen **Bundestag** statt: Der CDU-Politiker **Konrad Adenauer** (1876–1967) wird erster deutscher **Bundeskanzler**. Der 73-Jährige war Kölner Oberbürgermeister, bevor die Nationalsozialisten ihn 1933 aus dem Amt jagten.

Aus der von der Sowjetunion besetzten **Ostzone** (= sowjetische Zone) wird am 7. Oktober 1949 offiziell die **Deutsche Demokratische Republik (DDR)** – Deutschland ist endgültig in zwei Staaten geteilt. Da in der DDR bei Wahlen keine voneinander unabhängigen Parteien gegeneinander antreten dürfen, sondern allein die kommunistische **SED** (Sozialistische Einheitspartei Deutschlands) das Sagen hat, lehnen konservative Politiker in Westdeutschland nicht nur die **Anerkennung** des kleineren deutschen Staates ab – sie schreiben auch seinen Namen in Anführungszeichen oder sprechen von der »sogenannten DDR«. Demokratisch ist sie tatsächlich nicht: Regimekritiker werden verfolgt, und es gibt keine freie Presse.

B

Anders als der DDR gelingt der Bundesrepublik in den Fünfzigerjahren ein enormer wirtschaftlicher Aufschwung. Wem er zu verdanken ist, weiß in dieser Zeit jeder: Wirtschaftsminister **Ludwig Erhard** (1897–1977). Der CDU-Politiker wird von allen als »Vater des Wirtschaftswunders« geschätzt, weil er den Bürgern nach entbehrungsreichen Jahren die **soziale Marktwirtschaft** beschert. Und das heißt für viele Menschen: Wohlstand.

Anders als in der **freien Marktwirtschaft** kommt es in der sozialen Marktwirtschaft zu Eingriffen des Staates, um unsoziale Benachteiligungen Schwächerer zu verhindern. So kann zum Beispiel das Kartellamt verhindern, dass sich große Unternehmen zusammenschließen und ein Monopol bilden, das den Markt beherrscht und kleinere Firmen in den Ruin treibt.

Im kommunistischen Ostdeutschland funktioniert die staatlich gelenkte Versorgung mit den täglichen Konsumgütern nur unzureichend, sodass auch aus diesem Grund immer mehr unzufriedene Bürger in den Westen ziehen. Um die **Landflucht** zu stoppen, lässt die DDR-Regierung am **13. August 1961** in Berlin eine 3,60 Meter hohe **Mauer** bauen. Sie wird von bewaffneten Volkspolizisten streng bewacht. Die »Vopos« haben hier ebenso einen **Schießbefehl** wie an der gesamten **Zonengrenze** – der innerdeutschen Grenze, die mit Stacheldraht, Minenfeldern und scharfen Hunden gesichert ist, um zu verhindern, dass Deutsche von Ost nach West flüchten.

USA gegen Sowjetunion: Wettlauf der Systeme

Als die Sowjetunion am 4. Oktober 1957 einen knapp 84 Kilo schweren künstlichen Satelliten mit dem Namen »Sputnik« ins All schießt, ist der Westen geschockt: Niemand hat damit gerechnet, dass die wirtschaftlich und technisch unterlegen geglaubten Russen zu einer solchen Leistung in der Lage wären. Die USA haben dem nichts entgegenzusetzen. Doch der »Sputnikschock« animiert die Vereinigten Staaten zu einem groß angelegten Raumfahrtprogramm. Spätestens, als am **20. Juli 1969** der US-Astronaut **Neil Armstrong** als **erster Mensch auf dem Mond** landet, haben die Amerikaner ihren Prestigeverlust endgültig wettgemacht.

B

Im **Oktober 1962** steht die Welt erneut am Rande des Abgrunds. Es gibt wohl keinen Haushalt, in dem nicht voller Angst ein und dieselbe Frage diskutiert wird: Kommt es zu einem Atomkrieg zwischen der Sowjetunion und den Vereinigten Staaten? Auf der sozialistisch regierten Insel Kuba war US-Besitz enteignet oder verstaatlich worden; die USA wollten das feindliche Regime vor ihrer Haustür durch eine Invasion stürzen, was jedoch misslang. Nun sind auf der Karibikinsel Abschussrampen für sowjetische Mittelstreckenraketen installiert worden. Die Vereinigten Staaten fühlen sich bedroht, Präsident **John F. Kennedy** (1917–1963) verhängt am 22. Oktober eine Seeblockade um Kuba und fordert den Abbau der Anlagen sowie den Abzug der Raketen.

Wie werden die Sowjets reagieren? Sechs Tage lang zittert die Welt – dann gibt die Sowjetunion nach. Als Gegenleistung versichern die USA, keine weitere Invasion gegen Kuba zu unternehmen.

Mit der **Kubakrise** überschreiten die Spannungen zwischen Ost und West ihren Höhepunkt: Ohne einen bewaffneten Krieg zu beginnen, versuchen die Supermächte USA und Sowjetunion im sogenannten **Kalten Krieg** die jeweils andere Seite zu übertrumpfen und unter Druck zu setzen – zum Beispiel durch stärkere Waffensysteme oder einen Vorsprung bei der Eroberung des Weltraums. Nach der Kubakrise beginnen die Regierungen mit einer **Entspannungspolitik,** sich behutsam anzunähern.

In Deutschland gelingt es Bundeskanzler **Willy Brandt** (1913–1992), entscheidend zur Entspannung beizutragen: In den **1970** geschlossenen **Ostverträgen** mit Polen, der Sowjetunion und der Tschechoslowakei werden unter anderem die bestehenden Grenzen anerkannt, womit Deutschland endgültig auf die Rückgabe ursprünglicher Gebiete verzichtet, die seit dem Krieg zu Polen gehören. Ein Grundlagenvertrag mit der DDR führt zu Besuchsregelungen und anderen Erleichterungen für die Bürger im östlichen Deutschland. 1971 erhält der SPD-Politiker für seine **Ostpolitik** den Friedensnobelpreis.

Auswirkungen auf das Leben in vielen Teilen Europas hat am 26. April **1986** ein schwerer Unfall im sowjetischen Atomkraftwerk **Tschernobyl:** Explosionen zerstören den Reaktor, töten 31 Menschen und setzen große Mengen an radioaktivem Cäsium frei. In der 30-Kilometer-Zone rund um das Kernkraftwerk werden 135 000 Anwohner evakuiert. Die radioaktive Wolke verteilt sich weiträumig mit dem Wind und geht anschließend mit dem Regen auf Wäldern, Feldern, Gärten und Wiesen nieder. Nahrungsmittel wie Pilze, Milch und Wildfleisch sind in den folgenden Wochen und Monaten auch in Deutschland teilweise deutlich radioaktiv belastet.

B

In der Sowjetunion ist seit dem Frühjahr 1985 **Michail Gorbatschow** (1931 geboren) Generalsekretär der Kommunistischen Partei. Mit den Schlagworten »Glasnost« (Offenheit) und »Perestroika« (Umgestaltung) leitet der Staatschef innenpolitische Reformen ein, öffnet sich dem Westen und schließt mit den USA Vereinbarungen zur **Abrüstung**. Gorbatschows Politik ermutigt die Regimegegner in den kommunistischen **Ostblock**-Staaten: Sie müssen nun nicht mehr befürchten, dass mit Soldaten und Panzern gegen sie vorgegangen wird. 1989 finden in Polen demokratische Wahlen statt, bei denen die Opposition siegt.

Als am 2. Mai 1989 Ungarn die Grenze zu Österreich öffnet, nutzen zahlreiche DDR-Bürger dieses Schlupfloch im »**Eisernen Vorhang**« zur Ausreise. In Länder, die dem **Warschauer Pakt** angehören (zu dieser Verteidigungsgemeinschaft zählen unter anderem Polen, Ungarn und die Sowjetunion) durften die Ostdeutschen schon immer reisen – nun aber können sie von hier aus zum ersten Mal gefahrlos in den Westen gelangen. Eine **Ausreisewelle** beginnt, die nicht mehr zu stoppen ist. Und die zumindest der sowjetische Staatschef Michail Gorbatschow gar nicht stoppen will. Ohne seine Unterstützung sieht sich die DDR-Führung außerstande, mit der gewohnten Härte gegen Demonstranten vorzugehen, die immer häufiger und in wachsender Zahl Reisefreiheit und Demokratie fordern.

A

Nachdem im Herbst 1989 in Leipzig und in Berlin Zehntausende und später sogar Hunderttausende Menschen gegen die

SED-Diktatur auf die Straße gehen (»Wir sind das Volk!«), verkündet die durch Rücktritte geschwächte DDR-Regierung den Bürgern Ausreise-Erleichterungen, die von der Bevölkerung als Grenzöffnung missverstanden werden: Als daraufhin am **9. November 1989** ein Ansturm auf die ostdeutschen Grenzen einsetzt, kapitulieren die Verantwortlichen vor den Menschenmassen und lassen sie passieren. Die ganze Welt nimmt an diesem Tag Anteil am **Berliner Mauerfall**.

Das SED-Regime bricht wie ein Kartenhaus zusammen, und am 3. Oktober 1990 tritt die DDR der Bundesrepublik bei. Viele Deutsche hatten die **Wiedervereinigung** ersehnt – an sie geglaubt hatten in den letzten Jahrzehnten nur wenige.

Ein Jahr später löst sich auch der Warschauer Pakt und die Sowjetunion auf. Ihre Staaten werden selbstständig und bilden demokratisch gewählte Regierungen.

Der **Ost-West-Konflikt** ist damit beendet. Doch als am **11. September 2001** islamistische Terroristen **Anschläge** auf das World Trade Center in New York und andere amerikanische Ziele verüben, wird dem Westen schmerzhaft bewusst, dass er weiterhin mit Bedrohungen leben muss. Hinzu kommen weltweite Gefahren ganz anderer Art: zum Beispiel der südostasiatische Tsunami am zweiten Weihnachtstag 2004, (230 000 Tote), die Klima-Erwärmung und der Ausbruch eines isländischen Vulkans im April 2010, dessen Asche-Ausstoß rund 100 000 Flüge ausfallen lässt.

Besonders schlimm trifft es im März 2011 Japan: Das schwerste Erdbeben seiner bisherigen Geschichte löst eine riesige Flutwelle aus, die nicht nur Häuser, Autos und Menschen mit sich reißt, sondern auch mehrere Atomkraftwerke an der Küste der Stadt Fukushima schwer beschädigt. Radioaktive Strahlung tritt aus und sorgt weltweit für Entsetzen. In vielen Ländern beginnt eine Diskussion über die Gefahren der Atomenergie und über mögliche Alternativen zu dieser Technik.

Eselsbrücke: neun bedeutende Neuner-Jahre

1729: Lessing geboren
1749: Goethe geboren
1759: Schiller geboren
1769: Napoleon geboren
1789: Französische Revolution; Washington 1. US-Präsident
1939: Beginn des 2. Weltkriegs
1949: Gründung der Bundesrepublik Deutschland (7.9.)
1969: Erster Mensch auf dem Mond
1989: Fall der Berliner Mauer (9.11.)

Deutscher Schicksalstag: der 9. November
9. November 1918: Kaiser dankt ab, erste deutsche Republik
9. November 1923: Hitler versucht zu putschen
9. November 1938: Nationalsozialisten zünden Synagogen an
9. November 1989: Fall der Berliner Mauer

Zur Übersicht:

A Für Ahnungslose | **B** Für Besserwisser | **C** Für Champions

Religion

Woran der Mensch glaubt

Religion betrifft jeden. Auch Menschen, die nicht an Gott glauben (**Atheisten**) oder die Zweifel an seiner Existenz haben (**Agnostiker**). Würden wir in einer religionsfreien Welt leben, dann gäbe es kein Weihnachten und kein Ostern, keine Kirchen, keinen Konflikt zwischen Israelis und Palästinensern, keinen Dalai Lama, keine Diskussionen um den Bau von Moscheen. Und es hätte nie die Verfolgung von Juden oder terroristische Anschläge von Islamisten gegeben. Kurz: Die Welt wäre eine andere, als sie ist.

Ob sie besser oder schlechter wäre, soll hier keine Rolle spielen. In diesem Kapitel geht es nur darum, das Wesen der Religionen darzustellen – vor allem der großen Weltreligionen. Woran glauben ihre Anhänger? Worin unterscheidet sich ihr Glaube von dem der übrigen Religionen? Die Antworten sind auch dann aufschlussreich, wenn man sich selbst einer anderen Glaubensrichtung zugehörig fühlt. Oder gar keiner.

Was Ihnen in diesem Kapitel erspart bleibt:

Über kaum etwas können sich Menschen so ereifern wie über die richtige oder falsche Auslegung von religiösen Texten. Auf den folgenden Seiten geht es nicht um Details und nicht um Glaubensdiskussionen. Sondern um einen Überblick über die wichtigsten religiösen Strömungen der Vergangenheit und Gegenwart.

Religion: so alt wie die Menschheit

Der Glaube an eine höhere Macht ist dem Menschen eigen. Schon vor 60 000 Jahren (in der Steinzeit) gab es religiöse Handlungen: Man legte Verstorbenen Schmuck, Werkzeuge und Nahrung ins Grab, um sie für das **Jenseits** auszustatten. Dort sollten sie nicht mit leeren Händen ankommen. Dieser Glaube an ein **Weiterleben nach dem Tod** gilt als das älteste religiöse Denken des Menschen.

B

Auch in den ältesten Hochkulturen war die Religion immer Teil des Alltags. Beispiel **Ägypten** (vor rund 4500 Jahren): Neben einer Vielzahl von kleinen, örtlichen Gottheiten wurden große Götter wie der Sonnengott Re verehrt. So war es auch im alten **Griechenland** – hier thronte der Göttervater Zeus über dem Meeresgott Poseidon, der Erdgöttin Demeter und vielen anderen. Und die **Germanen** (vor rund 3000 Jahren) glaubten ebenfalls: an den Wettergott Thor, an Freya, die Göttin der Liebe und Fruchtbarkeit, sowie an etliche andere. Jede menschliche Kultur, selbst in den kleinen Stammesgesellschaften Afrikas, hatte **zu allen Zeiten** ihre Religion und ihre **Glaubensvorstellungen**.

Das ist noch immer so. Mit einem Unterschied: Die meisten Menschen (mehr als 70 Prozent) sind heute Anhänger einer der fünf bekannten **Weltreligionen**. Nur etwa 20 Prozent der Weltbevölkerung gehört keiner Kirche oder religiösen Gemeinschaft an. Was nicht heißen muss, dass diese Menschen keinen Glauben haben. Diejenigen, die die Existenz Gottes ausdrücklich ablehnen, sind nur eine kleine Minderheit: Bei einer Abstimmung würden sie ganz klar an der Fünf-Prozent-Hürde scheitern.

Die fünf Weltreligionen: Wie sind sie entstanden?

Zehn Kandidaten wollten in der Fernseh-Quizsendung »Wer wird Millionär?« auf den begehrten Stuhl, doch nur einer konnte es schaffen: Derjenige, dem es gelingen würde, am schnellsten die vier folgenden **Weltreligionen** nach ihrem Alter zu sortieren: Christentum, Judentum, Islam, Buddhismus.

Der Stuhl blieb erst einmal leer. Keiner hatte die richtige Reihenfolge eingetippt, und Quizmaster Günther Jauch musste eine neue Frage stellen. Hätten Sie's gewusst?

A

Wir nehmen hier noch die fünfte der Weltreligionen dazu, den Hinduismus. Dann sieht die **chronologische Übersicht** so aus:

Hinduismus: vor 5000 Jahren entstanden, heute 800 Millionen Anhänger

Judentum: vor 2500 Jahren entstanden, heute 12 Millionen Anhänger

Christentum: vor 2000 Jahren entstanden, heute 2 Milliarden Anhänger

Buddhismus: vor 1500 Jahren entstanden, heute 400 Millionen Anhänger

Islam: vor rund 1400 Jahren entstanden, heute 1,5 Milliarden Anhänger

B

Ist Ihnen aufgefallen, dass die **jüdische Religion** zu den »großen« dazugehört, obwohl sie nur 12 Millionen Anhänger hat? In diesem Fall ist nicht die Zahl der Mitglieder entscheidend, sondern die **Bedeutung:** Ohne das Judentum hätte es kein Christentum und keinen Islam gegeben. Diese geschichtliche Tatsache gerät heute oft aus dem Blickfeld, wenn sich Juden und Anhänger des Islams als Feinde betrachten.

C Was macht eine Weltreligion aus?

Man kann diesen Begriff unterschiedlich definieren. In jedem Fall sollte sie alt und in vielen Ländern verbreitet sein – was beim Hinduismus nur eingeschränkt der Fall ist. Er hat zwar Anhänger in mehr als 80 Ländern, die allermeisten von ihnen leben aber in Indien. Taoisten dagegen gibt es fast ausschließlich in China. Weshalb ihre Religion trotz zahlreicher Anhänger meistens nicht zu den großen Weltreligionen gezählt wird.

Hinduismus: die geheimnisvolle Religion der Inder

B

Das Geburtsjahr: unbekannt. Der Religionsgründer: unbekannt. Die Zahl der Götter: unbekannt. Nicht einmal eine klare Lehre gibt es – jeder Hindu kann den Gott verehren, der ihm gerade am nützlichsten erscheint. Vielleicht Ganesh, für Literatur und Wissenschaft zuständig oder wenn man gerade Erfolg braucht?

Ein Gott, der die Welt erschaffen hat, der den Menschen Gebote gab, nach denen sie bis heute leben sollen: Solche Gedanken sind dem Hinduismus fremd. Götter sind für die Hindus Helfer im Alltag. Nicht einmal Begriffe wie »Sünde« oder »Vergebung« kennt diese Religion. Aber was kennt sie stattdessen?

A

Während Juden, Christen und Muslime glauben, dass es einen Beginn und ein Ende der Welt gibt, sehen Hindus die Existenz des Universums als ein ewiges **Entstehen** und **Vergehen**. In diesem **Kreislauf** hängt alles zusammen. Die Natur, das Menschliche, das Göttliche – sie sind nicht voneinander getrennt, sondern miteinander verschmolzen. Es gibt keine Vorstellung, die auf der einen Seite einen Gott (oder mehrere Götter) sieht und auf der anderen die Welt. Alles ist eins.

Christen und Muslime stellen sich vor, dass ihre Seelen nach dem Tod weiterleben. Aus diesem Glauben schöpfen sie Hoffnung. Für Hindus ist das eine Vorstellung, die alles andere als verlockend wäre: Leben heißt für sie auch **Leiden,** und da ist das Bild des ewigen Lebens eher abschreckend.

Je nachdem, wie sich ein Mensch in seinem Leben verhält, sammelt er mit seinem Verhalten gutes oder schlechtes **Karma** an. Karma (Tat, Werk) ist die Folge aller guten und bösen Taten des Menschen; es hat Auswirkungen auf sein Schicksal im gegenwärtigen und im nächsten Leben. So kann er zum Beispiel erneut als Mensch, aber auch als Gott oder Tier wiedergeboren werden. Was übrigens nicht nur für Menschen, sondern auch für Götter gilt.

Der Wiedergeborene nimmt seine Seele in den neuen Körper mit (**Seelenwanderung**). Da man also nie wissen kann, wer zum Beispiel in einem Tier steckt – es könnte ja ein Mensch oder ein Gott sein –, begegnen viele Hindus allen Tieren mit Achtung und vermeiden den Genuss von Fleisch.

B

Aus dem ewigen und ungeliebten Kreislauf der Wiedergeburten, **Samsara** genannt, gibt es zunächst kein Entrinnen. Aber man kann versuchen, ihn zu durchbrechen und erlöst zu werden. Zum Beispiel durch Askese (Enthaltsamkeit), Yoga oder andere Praktiken.

C

Nicht alle **Götter** im Hinduismus sind gleich. Es gibt eine unüberschaubare Zahl von höheren, niederen und Halbgöttern. Im Mittelpunkt steht **Brahma,** dessen vier Köpfe symbolisieren, dass er den großen Überblick hat. **Vishnu** kann in unterschiedlicher Form erscheinen, ebenso wie **Shiva,** dessen Auftreten besonders widersprüchlich wirkt: Er kann als Zerstörer, aber auch als Erneuerer in Erscheinung treten. Um jede dieser Gottheiten ranken sich zahlreiche Legenden, die sich obendrein unterschiedlich deuten lassen. Doch was in den Augen eines Europäers verwirrend aussieht, sind für Hindus nur die unterschiedlichen Aspekte eines großen Ganzen: einer göttlichen Einheit.

Judentum: von vielen Göttern zu einem Gott

Die Juden waren die Ersten, die nicht mehr an mehrere Götter glaubten (das nennt man **Polytheismus** und spricht es »Politee-ismus« aus), sondern nur noch an einen Gott (sogenannter **Monotheismus**).

B

Das war ein unglaublicher Schritt. Die alten Griechen, die Römer, eigentlich alle, hatten für verschiedene Anlässe unterschiedliche Götter. Fürs Wetter, für die Seefahrt, für die Liebe, und meist waren es von ihrem Charakter her ganz »menschliche« Götter. Mit übermenschlichen Fähigkeiten, wie es sich für Götter gehört, aber mit menschlichen Schwächen. Sie kannten zum Beispiel Gefühle wie Eifersucht und Rache. Und nun hieß es auf einmal: Es gibt nur einen Gott. Der ist kein Übermensch, sondern er steht weit über allem, über Pflanzen, Tieren, Menschen, der ganzen Erde, ja, er hat das sogar alles erschaffen. Er war schon immer da, und er wird immer da sein. Die Juden nennen ihn den »Ewigen«.

A

Wie kam es zu diesem Glauben? Wer kam auf die Idee, die alten Götter abzuschaffen? Als Religionsstifter der jüdischen Religion gilt **Abraham.** Er war einer der Ersten, der davon überzeugt war, es gebe nur einen einzigen Gott; er beschloss, ihm zu folgen und seine Nachkommen zu verpflichten, das ebenso zu tun. Abraham ist der **Stammvater** der Juden. Aber auch das Christentum und der Islam (hier heißt er **Ibrahim**) berufen sich auf ihn.

C

Nach der Bibel stellt Gott Abraham auf die Probe, um zu testen, ob sein Glaube unerschütterlich ist. Gott fordert Abraham auf: Töte deinen Sohn **Isaak.** Abraham gehorcht. Gottes Befehl steht für ihn über allem, und so setzt er, von seelischem

Schmerz geplagt, ein Messer an die Kehle seines Sohnes. In diesem Moment packt ihn ein Engel am Arm, und anstelle seines Sohnes sieht Abraham einen Widder vor sich. Seinen Sohn kann der Vater kurz darauf unverletzt in die Arme schließen.

Die Geschichte von Abraham und Isaak steht im ersten Teil der Bibel. Es ist das **Alte Testament.** Auf diesen Teil der Bibel berufen sich die Juden, aber auch die Christen. Für die Christen ist aber vor allem das **Neue Testament** wichtig – es beginnt mit der Geburt von Jesus, einem Nachkommen Abrahams. Für die Juden spielen Jesus und das Neue Testament keine Rolle, deshalb sprechen sie auch nicht von einem »alten« Testament, sondern nur von der Bibel oder dem **Tanach,** der aber weitgehend mit dem Alten Testament der christlichen Bibel übereinstimmt.

Abraham und Moses: Mit ihnen fing alles an

Ob Abraham tatsächlich gelebt hat, ist umstritten. Historische Beweise für seine Existenz gibt es nicht. Aber wie bei so vielen Fragen der Religion geht es auch hier weniger um wissenschaftliche Beweise als um den Glauben.

Abraham gilt zwar als Stammvater des Judentums. Aber nicht er hat nach jüdischer (und christlicher) Auffassung den Menschen Gottes Wort überbracht, sondern **Moses:** der Sohn eines Sklaven, ein Nachkomme Abrahams, der als Kind ausgesetzt wurde und das Glück hatte, an den Hof eines Pharaos zu kommen. Moses stand auf dem Berg Sinai, als Gott zu ihm sprach. Und Moses schrieb sich alles auf. Diese fünf Bücher sind die ältesten von insgesamt 24 der jüdischen Bibel. Sie heißen **Thora** (Weisung, Gesetz). Am Beginn des ersten Buchs geht es um die Erschaffung der Welt, um die Schöpfung, auch **Genesis** genannt.

Im 3. Buch Mose heißt es: »Ihr sollt euer Haar nicht rundherum abschneiden noch euern Bart stutzen.« Aus diesem Grund tragen streng gläubige jüdische Männer (oft **orthodoxe Juden** genannt) **Bärte** und **Schläfenlocken**. Zum Gebet und beim Besuch von Gräbern setzen sich viele Juden eine kleine, flache Kopfbedeckung (die **Kippa**) auf – weil sie es anmaßend fänden, barhäuptig vor Gott zu treten.

Die Juden sehen sich nicht nur als Religionsgemeinschaft, sondern als Volk. Und sogar als **auserwähltes Volk**, als »Volk Gottes«. Denn Gott, glauben sie, habe einst das Volk Israel aus der Knechtschaft Ägyptens geführt und mit ihm einen ewigen Bund geschlossen. Den sehen sie vor allem als Verpflichtung.

Der jüdische Glaube wäre unvorstellbar ohne den Gedanken der **Hoffnung**: Eines Tages wird der von Gott geschickte **Messias** kommen, und dann wird alles besser. Auch die Toten haben mit ihrer Beerdigung einen Ruheplatz bis zu jenem Tag bekommen, an dem der Messias sie auferstehen lässt. Weshalb die **Totenruhe** für Juden heilig ist.

Der **jüdische Humor** ist berühmt. Er ist spöttisch, richtet sich aber nicht gegen andere, sondern gegen die Juden selbst oder gegen typisch menschliche Eigenschaften. Oft drückt sich im jüdischen Witz Verzweiflung, Resignation oder Hoffnung aus. Beispiel: Gott verkündet, dass eine zehn Meter hohe Flut kommen und die Menschen wegen ihrer Sünden bestrafen werde. Die Moslems bitten in ihrer Moschee, noch schnell ins Paradies zu kommen. Die Christen beten in der Kirche zu ihren Schutzheiligen. Und die Juden beten in der Synagoge: »Herr, es wird schwierig sein, in zehn Meter tiefem Wasser zu leben!«

B

Was für Christen der arbeitsfreie Sonntag, ist für Juden die Zeit von Freitagabend bis Samstagabend: der **Sabbat.** Er gilt als Höhepunkt der Woche und als Vorgeschmack auf die Welt, die die Juden erwarten. Gläubige Juden achten darauf, **koscher** zu essen. Das heißt unter anderem: Speisen, die mit Milch und mit Fleisch zubereitet werden, müssen sorgfältig voneinander getrennt werden. Was in frommen Haushalten sogar dazu führt, dass es zwei Arten von Geschirr gibt.

Christentum: Kann Gott einen menschlichen Sohn haben?

A

Mit **Jesus** fing alles an, er war der erste Christ. Stopp! Das ist falsch. Denn Jesus war kein Christ, sondern Jude. Das Christentum entstand erst nach ihm, als einige seiner Anhänger eine jüdische Sekte gründeten. Anders als im Judentum, bei dem es bis heute darum geht, strenge Regeln einzuhalten, wollten sich die Abweichler vor zweitausend Jahren von einigen dieser Regeln lösen und ihre neue religiöse Gemeinschaft für möglichst viele Menschen öffnen.

B

Vor allem **Paulus** ging nach dem Tod von Jesus als **Missionar** auf öffentliche Plätze und in jüdische Synagogen, um zu verkünden, dass Jesus der **Erlöser** sei. Da die Juden nach ihrem Glauben tatsächlich auf einen Erlöser warten, faszinierte damals viele von ihnen der Gedanke, er sei nun in Gestalt von Jesus erschienen – so gewann die erste christliche Gemeinde rasch neue Mitglieder.

Wichtiger als Regeln und Rituale war für die ersten Christen ein Grundgedanke, den Jesus ihnen vermittelt hatte: andere Menschen zu lieben. Selbst dann, wenn sie Unrecht getan haben. Dieser Grundgedanke der Liebe, der Vergebung, der Mildtätigkeit prägt das Christentum bis heute. Und er ist einer der Gründe, warum es zur größten Religionsgemeinschaft der Erde geworden ist.

B

Worin unterscheidet sich das Christentum vom Judentum, aus dem es hervorgegangen ist? Die Juden glauben nicht, dass Jesus Gottes Sohn ist. Sie halten ihn für einen Propheten, für einen besonders weisen Menschen, sprechen ihm aber übermenschliche oder gar göttliche Eigenschaften ab. Die Christen dagegen glauben, dass sich Gott durch seinen Sohn in Menschengestalt zeigte, dass Jesus durch die Kreuzigung die Menschheit erlöste und dass er nach seinem Tod auferstanden ist. Am sogenannten Jüngsten Tag werde er auf die Erde zurückkehren.

A

Manchmal setzen die Christen Jesus sogar direkt mit Gott gleich. Für sie ist Jesus der **Heiland,** der Erlöser. An einen Erlöser glauben sowohl Christen als auch Juden – aber die einen glauben, dass er schon einmal da war, und die anderen, dass er erst komme.

B

Gemeinsam ist Christen und Juden die Bedeutung der **Zehn Gebote.** Die Angehörigen beider Religionen glauben, dass Moses diese Vorschriften auf dem Berg Sinai von Gott entgegennahm. Sie lauten: 1. Du sollst keine anderen Götter haben neben mir. 2. Du sollst den Namen Gottes nicht missbrauchen. 3. Du sollst den Feiertag heiligen. 4. Du sollst Vater und Mutter ehren. 5. Du sollst nicht töten. 6. Du sollst nicht die Ehe brechen. 7. Du sollst nicht stehlen. 8. Du sollst kein falsches Zeugnis ablegen gegen deinen Nächsten. 9. Du sollst nicht begehren deines Nächsten Frau. 10. Du sollst nicht begehren deines Nächsten Besitz (wörtlich: Haus, Feld, Sklave, Sklavin, Vieh).

Die Männer und Frauen, die Jesus nachfolgten, waren seine **Jünger**. Zwölf von ihnen wählte er aus der großen Schar der Jünger aus und machte sie zu seinen engsten Vertrauten: die zwölf **Apostel**.

Warum gibt es Katholiken und Protestanten?

Zuerst gab es einfach nur Christen. Aus heutiger Sicht könnte man sagen, sie waren »katholisch« (was so viel heißt wie »umfassend«), auch wenn dieser Begriff erst sehr spät entstand, nämlich im 19. Jahrhundert. Aber der katholische Glaube ist unbestritten der ursprüngliche Glaube: Die Katholiken waren jahrhundertelang die einzigen Christen. Und ihre Geschichte ist eine Erfolgs-Story: Missionare verbreiteten die christliche Lehre in aller Welt, die Zahl ihrer Anhänger wuchs, die katholische Kirche wurde reich und mächtig. Viele ihrer Bischöfe lebten im Luxus und entfernten sich von den Sorgen und Nöten ihrer Anhänger.

Wenn die Gläubigen wollten, dass die Kirche ihnen ihre Sünden vergibt, dann bekamen sie die Möglichkeit, sich von der Strafe für diese Sünden freizukaufen – dieser sogenannte **Ablasshandel** war eine weitere Geldquelle, die die Kirche noch reicher machte (siehe auch S. 314, im Kapitel über Geschichte).

Gegen diese Missstände protestierten am Ende des Mittelalters (nach 1500) die ersten Kritiker. Allen voran der Mönch

Martin Luther. Er beschloss, sich nur noch nach dem zu richten, was in der Bibel steht – und nicht mehr nach den eingefahrenen Regeln der Kirche. Damit spaltete er als **Reformator** die alte Kirche und schuf neben ihr einen neuen christlichen Zweig. Die Anhänger dieser neuen Kirche heißen **Protestanten** (weil sie gegen die alte Kirche protestierten) und wurden früher auch **Lutheraner** genannt. Man kann auch sagen: Sie sind **evangelisch,** weil sie sich auf die Evangelien berufen, die ersten vier Bücher des Neuen Testaments. In ihnen wird das Leben und Wirken von Jesus beschrieben.

Während die Katholiken mit dem **Papst** ein internationales Oberhaupt haben, der weltweit für die Geschlossenheit der katholischen Kirche sorgt, haben sich die Protestanten in eine Vielzahl von Glaubensgemeinschaften aufgespalten.

Trotz aller Unterschiede eint aber alle Christen der gemeinsame Glaube an Jesus Christus: Dieser Glaube könne die Menschheit von ihrer Schuld befreien, die sie mit ihren Sünden angesammelt habe. Auch die **Taufe** ist allen Christen gemeinsam: Sie soll symbolisch die Reinigung von der Sünde ausdrücken; der Getaufte wird in die christliche Gemeinschaft aufgenommen.

Eine direkte Befreiung von Sünden durch einen Priester, wie die katholische Kirche sie kennt (erst **beichten,** dann **büßen**), gibt es im evangelischen Glauben nicht. Im Unterschied zu den Katholiken glauben die Protestanten: Nur die Gebote Gottes und die Bibel sind wichtig – deshalb brauche man als höchste Autorität auch keinen Papst.

Und woran glauben orthodoxe Christen?

Die drittgrößte der christlichen Gemeinschaften (mit mehr als 60 Millionen Mitgliedern, und das allein in Osteuropa) fällt Außenstehenden vor allem durch ihre **Ikonen** auf: prächtige und meist mit Gold verzierte Kultbilder, auf denen Jesus, die Jungfrau Maria oder Heilige dargestellt sind. Die Gläubigen verehren die Abgebildeten, indem sie diese Bilder küssen oder mit Kerzen schmücken.

B Die Bibel: Gottes Wort – doch wer hat es geschrieben?

Das Alte Testament fängt mit den fünf Büchern Mose an, später folgen Kapitel verschiedener Propheten. Das Neue Testament, deutlich dünner, beginnt mit Texten der Apostel Matthäus, Markus, Lukas und Johannes. Doch sind das auch die Namen der tatsächlichen Autoren? Wissenschaftler sagen: Nein. Mose habe keine Bücher geschrieben, und die neueren Texte wurden nicht zu Lebzeiten der Apostel verfasst, sondern etwa eine Generation später. Es handelt sich um mündliche Überlieferungen, die von Unbekannten notiert und mit den Namen der »prominenten« Autoren versehen wurden.

Ursprünglich gab es noch viel mehr solcher Erzählungen, auch schriftlicher Art. Im Jahr 367 n. Chr. legte der Kirchenvater Athanasius, Bischof in Alexandrien, die Zahl und Reihenfolge der Bücher des Neuen Testaments fest – und bestimmte damit, welchen Umfang die heutige Bibel hat. »Die« Bibel existiert ohnehin nicht: Es gibt **verschiedene Übersetzungen,** die sich an manchen Stellen erheblich voneinander unterscheiden. So lässt sich zum Beispiel das hebräische Wort »amah« mit »Jungfrau« übersetzen (wie es meist der Fall ist), aber auch mit »junge Frau«. Maria, die Jesus zur Welt brachte, könnte demnach eine Jungfrau oder einfach nur eine Frau in jungen Jahren gewesen sein.

Warum verhindert Gott keine Gräueltaten?

Wie kann ein Gott so viel Unrecht, so viel Gewalt zulassen? Diese Frage stellten sich schon um 300 v. Chr. griechische Philosophen, die meist an die Existenz mehrerer Götter glaubten. Einen einzigen, allmächtigen Gott könne es nicht geben, denn: Entweder will dieser Gott die Übel beseitigen und kann es nicht – dann wäre er schwach und damit nicht Gott. Oder er kann es und will es nicht – dann wäre er missgünstig, was ihm fremd ist. Oder er kann es nicht und will es nicht – dann wäre er schwach und missgünstig zugleich, also nicht Gott. Oder er will es und kann es, was ihm entspricht. Aber warum tut er es dann nicht?

Experten bezeichnen dies als das **Theodizee**-Problem, das Problem der göttlichen Gerechtigkeit. Unter den vielen Standpunkten, die es hierzu gibt, sorgt vielleicht der des katholischen Theologen Hans Küng für Klarheit. Küng sagte in einem Interview des Magazins »Stern«*: »Gott ist Geist, der in, mit und unter den Menschen wirkt, aber ihre Freiheit respektiert. Und diese Freiheit schließt unvermeidlich das Böse ein.«

Buddhismus: die Religion, die weder Gott noch Erlöser kennt

Das Christentum begann mit Jesus Christus, der Islam begann mit Mohammed (siehe Seite 371), und der Buddhismus begann mit **Buddha.** Doch dieser Religionsgründer hat nie behauptet, Gottes Wort zu verkünden. Er war **kein Prophet,** sondern eher ein Philosoph.

Buddha kommt um 563 v. Chr. in der Nähe der indisch-nepalesischen Grenze auf die Welt, als Sohn eines Königs oder Fürsten. Als 29-Jähriger verlässt er seine Familie, weil ihn das luxuriöse Leben im Palast nicht mehr erfüllt. Damals heißt er noch Gautama Siddharta. Er zieht sich in die Einsamkeit zurück, verzichtet auf materiellen Besitz und lebt enthaltsam. Er isst kaum noch und magert ab, die Haare fallen ihm aus. Doch dann erkennt er, dass ihm diese Entbehrungen nicht die erhoffte Erkenntnis bringen. Man vermindert Leid nicht dadurch, dass man es sich selbst zufügt.

Siddharta soll unter einem Baum gesessen und meditiert haben, als negative Eigenschaften wie Begierde oder Hass von ihm wichen. Er fühlte sich erwacht. Seitdem nennt er sich »Buddha« (der Erwachte oder Erleuchtete). Als er beschließt, anderen seine Erkenntnis zu verkünden, ist er etwa 35 Jahre alt. Die restlichen 45 Jahre seines Lebens verbringt er als Lehrer und umherwandernder Prediger.

A

Buddhas Botschaft: Wir müssen erkennen, dass alles vergänglich ist. Wir wollen jung bleiben, werden aber alt. Wir wollen leben, müssen aber sterben. Das ist Leiden. Um diesen **Kreislauf des Leidens** zu durchbrechen, müssen wir aufhören, begierig unsere persönlichen Wünsche erfüllen zu wollen. Wir müssen lernen, gelassen zu sein, aber weder gleichgültig zu werden noch egoistisch zu handeln. Buddha nennt dies den **»mittleren Pfad«** oder den **»rechten (richtigen) Weg«**.

B

Einen Heilsbringer oder Erlöser, der das Leiden beenden könnte, gibt es im Buddhismus nicht. Jeder Mensch ist für sich selbst verantwortlich und soll sich selbst vertrauen. »Seid euch selbst eure Zuversicht«, sagt Buddha, »seid euch eigene Erlösung!«

Was es aber gibt, ganz ähnlich wie im Christentum, sind Gebote: nicht töten, nicht stehlen, nicht lügen, keinen Missbrauch mit Sexualität und Drogen begehen. Andernfalls würde man schlechtes Karma erzeugen und sich den Weg zur Befreiung vom Leid versperren.

Wer es schafft, sich mit eigener Kraft aus dem Kreislauf der

Wiedergeburt zu befreien, der wird belohnt: mit Weisheit, Erleuchtung, vollkommenem Frieden – und schließlich mit der Auflösung aller Existenz im **Nirwana**. Darunter verstehen Buddhisten nicht das »Nichts«, sondern reinstes Glück. Das Ende allen Leidens.

Als Buddha lebte, gab es in seiner Umgebung schon lange den Hinduismus. Diese Religion verwendete bereits den Begriff »Karma« und glaubte an die Wiedergeburt. Nach Ansicht vieler Hindus ist Buddha die Wiedergeburt ihres Gottes Vishnu.

B

Der wohl bekannteste Buddhist ist der **Dalai Lama.** Er ist zwar der oberste Priester der Tibeter, aber kein Religionsführer oder Kirchenoberhaupt wie der Papst. Der Buddhismus kennt keine Amtskirche und verteilt keine kirchlichen Mitteilungen. Der tibetische Buddhismus (auch **Lamaismus** genannt) ist eine von mehreren buddhistischen Unterformen.

Islam: Leben nach den Regeln des Propheten

»Allahu akbar«: Gott ist größer (als alles andere). So beginnt das muslimische Gebet. Denn ebenso wie das Judentum und das Christentum geht auch der jüngere Islam davon aus, dass es nur einen Gott gibt und nicht mehrere, wie zum Beispiel die Anhänger des Hinduismus glauben.

B

Wie entstand der Islam? Zu Beginn des Mittelalters gab es diese Religion noch nicht. Alles begann mit einem einfachen Kaufmann, der um das Jahr 600 in Mekka lebte. Er hieß **Mohammed.**

Als er etwa 40 Jahre alt war, änderte er sein bisheriges Leben, zog sich in die Berge zurück und hörte dort in einer Höhle Gott zu sich sprechen. Mohammed schrieb alles auf und gilt seitdem als **Prophet** Gottes. Seine über viele Jahre empfangenen Offenbarungen sind im heiligen Buch des Islams festgehalten: im **Koran.** Er enthält 114 Kapitel oder **Suren** und gilt für Muslime als göttliches Werk, nach dem sie sich auch in ihrem Alltag richten.

Intolerante Muslime bezeichnen die Angehörigen anderer Religionen gelegentlich als »Ungläubige«. Im Koran kommt dieser Begriff nicht vor. Er erwähnt nur Menschen, »die die Wahrheit verdecken«. Daraus wurde in einer schlechten und verkürzten deutschen Übersetzung der missverständliche Ausdruck.

Strenge Regeln für den Alltag: Die fünf Glaubens-Säulen des Islams

A

- Die erste und wichtigste Säule des Islams ist das Glaubensbekenntnis: »Es gibt keinen Gott außer Gott«.
- Die zweite Säule ist das Gebet. Muslime sollen täglich fünfmal zu festgelegten Zeiten beten und sich dabei in Richtung der heiligen Stätte **Mekka** (in Saudi-Arabien) richten. Wo auch immer auf der Welt sie gerade sind, auch im Urlaub und in fremden Ländern – sie müssen also immer die Position der Himmelsrichtungen kennen, damit beim Beten ihr Gesicht zum heiligen Ort zeigt. Am Freitag, dem muslimischen Sonntag, suchen die Gläubigen eine **Moschee** auf (wörtlich: »Ort, an dem man sich niederwirft«).

B

- Die dritte Säule: Jeder Muslim ist verpflichtet, Abgaben zu spenden, die an Bedürftige oder an Mekkapilger verteilt werden. Ohne den Hintergedanken, dafür belohnt zu werden oder sich innerlich über den Empfänger zu erheben.
- Die vierte Säule: der Fastenmonat **Ramadan**, dessen Datum vom Mond abhängt und deshalb wechselt. Täglich von Sonnenaufgang bis -untergang wird dann gefastet; nur Schwangere, Kranke und Kinder dürfen auch in dieser Zeit essen und trinken.
- Die fünfte Säule: Jeder Muslim soll in seinem Leben mindestens einmal eine **Pilgerfahrt** nach Mekka unternehmen.

Der Islam ist eine sogenannte **Gesetzesreligion:** Er macht viele Vorschriften, die die Gläubigen einhalten müssen. Dazu gehört auch der Verzicht auf Glücksspiel, Wein und den Genuss von Schweinefleisch, das als »unrein« gilt. Eines Tages, so der Glaube, werde Gott die Menschen richten – die einen kommen dann in die Hölle, die anderen ins Paradies.

 Was ist ein Prophet?

Wörtlich übersetzt handelt es sich um einen »Vorhersager«. Ein Prophet ist ein von Gott auserwählter Mensch, der Gottes Wort vernimmt und anderen verkündet. Er sagt zum Beispiel zukünftige Ereignisse voraus und teilt den anderen Menschen Gottes Willen mit. Der bekannteste Prophet ist Mohammed (570–632). Aber auch Jesus hat sich selbst als Propheten bezeichnet. Als solchen sehen ihn auch Juden und Muslime an – dass er auch Gottes Sohn sein könnte, ist für sie dagegen unvorstellbar.

Rund 90 Prozent der Muslime in aller Welt sind **Sunniten.** Sie vertreten die Auffassung, dass die Autorität Mohammeds nach seinem Tod auf die vier nach ihm folgenden Kalifen überging. Die Minderheit der **Shiiten** dagegen glaubt, dass nur Mohammeds Schwiegersohn Ali und dessen Nachkommen berechtigt seien, diese Autorität zu übernehmen.

Religiöse Vielfalt in Asien und Afrika

Neben den großen Weltreligionen existieren noch Tausende von weiteren Glaubensgemeinschaften. In Afrika haben traditionell die **Naturreligionen** (oder ethnischen Religionen) viele Anhänger. Sie sind meist auf einzelne Gegenden beschränkt. Trotz vieler Unterschiede ist ihnen manches gemeinsam: Sie verehren ihre Ahnen und glauben an die Beseeltheit der Natur, die mit Opfergaben besänftigt oder gütig gestimmt wird. Und sie streben nicht das Heil im Jenseits oder ein Weiterleben im Paradies an, sondern das Wohlergehen der heute lebenden Gemeinschaft.

Schätzungen zufolge gehören rund 44 Prozent der Bevölkerung Afrikas dem Islam an, etwa 40 Prozent dem Christentum und 15 Prozent einer Naturreligion. Wobei jemand durchaus auch Christ sein kann und an traditionellen afrikanischen Zeremonien teilnimmt.

China: Heute dieser Gott, morgen ein anderer

»San jiao wei«, sagen die Chinesen: Die drei Religionen sind eine. Gemeint sind die traditionellen Richtungen Buddhismus, **Konfuzianismus** (eher eine Weltanschauung, mit dem Ziel, den Menschen vollkommen zu machen) und **Taoismus**

(sein Ziel ist die Harmonie zwischen Mensch und Kosmos). Anstatt diese drei Religionen voneinander zu trennen, werden sie heute im Alltag weitgehend vermischt.

B

Je nachdem, ob man sich gerade Wohlstand, Glück, Gesundheit oder etwas anderes erhofft, wird ein hierzu passender Gott verehrt. Hinzu kommt ein stark verbreiteter Aberglaube, vor allem an bestimmte Zahlen, die jeweils Glück oder Unglück bringen sollen. Einig sind sich alle Chinesen in der Verehrung ihrer Ahnen. Die müssen auch im Jenseits bei Laune gehalten werden, zum Beispiel, indem man für sie Papiergeld verbrennt. Andernfalls könnten ihre Geister die Lebenden unglücklich machen.

Japan: Naturverehrung und Ahnenkult

Die große Mehrheit der Japaner sind **Shintoisten.** »Shinto« bedeutet »Weg der Götter«. Doch es sind nicht Gottheiten, an die man im japanischen Alltag glaubt, sondern übernatürliche Wesen. Sie heißen **Kami,** entstammen der Natur, und kaum ein Japaner bezweifelt, dass sie große geistige Kräfte besitzen.

Die Kami werden in besonderen Stätten verehrt. Diese **Schreine** (heilige Orte) sind von außen an einem Tor zu erkennen, das aus einem Querbalken und zwei senkrechten Säulen besteht. Tritt man hindurch, befindet man sich im heiligen Bereich. Er besteht unter anderem aus einer Terrasse zum Beten und einer an fließendem Wasser errichteten Stelle zur rituellen Reinigung. Zur Begrüßung der Kami klatschen die Gläubigen zweimal in die Hände; beim Abschied verbeugen sie sich. Es gibt auch **Mini-Schreine,** die bei bestimmten Anlässen durch die Straßen getragen werden – damit der Segen dieser höheren Mächte alle Menschen erreicht.

B

Ebenso wie die Chinesen verehren auch die Japaner, selbst wenn sie nicht besonders gläubig sind, ihre Ahnen. Das geschieht an zwei Orten: auf dem Friedhof und zu Hause. Hier sorgt ein kleiner **Altar für die Toten** mit Fotos und hölzernen **Namenstäfelchen** dafür, dass ihr Andenken lebendig bleibt. Wenn Mahlzeiten gekocht werden, stellt man den Verstorbenen ein kleines Schälchen mit den Speisen hin. Warum den Ahnen so viel Aufmerksamkeit geschenkt wird? Würde man es nicht tun, könnten ihre Seelen umherirren und Unfrieden stiften.

Philosophie

Die Kraft der mitreißenden Gedanken

Wozu braucht man Philosophie? Von allen Wissenschaften ist sie die »unwissenschaftlichste«. Sie legt sich nicht fest wie die Mathematik, sie beschreibt nicht Tatsachen wie die Biologie, sondern stellt ihre eigenen Behauptungen immer wieder infrage. Philosophie heißt wörtlich: Liebe zur Weisheit. Philosophen diskutieren, tauschen Meinungen aus und hören zu – eine nicht immer selbstverständliche Eigenschaft. Obendrein sind sie bereit, eigene Ansichten zugunsten besserer über Bord zu werfen. Zumindest behaupten sie das.

Die Fragen, mit denen sich die Philosophie beschäftigt, sind die ganz großen: Was ist Wahrheit? Worauf kommt es im Leben an? Philosophen versuchen das Dasein, die von ihnen wahrgenommene äußere Welt und das Innere des Menschen zu erklären. Wer an solchen grundlegenden Aspekten des Daseins interessiert ist, hat Glück: Seit Jahrhunderten denken kluge Köpfe darüber nach, und von vielen ihrer Antworten können wir noch heute profitieren.

Was Ihnen in diesem Kapitel erspart bleibt:

Wenn schon ein einzelner Gelehrter wie Aristoteles vor 2300 Jahren Dutzende von Texten geschrieben hat, könnte man allein mit den darin enthaltenen Gedanken ein Buch füllen. Bei der Zusammenfassung der Philosophie auf den folgenden Seiten fehlen aus Platzgründen etliche Namen, und selbst die Aussagen der bekannten und wichtigsten Denker können nur verkürzt wiedergegeben werden. Der Vorteil dabei: Das Kapitel bleibt übersichtlich, und Sie müssen sich nicht mit Details von komplizierten Gedankengebäuden herumschlagen.

Philosophie, Psychologie, Religion: Was unterscheidet sie?

Die **Psychologie** analysiert und erklärt das menschliche Verhalten, ohne es moralisch zu bewerten. Sie fragt zum Beispiel nach den Ursachen und Motiven, die eine Person gut oder böse werden lassen, aber sie verurteilt das Böse nicht. Die **Philosophie** dagegen will das Gute im Menschen wecken: Sie fällt moralische Urteile und gibt Ratschläge. Sie behauptet aber nicht, ein System von festgelegten Antworten gefunden zu haben – das unterscheidet sie von einer Weltanschauung oder Ideologie.

Die **Religion** verspricht Heil und Erlösung durch eine außenstehende Macht. Sie spendet Trost, indem sie zum Beispiel ein Leben nach dem Tod in Aussicht stellt. Die Philosophie verspricht nichts. Wenn wir Glück und Heil erlangen, so ihre Auffassung, dann nicht durch einen anderen (zum Beispiel Gott), sondern nur durch uns selbst. Philosophie heißt vor allem: **Infragestellen,** nach Wahrheit und **Erkenntnis** suchen – anstatt zu glauben, denn das ist Sache der Religion.

Bis heute aktuell: die Ideen der griechischen Denker

B

Der Philosoph **Thales** (um 625 – 547 v. Chr.) aus der Stadt Milet, den man als Urvater der Philosophie bezeichnen kann, vertritt den Grundgedanken: »**Wasser** ist der **Ursprung** von allem.« Was heißt das? Von der Evolution und der tatsächlich erfolgten Entwicklung aller Lebensformen aus dem Wasser (siehe Seite 268) kann der Grieche noch nichts wissen. Er sieht aber, dass Wasser in Form von Seen, Flüssen und Meeren allgegenwärtig und immer existierend ist – während es sich zugleich verändert, indem es fließt oder seine Temperatur wechselt. Ein Sinnbild für das **Leben** also, das ebenfalls kommt und vergeht und doch immer existiert.

Wer sind die drei bekanntesten Philosophen? Wenn man Experten fragt, nennen sie immer wieder drei Namen, wenn auch in unterschiedlicher Reihenfolge: Sokrates, Platon und Aristoteles. Das ist erstaunlich, denn die drei griechischen Denker folgten unmittelbar aufeinander: **Sokrates** (470 – 399 v. Chr.) unterrichtete **Platon** (427 – 347 v. Chr.), und einer von Platons Schülern war **Aristoteles** (384 – 322 v. Chr.). Der wiederum wurde später ein Lehrer von Alexander dem Großen.

Sokrates: Weisheit auf den zweiten Blick

Die einen verehren ihn, für andere ist er eine Nervensäge. Denn wenn der alte Mann aus Athen auf den Marktplatz geht, stellt er unbequeme Fragen und bringt seine Mitmenschen dadurch zum Nachdenken. So manchem Besserwisser wird auf diese Weise deutlich, eigentlich keine Ahnung zu haben. Sokrates behauptet von sich, auch nichts zu wissen. Aber dadurch, dass ihm das bewusst sei, wisse er mehr als all die anderen: »Ich weiß, dass ich nichts weiß.«

B

In Wirklichkeit spielt er aber nur den Unwissenden, an seiner Weisheit besteht kein Zweifel. Wenn Sokrates seine Fragen stellt und traditionelle Ansichten in Zweifel zieht, verfolgt er ein ganz bestimmtes Ziel: wahres Wissen zu erlangen, aus dem **moralisch einwandfreies Handeln** wachsen kann. Da dieses Handeln der inneren Stimme des Einzelnen entspringt, zweifelt der Philosoph die bestehende Ordnung an – denn die sieht vor, dass nur der Staat und die Religion bestimmen, was richtig und was falsch ist.

Sokrates ist genügsam und stets gelassen. Vielleicht auch, weil er gelernt hat, immer wieder die Launen seiner Frau **Xanthippe** zu ertragen. Sie missbilligt seine Diskussionen auf dem Marktplatz. Einmal kippt sie, als der Philosoph nach Hause kommt, von oben einen Eimer mit Wasser über ihm aus. Gelassen meint er daraufhin zu Freunden: »Habe ich nicht gesagt, dass Xanthippe, wenn sie donnert, auch Regen spendet?« Bei einer anderen Gelegenheit reißt sie Sokrates vor den Augen der Öffentlichkeit den Mantel vom Leib. Aber: Der gehört auch ihr. Denn die beiden besitzen nur diesen einen gemeinsamen Mantel, so arm sind sie.

Sokrates besitzt nicht einmal Schuhe. »Wie zahlreich sind doch die Dinge, die ich nicht brauche!«, sagt er. Vielleicht ist das nur eine aus der Not gemachte Aussage, vielleicht ist Sokrates aber wirklich bedürfnislos. In jedem Fall formuliert er einen Gedanken, der Jahrhunderte später wieder aktuell wird: die Erkenntnis, dass Geld und Besitz nicht glücklich machen.

Sokrates praktiziert das, was heute als **»positives Denken«** scheinbar neu und modern ist: Er sieht auch im Schlechten das Gute und vermeidet dadurch krankmachenden Stress. Wer mit Xanthippe fertig geworden sei, meint er, der werde mit anderen Menschen erst recht zurechtkommen.

A

Im Jahr 399 v. Chr. wird der unbequeme Denker vor Gericht gestellt und schließlich zum Tode verurteilt, weil er angeblich die Jugend verderbe und nicht an die Götter glaube. Kurz vor seinem Ende sagt er seinen niedergeschlagenen Schülern: »Der Körper ist sterblich, die Seele ist es nicht.« Die Seele sei das Lebensprinzip, sie erst mache den Körper lebendig. Die Auffassung, der Mensch habe eine **unsterbliche Seele,** wird später vom Christentum übernommen. Sokrates hat damit nicht nur die Philosophie, sondern auch die Religionsgeschichte geprägt.

B

Der weise Philosoph hat keine Angst vor dem Tod und besitzt kurz vor dem nahenden Ende sogar die Kraft, seine Anhänger zu trösten: »Philosophieren heißt: **Sterben** zu lernen.« Dies ist einer der Kernsätze, die man noch heute mit Sokrates verbindet. Zwar bietet sich dem Siebzigjährigen die Gelegenheit zur Flucht, doch er lässt sie verstreichen. Bevor er mit Gleichmut den Giftbecher zum Mund führt, sagt er den Umstehenden: »Nun ist es Zeit zu gehen. Für mich, um zu sterben, für euch, um zu leben. Wer von uns dem besseren Zustand entgegengeht, ist jedem verborgen, außer dem Gott.«

C

Sokrates hat keine Thesen oder Theorien aufgestellt. (Eine **These** ist ein bloßer Gedanke, eine Behauptung; eine **Theorie** dagegen ist ein umfassenderes Denkmodell, das sich wissenschaftlich begründen lässt.) Er hat nicht eine einzige schriftliche Aufzeichnung hinterlassen. Aber sein Schüler Platon hielt die Gedanken seines Lehrers fest und veröffentlichte sie schon bald nach dessen Tod. Sokrates hat die Philosophie so stark geprägt, dass man alle Denker, die vor ihm lebten, als »**Vorso-kratiker**« bezeichnet.

B

Während Sokrates die Idee einer absoluten Wahrheit vertritt, glauben die **Sophisten** zur gleichen Zeit (um 450 v. Chr.) dass alle Wahrheit nur relativ und vom Menschen definiert sei: »Der Mensch ist das Maß aller Dinge.« Es gebe keine absolut gültigen Normen. Was Recht und was Unrecht sei, definiere der Mensch je nach der Situation, in der er sich befinde.

A Warum kommen die größten Philosophen aus Griechenland?

Nicht nur die »drei Großen« (Sokrates, Platon, Aristoteles), sondern viele andere wegweisende Denker kommen aus Athen oder einem anderen kulturellen Zentrum der griechischen Antike. Einst hatten sich hier die Menschen vor allem den Göttern anvertraut, doch die Einführung der Demokratie schafft um 500 v. Chr. eine neue Atmosphäre: Die Bürger diskutieren untereinander und äußern offen ihre Meinung. In diesem Klima der Gedankenfreiheit können sich auch die Philosophen entfalten. Ihre Wissenschaft ist angesehen und hat Zulauf, sodass die Gelehrten viele Schüler unterrichten, von denen einige so berühmt werden wie ihre Lehrer.

Platon: Ideen zählen mehr als die Wahrheit

B

Als er mitansehen muss, wie sein verehrter Lehrer Sokrates das tödliche Gift schluckt, ist Platon 30 Jahre alt. Auf drastische Weise erlebt er, wie das Wahre und Ideale sich von den tatsächlichen Gegebenheiten unterscheiden kann. Diese zweigeteilte Welt zeichnet der aus einer wohlhabenden Familie stammende Denker nun auch in seiner Philosophie: Auf der einen Seite gebe es das vergängliche Leben und die Welt, wie wir sie wahrnehmen. Auf der anderen Seite existiere die wahre Welt, eine Art immer gültiger Bauplan, ein Muster. Platon nennt diesen Bauplan **»Idee«**. Ein Stuhl zum Beispiel hält nicht ewig, aber die »Idee« eines Stuhls mit Lehne, Sitzfläche und vier Beinen wird es immer geben.

In dieser immerwährenden Ideenwelt befindet sich für Platon auch die menschliche **Seele**: Sie hat schon existiert, bevor sie sich im vergänglichen Körper niedergelassen hat. Und sie hat jene perfekten Urzustände gesehen, die ebenfalls zur **Ideenwelt** Platons gehören: das Gute, das Schöne, die Gerechtigkeit, die Liebe. Sich diesen Zuständen auch im Alltag der Gegenwart anzunähern, bedeute, glücklich zu werden.

...ns Vorstellung, dass das eigentlich Wirkliche die Ideen ...während das, was wir wahrnehmen, nur Abbilder da... ... nennt man **Idealismus**. Die gegenteilige Position, ...**ismus**, vertritt die Ansicht: Wirklich ist nur das, was stofflich, greifbar, sichtbar ist – abstrakte Begriffe wie Geist und Seele sind demnach nur Auswirkungen oder Ergebnisse der materiellen Welt.

C

Idealistisch sind auch Platons Wertvorstellungen. Er definiert vier besonders wichtige **Tugenden,** die der Mensch, aber im Idealfall auch der Staat beherzigen solle: Weisheit, Tapferkeit, Besonnenheit und Gerechtigkeit.

Um seine Vorstellungen an andere weitergeben zu können, eröffnet der ledige und kinderlose Denker in Athen eine eigene **Philosophenschule.** Sie liegt in einem Park, der den Namen eines griechischen Sagenhelden trägt: Akademos. Platon nennt seine Schule deshalb **Akademie,** woraus der heutige Begriff »Akademiker« entsteht.

B

Wäre Platon heute noch am Leben, würde man ihm wohl frauenfeindliche Äußerungen vorhalten. Er beschreibt das weibliche Geschlecht als wenig verlässlich, leicht erregbar, oberflächlich und sogar hinterhältig. Männer, die feige oder ungerecht seien, würden zur Strafe nach ihrem Tod als Frau wiedergeboren werden.

An anderer Stelle tritt der Philosoph aber für die Emanzipation ein: Frauen könnten genauso vernünftig sein und in der Politik so klug handeln wie die Männer, wenn sie dieselbe Ausbildung bekommen und man sie von Hausarbeit und Kindererziehung befreien würde.

Wenn wir heute den Ausdruck **»platonische Liebe«** verwenden, dann ist damit Liebe ohne Sex gemeint. Platon lehnt die körperliche Liebe aber nicht ab, sondern sieht sie als Schritt auf dem Weg zu einer höheren Form der Liebe, zu der auch die Idee der wahren Schönheit gehört.

Aristoteles: In allem steckt das Vollkommene

C

Aristoteles, der mit 17 Jahren aus der Provinz nach Athen an Platons Philosophenschule kommt, löst sich im Lauf der Zeit von den Vorstellungen seines Lehrers: »Platon ist mir teuer, noch teurer aber ist mir die Wahrheit.« Der Sohn eines Arztes glaubt nicht daran, dass es immerwährende Ideen gibt. Nach Platons Tod würde Aristoteles gerne die Akademie seines mehr als 40 Jahre älteren Lehrers übernehmen. Als das nicht klappt, gründet er eine eigene Schule, die eine Vorläuferin der modernen Universität wird. Aristoteles selbst beschäftigt sich unter anderem mit Astronomie, Botanik und Zoologie – somit ist er Europas erster Biologe.

B

Als Philosoph glaubt er, dass in jedem Lebewesen ein Programm stecke, das zur Vollkommenheit führe: In einer Rose sei angelegt, dass sie schöne Blüten entfalte, im Menschen sei angelegt, dass er sich selbst verwirkliche. Der Mensch sei im Grunde gut, er müsse nur das Beste aus sich machen und zu Höherem streben. Persönliche **Erfahrungen,** erkennt Aristoteles, sind aber eine entscheidende Voraussetzung, um sich zu entwickeln und zur Erkenntnis zu gelangen. Die höchste Lebensform des Menschen sei demnach auch das Erkennen, nicht das Handeln.

A

Aristoteles entwirft eine allgemeine **Ethik.** Das ist die übergeordnete Lehre vom moralisch einwandfreien Handeln. **Moral** bezeichnet dagegen konkrete Regeln und Wertvorstellungen, die oft emotional bewertet werden (man betrachtet etwas »moralisch«).

B

Aristoteles plädiert in seiner Ethik dafür, im Alltag den **Mittelweg** zu gehen (aus dem später der »goldene Mittelweg« wird): Der Mensch soll zum Beispiel großzügig sein und damit die Mitte zwischen Geiz und Verschwendung wählen.

Auch Aussagen der **Logik** gehen auf Aristoteles zurück. Aus zwei Urteilen (Prämissen) lässt sich ein drittes bilden, die **Schlussfolgerung** (Konklusion). Beispiel: Alle Menschen sind sterblich; Sokrates ist ein Mensch; also ist Sokrates sterblich.

Kluge Köpfe auf der Suche nach dem Glück

Mit dem Thema Moral (oder Ethik) beschäftigen sich die Philosophen auch nach Aristoteles immer wieder. Eine Gesellschaft, in der alle moralisch einwandfrei handeln würden, wäre frei von Gewalt und Verbrechen. Trotzdem würde sie den Einzelnen aber nicht glücklich machen: Krankheiten, Liebeskummer, Eifersucht und persönliche Sorgen bleiben schließlich weiterhin bestehen.

B

Der Philosoph **Epikur** (341 – 270 v. Chr.) vertritt dennoch die Ansicht, dass jeder Mensch versuchen sollte, sorgenfrei und heiter zu leben und den Zustand der Glückseligkeit anzustreben. Das könne man durch innere Ruhe erreichen, aber auch, indem man Unangenehmes vermeide. Ausschweifungen und körperliche Lust lehnt Epikur ab, da sie nicht dauerhaft seien und Leid nach sich ziehen können. Was er aber schätzt, sind Freundschaften. Zu Epikurs Freunden gehören – was für die damalige Zeit ungewöhnlich ist – auch Frauen und Sklaven. Heute werden die Lebensvorstellungen Epikurs oft vereinfacht als Lust auf Bequemlichkeit und Vergnügen (**Hedonismus**) wiedergegeben.

Das Weltbild der Stoiker: Nur die Gegenwart zählt

B

Die **Stoiker** haben ihren Namen von einer Säulenhalle (stoa) in Athen, in der sie sich häufig aufhalten. Sie glauben an ein allmächtiges Naturprinzip, das die Welt regiert. Ihm geben sie in den vier Jahrhunderten ihres Wirkens verschiedene Namen: Feuer, Lebenshauch, Vernunft, Gottheit, Zeus, Gott. Führende Philosophen der Stoiker sind **Zenon** (um 300 v. Chr.), später **Seneca** (um 50 n. Chr.) und **Epiktet** (um 100 n. Chr.).

A

Die Stoiker setzen auf Pflicht und Verstand, und sie glauben an das Gute im Menschen: Er sei dank seiner Vernunft in der Lage, zwischen Gut und Böse zu unterscheiden und, wenn er auf seine göttliche innere Stimme höre, das zu tun, was richtig ist. Alles, was er erlebe – Krankheit, Armut, aber auch Erfolg und Reichtum – solle er »**stoisch**« hinnehmen, ohne sich von Leidenschaften mitreißen oder von Apathie (Teilnahmslosigkeit) herunterziehen zu lassen.

»Liebe, was dir zugeteilt wird«, lautet ein genügsamer Leitgedanke, »denn die Natur hat es zu dir gebracht und dich zu ihm.« Diese gelassene Einstellung führt nach Ansicht der Stoiker zu Zufriedenheit und Glück. Beides gebe es aber nur in der Gegenwart – weder die Sehnsucht nach Vergangenem sei

389

sinnvoll, noch Hoffnungen oder Sorgen, die sich auf die unge-
wisse Zukunft beziehen. »Die Vergangenheit geht mich nichts
mehr an, die Zukunft noch nichts«, sagt Seneca. Damit wirbt
er für eine Einstellung, die heute wieder aktuell ist: das **Leben
im Hier und Jetzt.**

Seneca warnt vor den Glücksvernichtern, die in der Vergangenheit lauern: dem Blick zurück, dem damit verbundenen
Bedauern, den Schuldgefühlen, dem Nachtrauern verpasster
Gelegenheiten, dem Wie-war-es-früher-schön. Ein extremes
Beispiel aus unserer heutigen Zeit für Menschen, die ihr Heil
in der Zukunft suchen, sind Selbstmordattentäter: Auch sie
steigen aus dem Hier und Jetzt aus und werfen ihr Leben weg,
weil sie auf das Paradies im Jenseits hoffen.

Ⓒ Dauerthema für die Philosophen: der Tod

Die Vergänglichkeit des menschlichen Daseins beschäftigt
die großen Denker der Antike immer wieder. Epiktet sieht
sämtliche schlechten Handlungen des Menschen, alles Niedrige und Böse, als Ausdruck der Angst vor dem Tod. Epikur
glaubt, diese Angst könne man mit Hilfe der Philosophie, die
»Medizin der Seele« sei, überwinden: Wenn wir sie einnehmen, spüren wir, »dass der Tod nicht zu fürchten ist«. Mit
entwaffnender Logik erklärt er, dass der Tod harmlos sei,
weil der Mensch ihn nicht empfindet: »Wenn wir sind, ist
der Tod nicht, und wenn der Tod ist, sind wir nicht.« Diese
»Erkenntnis, dass der Tod ein Nichts ist, macht uns das ver-

gängliche Leben erst köstlich.« Epiktet empfiehlt, sich dieser Vergänglichkeit immer bewusst zu sein, auch in der Liebe: »Du liebst einen Sterblichen; es ist nicht dein Eigentum, was du da liebst; es ist dir für die Gegenwart vergönnt; es kann dir leicht genommen werden, es ist dir nicht für immer gegeben.«

Philosophie im Mittelalter: Denken im Schatten der Kirche

In der Antike versuchten die Philosophen, den Platz des Menschen in der kosmischen Weltordnung zu finden. Im Mittelalter (etwa von 500–1500), unter dem alles überragenden Einfluss der Kirche, ist dieser Platz schon besetzt: von Gott. Anstelle des Suchens und Infragestellens ist jetzt Demut gefordert, Demut vor dem Allmächtigen. Die Philosophie wird zur »Dienerin der Religion«.

Sie bringt aber einen neuen Gedanken hervor: Die **christliche Philosophie** erklärt, dass alle Menschen vor Gott gleich seien. Eine durch und durch demokratische Ansicht. Das Menschenbild der Antike ging dagegen von der Ungleichheit der Individuen aus – auch die intelligenten Philosophen akzeptierten die Sklaverei.

Das Christentum führt außerdem Gedanken wie Nächstenliebe, Mildtätigkeit und Vergebung ein. Legendär ist der Satz, den Jesus sagte, um die Steinigung einer Ehebrecherin zu verhindern: »Wer von euch frei von Sünde ist, der werfe den ersten Stein.«

B

Die christliche Philosophie im Mittelalter unterscheidet **drei Formen der Liebe:** Die erste ist die **anhängliche Liebe** zu Menschen, mit denen wir uns verbunden fühlen; aus philosophischer Sicht nicht ideal, weil sie Abhängigkeit und Eifersucht entstehen lässt. Liebe Nummer zwei ist die **Nächstenliebe,** die sich in Form von Mitgefühl und humanitärer Hilfe äußert. Die christliche Philosophie führt noch eine dritte Form ein: die **Liebe zu Gott.** Nur durch sie könne die Angst vor dem Tod überwunden werden – zumal es nach christlicher Auffassung nach dem Tod ein Weiterleben gibt.

C

Die gesamte Philosophie des Mittelalters wird unter dem Begriff **Scholastik** zusammengefasst. Der Name kommt von den Klosterschulen, in denen sie gelehrt wird (lateinisch: scuola = Schule; heute bedeutet »scholastisch« neben dem Bezug auf die Scholastik: schulmäßig, fleißig, spitzfindig). Die Scholastik will ein umfassendes Weltbild im Einklang mit dem christlichen Glauben herstellen.

Philosophie der Neuzeit: Der einzelne Mensch wird wichtig

Der französische Philosoph und Mathematiker **René Descartes** (1596 – 1650) zieht die philosophischen Ansichten der Antike und des Mittelalters radikal in Zweifel. Nicht der Kosmos (wie in der Antike) steht für ihn im Zentrum, aber auch nicht Gott (wie im Mittelalter): Es sei nicht der Glaube, der zur Wahrheit führe. Im Mittelpunkt des neuzeitlichen Denkens steht jetzt der Mensch, der Einzelne.

Descartes hält es theoretisch für möglich, dass alles, was wir sehen und erleben, nur eine **Illusion** ist. Eines aber sei sicher: Wer denkt und zweifelt, der muss auch leben, dessen Existenz kann keine Einbildung sein: »Ich denke, also bin ich.«

Damit macht Descartes deutlich: Das subjektive Bewusstsein (das Wissen des Einzelnen) ist es, das die Wahrheit ausmacht. Bisher gingen die meisten Philosophen von einer objektiven, unumstößlichen Wahrheit aus, die für alle gelte.

C

Descartes ist der Erste, der nach der Antike und dem von der Kirche geprägten Mittelalter einen neuzeitlichen **Rationalismus** vertritt, die Philosophie der **Vernunft**. Er stellt sie auf wissenschaftliche Beine und fordert, dass sich jeder **Erkenntnisge-**

winn an vier Regeln orientieren soll: Es darf nur das akzeptiert werden, was klar, wahr und deutlich erscheint; jedes Problem soll in lösbare Teilprobleme zerlegt werden; von einfachen Erkenntnissen soll man Schritt für Schritt zu schwierigeren Erkenntnissen kommen; alle Erkenntnisse sollen aufgezählt und in einer Übersicht (Klassifikation) dargestellt werden. Was hier etwas abstrakt klingt, setzt Descartes ganz konkret in seinen wissenschaftlichen Abhandlungen um, zum Beispiel zu den Themen Optik und Wetterkunde.

B

Descartes gilt als ein Vertreter des **Dualismus** (lateinisch: duo = zwei). Diese Vorstellung geht davon aus, dass alles aus zwei gegensätzlichen Polen besteht. Sie können sich ergänzen, wie Yin und Yang, Diesseits und Jenseits, Ideal und Wirklichkeit, Leib und Seele. Oder sie schließen sich gegenseitig aus, wie Gut und Böse.

Mit dem Bösen beschäftigt sich auch der englische Philosoph **Thomas Hobbes** (1588–1679). Er sieht das Leben als Kampf, in dem jeder gegen jeden antritt: »Der Mensch ist dem Menschen ein Wolf.« Deshalb müsse alle Gewalt dem Staat übertragen werden; seine Aufgabe sei es, die Bürger voreinander zu schützen.

Warum aber existiert überhaupt das Böse, wenn es doch einen gütigen Gott gibt? Diese Frage stellt der Philosoph **Gottfried Wilhelm Leibniz** (1646–1716). Seine Antwort: Es könne nicht alles vollkommen sein, deshalb müsse der Schöpfer unter das

Gute auch das Übel mischen. Dennoch sei die von Gott geschaffene Welt die beste aller möglichen Welten.

Kant: mit Pünktlichkeit und Disziplin zu neuem Denken

Um Punkt fünf Uhr morgens steht er auf, um Punkt zehn am Abend macht er das Licht aus. Sein Tagesablauf ist so genau festgelegt, dass andere die Uhr nach ihm stellen könnten: »Es kann noch nicht sieben Uhr sein, weil Professor Kant noch nicht vorbeigegangen ist«, sagt einmal ein Bürger seiner Heimatstadt Königsberg, der die Gewohnheiten des pedantischen Denkers kennt.

Immanuel Kant (1724–1804) gilt nach Descartes als weiterer Begründer einer neuen Philosophie. Aristoteles und andere Philosophen hatten zum Beispiel noch angenommen, dass ein Fluss klares Wasser enthalte, damit der Mensch es nutzen könne. Kant sagt nun: Die **Natur** ist zweckfrei, wir betrachten sie nur so, als würde sie einen Zweck erfüllen.

Kant befasst sich mit der **Metaphysik** (meta = hinter, physis = Natur). Dieses Gebiet der Philosophie beschäftigt sich mit allem, was über das direkte Erleben und Empfinden hinausgeht, also »hinter der (sichtbaren) Natur« liegt – zum Beispiel Gott oder die menschliche Freiheit.

B

Auf der Metaphysik beruht nach Kants Ansicht »das wahre und dauerhafte Wohl« des Menschen. Die »unvermeidliche Aufgabe« des metaphysischen Denkens seien: Gott, Freiheit und Unsterblichkeit. Doch hierüber eindeutige Erkenntnisse zu erhalten, sei unmöglich und nur »ein bloßes Herumtappen«. Was also tun?

Kant schreibt in seiner »Kritik der reinen Vernunft«, der Mensch könne sichere Erkenntnisse nur über Dinge erhalten, die er mit seinem Verstand und über seine Sinne wahrnehmen kann. Damit widerspricht er den Rationalisten, die glaubten, allein die Vernunft könne verlässliche Erkenntnisse über Gott und die Welt hervorbringen, ohne dass der Mensch zuvor eigene Erfahrungen gemacht haben muss. Die Existenz Gottes steht für Kant also nicht zweifelsfrei fest, sie ist nur eine Forderung (ein **Postulat**), die der Mensch machen darf.

Ein weiterer neuer Gedanke, den Kant formuliert, nimmt eine Grundlage der modernen Naturwissenschaften vorweg: Die uns bekannten Erscheinungen befinden sich nicht in einer vorgegebenen und gültigen Ordnung, wir müssen diese Ordnung selbst entwerfen.

A

Die wohl bekannteste philosophische Aussage Kants ist der **kategorische Imperativ** (Imperativ = Aufforderung; kategorisch = ohne Ausnahme gültig). Er gilt noch heute als Leitgedanke, an dem sich alle Menschen orientieren können, um miteinander auszukommen: Handele so, dass dein Handeln vorbildlich ist und dass deine Grundsätze auch die Grundsätze der ganzen Gesellschaft sein könnten. Das ist neu: Zum ersten Mal in der Philosophie soll nicht mehr die Aussicht auf Glück unser moralisches Handeln bestimmen, sondern das **Pflichtbewusstsein** und die **Uneigennützigkeit.**

Als Immanuel Kant ein Vierteljahr vor seinem 80. Geburtstag stirbt, sind seine letzten Worte: »Es ist gut.«

Orientierungssuche zwischen Ideologie und Vernunft

Im Mittelalter war es für alle Menschen selbstverständlich, an Gott zu glauben und der Kirche zu folgen. Was sie verkündete, galt als ewige Wahrheit.

Georg Wilhelm Friedrich Hegel (1770 – 1831) glaubt allerdings weder an ewige Wahrheiten noch an eine immerwährende Vernunft. Ob etwas gut oder richtig ist, ergibt sich aus der Geschichte, aus den jeweils herrschenden Umständen. Die Epochen der Weltgeschichte sind für Hegel Stufen auf dem Weg nach oben, in Richtung Freiheit und Vervollkommnung.

»Alles Vernünftige ist wirklich, und alles Wirkliche ist vernünftig«, sagt der in Stuttgart geborene Philosoph. Er unterscheidet drei Arten der Vernunft, in der sich der **»Weltgeist«** ausdrücke, eine Art Gedankengut aller Menschen: Die »subjektive Vernunft« betrifft den Einzelnen; die »objektive Vernunft« erreicht der Weltgeist, wenn er in der Familie oder in der Gesellschaft auftritt; die höchste Form ist für Hegel aber die **»absolute Vernunft«**, die sich in Kunst, Religion und Philosophie zeigt. Hier kann der Weltgeist die meiste Selbsterkenntnis gewinnen.

A

Hegel hat das philosophische System der **Dialektik** entwickelt. Bei dieser Kunst der scharfsinnigen Gesprächsführung wird zunächst eine Behauptung (**These**) aufgestellt. Ihr folgt die gegenteilige Behauptung (**Antithese**), und aus beiden zusammen entsteht dann die **Synthese.** Das ist aber keine Einigung in der Mitte, kein fauler Kompromiss, sondern soll eine Entscheidung sein, die sich auf eine »höhere Ebene« emporhebt.

Negatives Denken: Alles ist schlecht, alles ist sinnlos

Arthur Schopenhauer (1788 – 1860) ist durch und durch **Pessimist.** Seinen Mitmenschen misstraut er so sehr, dass er sogar vermeidet, sich von einem Barbier rasieren zu lassen – denn der könnte ihm ja die Kehle durchschneiden.

Die um 1800 lebenden Philosophen glauben, dass man bei der Suche nach dem, was die Welt bestimmt, letztlich auf die

Vernunft stößt. Der 30-jährige Arthur Schopenhauer wirbelt diese Vorstellung mit einer Veröffentlichung gründlich durcheinander: Er behauptet, die allem Lebendigen gemeinsame Kraft sei der **Wille.** Er drücke sich aus im Kampf ums Überleben und im Sexualtrieb, also im Bestreben, die eigene Art zu erhalten. Dieser Wille sei der **Ursprung allen Leidens** – die Grundlage des Lebens, das von Ungerechtigkeit, Härte, Langeweile und unerfüllten Wünschen gekennzeichnet sei.

B

Welchen Ausweg gibt es aus diesem Leiden? Schopenhauer empfiehlt die Betrachtung von Kunstwerken, die Hinwendung zu Architektur, Musik und Malerei; auch wenn diese Versenkung nur einen vorübergehenden Ausweg biete.

Ein weiteres Mittel könne die **Askese** (Enthaltsamkeit, Entsagung) sein, an deren Ende der innere Friede stehe. Und schließlich enthalte das Leiden auch die Fähigkeit zum Mitleiden, zum Mitgefühl – Grundlage für Gerechtigkeit und Menschenliebe.

Dass Leben auch Leiden heißen kann, ist nicht erst seit Schopenhauer eine philosophische Erkenntnis. Schon 2450 Jahre zuvor antwortete der weise Philosoph Thales aus Milet auf die Frage, warum er keine Kinder zeugen wolle: »Aus Liebe zu den Kindern.«

Schopenhauer ist aber nicht nur der Miesepeter, als den man ihn meistens (und meist auch zu Recht) sieht. Das zeigt diese Äußerung aus den »Aphorismen zur Lebensweisheit«:

»Der Heiterkeit, wann immer sie sich einstellt, sollen wir Tür und Tor öffnen: Denn sie kommt nie zur unrechten Zeit.«

Friedrich Nietzsche (1844–1900) ist der radikalste unter den Philosophen: Er stellt respektlos alles in Frage und gilt damit als Vertreter des **Nihilismus:** Diese philosophische Haltung geht davon aus, dass die Welt und das menschliche Dasein sinnlos seien und dass es keine Moral gebe. Auch die Religion könne keine Abhilfe schaffen, denn so Nietzsche: »Gott ist tot.«

B

Wenn überhaupt irgendwo die Wahrheit zu finden sei, sagt Nietzsche, dann nicht dort, wo der Idealismus sie suche, wie es in »Also sprach Zarathustra« heißt: »Bleibt der Erde treu und glaubt nicht denen, welche von überirdischen Hoffnungen reden!«

A

Die moderne Philosophie des **Existenzialismus** sieht die Freiheit und die eigene Verantwortung des Menschen als prägende Merkmale seines Lebens (seiner Existenz) an. Nicht die Natur oder höhere Mächte bestimmen sein Handeln, sondern allein er selbst. Und nur er ist für sein Handeln verantwortlich. »Der Mensch ist zur Freiheit verurteilt«, sagt der französische Philosoph **Jean Paul Sartre** (1905–1980, siehe auch Seite 129).

Was aber, wenn der Mensch gar nicht in der Lage ist, seine Freiheit in Taten umzusetzen? Wenn er zum Beispiel im Koma liegt oder geistig schwer behindert ist? Mit solchen moralischen Fragen im Zusammenhang mit der modernen Medizin und Technik hat sich der australische Philosoph **Peter Singer** (geb. 1946) beschäftigt. In seinem Buch »Praktische Ethik« spricht er dem Menschen das moralische Recht ab, Tiere zu töten, die Schmerz empfinden. Sterbehilfe dagegen sei in bestimmten Fällen moralisch zu rechtfertigen.

Auch wenn sich die Lebensumstände im Lauf der Jahrhunderte geändert haben, versuchen die Philosophen wie einst in der Antike und im Mittelalter, die menschliche Existenz zu deuten und zu verstehen. Das für lange Zeit so festgefügte Glaubensgebäude der Kirche hat allerdings Risse bekommen und wird von immer mehr Bewohnern verlassen. Doch wo sollen sie hin? In dieser Orientierungslosigkeit bekommen im 20. Jahrhundert die Gründer der sogenannten **Ersatzreligionen** ihre Chance: Sie versprechen Sicherheit und Halt, wenn man ihren Ansichten glaubt und ihren Führern vertraut. Beispiele sind Ideologien wie der Kommunismus und der Nationalsozialismus, aber auch die Wissenschaftsgläubigkeit und verschiedene Heilslehren. Sie alle verkünden, die Wahrheit gefunden zu haben.

Zur Übersicht:

A Für Ahnungslose | **B** Für Besserwisser | **C** Für Champions

Kunst

Von der Steinzeit bis heute: 30 000 kreative Jahre

Kunstwerke lösen die unterschiedlichsten Gefühle aus: Sie können ihre Betrachter in ehrfürchtiges Staunen versetzen, ihnen anerkennende Bewunderung entlocken, sie zum Schmunzeln bringen, provozieren oder gleichgültig lassen. So unterschiedlich sie auch wahrgenommen werden – in jedem Fall bereichern Bilder, Bauten und Skulpturen seit vielen tausend Jahren das menschliche Leben. Auf den folgenden Seiten finden Sie einen Überblick über die wichtigsten Epochen, Künstler und Werke: ein Weltmuseum der Kunstgeschichte, von ihren Anfängen bis zur Gegenwart.

»Entschuldigung, wissen Sie, wo die Laokoon-Gruppe ist?«, fragt eine Touristin einen Besucher des Vatikanischen Museums in Rom. »Nein, tut mir leid, ich gehöre zur Neckermann-Gruppe dahinten.« Hätte er doch nur die Seite 410 in diesem Buch gelesen …

Was Ihnen in diesem Kapitel erspart bleibt:

»Ein Bild ist erledigt, sobald es gekauft ist und an der Wand hängt«, soll Picasso einmal gesagt haben. Die Diskussion, was Kunst ist, welchen Sinn und welche Bedeutung sie hat, dauert schon lange und wird wohl nie enden. Auf den folgenden Seiten wird sie gar nicht erst begonnen.

Vorgeschichte: Kunst gehört zur Natur des Menschen

B

Die Venus mit den dicken Brüsten und den ausgeprägten Schamlippen ist nur sechs Zentimeter groß, aber keine andere bekannte Darstellung eines Menschen ist älter: Vor mehr als 30 000 Jahren schnitzte ein Künstler die Figur aus dem Elfenbein eines Mammuts. Forscher finden die 33 Gramm schwere »Venus vom Hohle Fels«, die vermutlich als Anhänger getragen wurde, im September 2008 in einer Höhle westlich von Ulm.

A

Wilde Pferde, Rinder und Hirsche malen Künstler vor rund 16 000 Jahren auf die steinernen Wände zweier Höhlen: Lascaux (gesprochen: »Laskoh«) im südwestlichen Frankreich und Altamira, mehr als 5000 Quadratmeter groß, im äußersten Norden Spaniens. Die Schöpfer der **Höhlenmalerei** fertigen ihre Werke aus natürlichen Pigmenten, Bindemitteln und

404

Erdfarben; schwarze Konturen zeichnen sie mit Holzkohle. Ihre Pinsel sind Moosstücke und Fellteile, oder sie benutzen einfach ihre Finger. Größere Farbflächen entstehen, indem die Farben durch hohle Knochen auf die Wände gepustet werden.

C

Auch größere **Skulpturen** entstehen schon in der Steinzeit. In Ariège (Südfrankreich) findet man zwei Bisonpaare, aus Lehm geformt und dann bemalt. Je ein männliches Tier stellt einem Weibchen nach. Die vier Bisons, jeweils etwa 60 Zentimeter groß, sind rund 15 000 Jahre alt.

 Was wollten die Steinzeitkünstler?

Vor einigen Jahren dachten Forscher noch, dass Tiere vor allem aus rituellen Gründen dargestellt wurden – man wollte sie mit einem Zauber bannen oder sich bei ihnen für das Töten »entschuldigen«. Doch daran bestehen heute Zweifel: Auch nicht gejagte Tierarten sowie Fantasiefiguren wurden angefertigt. Wollten die Menschen der Steinzeit sich vielleicht mit den Nachbildungen der Tiere deren Kraft einverleiben? Oder sollte ihre Fruchtbarkeit auf den Betrachter übergehen? Es gibt viele Deutungsmöglichkeiten, aber keine Beweise. Und deshalb könnte auch die einfachste aller Spekulationen stimmen: Schon vor mehr als 10 000 Jahren fand der Mensch Gefallen an schönen Dingen – und schuf Kunstwerke, um sich an ihrem Anblick zu erfreuen.

3000 – 800 v. Chr.: Kunst für die Könige der Hochkulturen

Die Kunst in Mesopotamien (heute Irak) und Ägypten hat viele Formen: Man findet sie auf Kacheln an den Wänden von Tempeln, als Statuen und Skulpturen, auf Krügen und Schalen, als prächtige Wandgemälde und als **Reliefs** (die Figuren heben sich plastisch vom steinernen Hintergrund ab, aus dem sie herausgebildet wurden). Weniger vielseitig sind die einzelnen Motive – überwiegend Götter, Sagengestalten und Herrscher. Zu deren Ehren werden auch spektakuläre Bauwerke errichtet: Tempel für die Götter und Pyramiden als riesige Grabmäler für die Pharaonen.

Die Kunst soll die Macht der babylonischen Stadt-Könige und der ägyptischen Pharaonen festigen. Zu ihren Aufgaben gehört deshalb die bildhafte Erzählung von Sagen. Häufige Themen sind kriegerische Aufmärsche und das Leben der Herrscher – vor allem die Darstellung ihrer göttlichen Abstammung und Verbindung mit den Mächten aus dem Jenseits.

C

Im Ägyptischen Museum in Kairo steht eine berühmte **Figurengruppe,** etwa 93 Zentimeter hoch und aus grauem Sandstein (sogenannte Grauwacke): die »Triade des Mykerinos«. Pharao Mykerinos gab sie um 2520 v. Chr. in Auftrag, um seine unantastbare, von den Göttern gegebene Macht zu demonstrieren: Der majestätisch aufrecht schreitende König befindet sich in der Mitte, zwei schöne Frauen begleiten ihn. Die eine ist Hathor, Göttin der Liebe, des Tanzes und des Friedens; die andere verkörpert die Landschaft am oberen Nil, jenen Teil des Staates, über den Mykerinos regiert. Vier solcher **Triaden** (Dreiergruppen) sind erhalten.

Große Bedeutung hat für die Ägypter die **Grabkunst.** Sie glauben an ein Leben nach dem Tod und praktizieren einen ausgeprägten Totenkult. Ein Beispiel zeigt das um 925 v. Chr. entstandene bunte Bild auf dem Sarg eines Priesters: Anubis, der Gott der Mumifizierung, beugt sich über einen Leichnam; seine rechte Hand scheint im Bauch dieses Menschen zu verschwinden. Anubis präpariert den Toten für die lange Reise ins Jenseits. Ein Motiv, das in ägyptischen Gräbern immer wieder auftaucht.

Antike: Sehnsucht nach Harmonie und Mut zur Hässlichkeit

800 – 200 v. Chr.: Streben nach Perfektion im antiken Griechenland

Wer war der erste bekannte Künstler? Von den ägyptischen Pyramiden weiß man trotz ihrer imposanten Ausmaße nicht einmal, wie sie gebaut wurden, geschweige denn von wem. Erst in der Antike tauchen die ersten Namen von künstlerisch tätigen Griechen auf, die bis heute überliefert sind. Einer der frühesten ist der Bildhauer **Kritios,** der zwischen 490 und 460 v. Chr. in Athen arbeitet. Von seinen Statuen ist ein ehemals blonder Jüngling erhalten, der »Kritios-Knabe« (Farbreste an den Haaren lassen diese Deutung zu). Beim »Apoll von Olympia« spart sich Kritios Arbeit: Die für den Betrachter nicht sichtbare Rückseite ist nur grob bearbeitet.

Als Begründer der Malerei gilt um 450 v. Chr. der ebenfalls in Athen lebende **Apollodor,** von dessen Bildern keines erhalten ist. Sein Schüler **Zeuxis** scheint von ihm aber viel gelernt zu haben: Er soll Weintrauben auf einem Wandbild so täuschend echt gemalt haben, dass Vögel versuchten, sie anzupicken.

A

Eine Figur, die so schön ist, dass man ihr verfällt: Das gibt es nicht nur in der griechischen Sagenwelt (der Künstler Pygmalion verliebt sich in eine von ihm selbst geschaffene Skulptur, die dann lebendig wird). Auch in der Wirklichkeit streben die Bildhauer der Antike nach diesem Ideal: Ihre Gestalten sind ebenmäßig, in sich ruhend und besitzen makellose Körper.

Die Zeit von etwa 450 bis 400 v. Chr., in der die Künstler nach dem Klaren, Wahren und Schönen streben, nennt man griechische **Klassik** (oder klassische Antike).

B

Zu den berühmtesten Skulpturen gehört der um 455 v. Chr. geschaffene Diskuswerfer des vielseitigen Bildhauers **Myron,** der auch als Holzschnitzer und Erzgießer bekannt wird. Wie bei allen modellierten Sportlern dieser Epoche sieht man auch bei diesem durchtrainierten Körper keinen einzigen angestrengten Muskel.

▲ Eine Eselsbrücke für drei Säulen

Überall auf der Welt werden Bauwerke mit Säulen nach griechischem Vorbild verziert. Die Namen der drei Säulenformen – dorisch, ionisch, korinthisch – lassen sich nicht immer leicht zuordnen. Mit der unten abgebildeten Zeichnung, die die Anfangsbuchstaben der drei Bezeichnungen enthält, ist es aber ganz einfach. Am Kapitol in Washington (Sitz des US-Kongresses) befinden sich korinthische Säulen, in München auf dem Königsplatz sind an verschiedenen Bauten alle drei Stilrichtungen zu sehen.

409

Die Künstler der griechischen Antike zeigen den menschlichen Körper bevorzugt nackt – warum aber zunächst nur den männlichen? Das liegt einerseits sicher an einer gewissen Ehrfurcht der kreativen Männer vor dem weiblichen Geschlecht, andererseits am offenen Umgang mit männlicher Homosexualität.

Um 200 v. Chr. werden die Skulpturen erotischer, lebendiger, ihre Bewegungen dramatischer. Auch die um 190 v. Chr. von einem Unbekannten geschaffene Statue der Nike von Samothrake (griechische Insel; Fundort) ist bekleidet, aber ihr offensichtlich nasses Gewand schmiegt sich eng an ihren Körper. Die Skulptur steht heute im Pariser Louvre.

Typisch für die spätgriechische Zeit ist auch die berühmte »Laokoon-Gruppe« (im Vatikanischen Museum in Rom). Sie zeigt den trojanischen Priester Laokoon, der seine Landsleute vor einer Falle, dem hölzernen Trojanischen Pferd, gewarnt hat, in dem sich Soldaten verstecken – nun wird er deshalb zusammen mit seinen Söhnen von zwei Schlangen erwürgt, gegen die er mit wilden Bewegungen kämpft. Das um 200 v. Chr. entstandene Original ist nicht erhalten; drei Künstler aus Rhodos stellen später die heute bekannte Kopie her.

200 v. Chr. – 500 n. Chr.: Mut zur Hässlichkeit in Rom

Die Römer bewundern die griechische Kunst so sehr, dass sie sie zunächst nur nachahmen. Bekanntes Beispiel um 220 v. Chr.: der lebensgroße »Barberinische Faun«, ein nackter und muskulöser Jüngling aus Marmor, der sich ruhend nach hinten lehnt und seine Männlichkeit offen zur Schau stellt (München, Glyptothek). So wie hier bleibt der Name des Bildhauers auch in den meisten anderen Fällen unbekannt.

Einen eigenen Stil zu entwickeln, das trauen sich die Römer erst zur Zeit ihres ersten Kaisers Augustus (64 v. Chr. – 14 n. Chr.). Die Griechen zeigten immer die ganze Gestalt eines Menschen, nun entsteht die abgekürzte Form der **Büste**. Häufig zeigt sie den Menschen, wie er wirklich aussieht – mit Glatze, Doppelkinn und dicker Nase. Das ist neu und war bei den Griechen undenkbar.

Auf Reliefs werden nun auch alltägliche Szenen dargestellt: eine Hochzeit, Jagden, auch eine Schlacht oder andere historische Ereignisse.

Ein eindrucksvolles Beispiel des römischen Realitätssinns sind die freizügigen Fresken im Bordell der römischen Stadt Pompeji (südwestlich von Neapel): nackte Männer und Frauen beim Liebesakt – reine Pornografie und dennoch Kunst.

B

Fresken (Einzahl: Fresko) sind Wandmalereien auf noch feuchtem Kalkputz. Da der Kalk und mit ihm die Farben schnell trocknen, muss jeder Strich auf Anhieb sitzen – Korrekturen sind nicht mehr möglich.

Zu den eindrucksvollsten Kunstwerken des alten Roms gehört eine Büste, die den Philosophen, Anwalt und Redner Cicero (106 – 43 v. Chr.) zeigt: Seine Stirn liegt in Falten, seine Gesichtszüge hängen herunter. Ebenso schonungslos: das brutale Gesicht des Kaisers Caracalla (188 – 217) und das verhutzelte, zahnlose Greisenantlitz des Kaisers Vespasian (9 – 79).

411

Im Mittelalter gehört die Kunst der Kirche

A

Mittelalter (500–1500), das heißt: Burgen und Ritter. Aber von ihnen gibt es nur wenige Bilder, als Dekoration zu Liedtexten in Büchern. Mit farbiger Tinte werden hier Turnierszenen dargestellt, sie zeigen bunt verzierte Schlachtrösser und Rosen werfende Mädchen, um deren Gunst die Ritter kämpfen. Solche **Buchmalereien** sind künstlerische Raritäten, denn Bücher sind kostbar und einzigartig.

In Klöstern malen und schreiben manche Mönche ihr ganzes Leben lang, vor allem Bibeln. Sie verzieren sie mit Bildern und Ornamenten – und haben offenbar auch Spaß dabei, wie skurrile kleine Zeichnungen beweisen: Sie zeigen zum Beispiel betrunkene Mönche, die aus Weinkrügen trinken. Kaum erkennbar versteckt in einem großen Buchstaben.

Viele mittelalterliche Kunstwerke haben religiöse Motive und entstehen im Auftrag von Äbten oder Bischöfen. Die Künstler wollen mit ihren Werken Gott dienen und die Geschichte der Bibel dem Volk nahebringen – lesen kann kaum jemand, und so braucht man Bilder. Auch Skulpturen aus Stein, Wände mit Fresken und Mosaiken haben religiöse Inhalte; sie schmücken die zahlreichen Kirchen.

B

Oft sind es Heilige, manchmal auch Mönche, die als Figuren dargestellt werden. Eines haben sie gemeinsam: Sie wirken streng und nüchtern, ihr Gesichtsausdruck ist seltsam starr.

Das ist natürlich kein Zufall: Persönliche Ausstrahlung spielt in der Kunst des Mittelalters keine Rolle. Nicht der Einzelne ist wichtig, sondern der Glaube an Gott. Ihm wird alles untergeordnet. Die Kunst hat nur den Auftrag, den Inhalt der christlichen Lehre anschaulich zu machen.

Wenn überhaupt einmal Figuren zu sehen sind, die Gefühle zeigen, dann sind es böse grinsende Teufel oder Gestalten mit unheimlichen Fratzen. Sie signalisieren den Menschen: Hier werden eure Seelen landen, wenn ihr nicht fromm seid. Trost kann da nur ein anderes von den Künstlern gewähltes Motiv bieten: die heilige Maria, die mit ihrem sanften Lächeln Mut und Zuversicht ausstrahlt.

Um das Jahr 1000 herum entsteht in Europa eine Stilrichtung, die schon mit ihrem Namen daran erinnert, dass sie an die Bauwerke Roms anknüpft: die **Romanik.** Romanische Kirchen sind gedrungen und wuchtig; sie besitzen runde Gewölbe, die Fenster sind oben halbkreisförmig abgerundet und werden von steinernen Rundbögen überspannt. Zu den bekannten romanischen Kirchen gehört der Dom von Speyer.

Die ersten romanischen Kirchen sind umgebaute **Basiliken.** Eine Basilika war in römischer Zeit eine langgestreckte Halle, in der Märkte oder Gerichtsverhandlungen stattfanden; an ihrem östlichen Ende befand sich eine halbkreisförmige Nische, die **Apsis.** Hier stand häufig eine Statue des Kaisers – jetzt befindet sich hier der Altar.

Ab 1150 entstehen in der Stilepoche der **Gotik** zahlreiche Kirchen, die in eine bisher unerreichte Höhe streben. Mehrere hundert Jahre lang kann es dauern, bis die Baumeister und ihre Helfer eine dieser riesigen gotischen Kathedralen errichtet haben. Mit ihren hohen Gewölben und Bögen erscheinen sie den Besuchern als »Abbild des Himmels auf Erden«, wie ein Chronist schreibt. Bekannte Beispiele sind Notre-Dame in Paris, der Kölner Dom und das Freiburger Münster.

B Kathedrale, Dom und Münster: Was ist der Unterschied?

Gemeint ist in jedem Fall eine große und meist katholische Kirche. Eine **Kathedrale** ist die Hauptkirche eines Bischofs (lateinisch: cathedra = Armsessel, Bischofsstuhl); in Deutschland und Italien wird sie **Dom** genannt (lateinisch: domus dei = Haus Gottes). Ein **Münster** war ursprünglich ein Kloster (lateinisch: monasterium) oder eine Klosterkirche.

Später bezeichnete man mit dem Wort »Münster« eine größere gotische Kirche, die kein Bischofssitz (also weder Dom noch Kathedrale) ist. Nicht immer sind die drei Begriffe klar zu trennen: So wird zum Beispiel die gotische Kirche St. Bartholomäus in Frankfurt am Main »Kaiserdom« genannt, obwohl sie nie Bischofskirche war.

Aufwendig gestaltet sind die hohen Fenster dieser Gotteshäuser: Sie zeigen die ersten **Glasmalereien,** entstanden aus bunten Glasscheiben sowie flüssigem Blei und pulverisierten Metallen; zu den ältesten gehören drei um 1130 gestaltete Fenster im Augsburger Dom. Sie erzählen von Jesu Geburt, seiner Kreuzigung und Auferstehung. Der untere Teil der Kirchen wird kaum vom Licht dieser Fenster erhellt, es flutet vor allem in der Höhe herein: Das soll die Sehnsucht der Gläubigen nach dem Himmel, nach dem Jenseits wecken.

Der Begriff »Gotik« entsteht, als dieser Baustil in Italien von einem Kritiker abfällig als »gotisch« bezeichnet wird: Er wirke so, als stamme er von den Goten – jenem Germanenvolk, das einst in Italien einfiel und seitdem als barbarisch und unzivilisiert gilt.

Die Renaissance und ihre genialen Meister

Die Künstler des Mittelalters sahen sich als Handwerker im Dienst der Kirche. Sie wagten keine Experimente, schufen nichts grundlegend Neues und blieben anonym. Das alles ändert sich um 1500 mit dem Beginn der Neuzeit und der **Renaissance** (1450–1600). Dieser Begriff bedeutet wörtlich übersetzt »Wiedergeburt«. Es sind die Ideen der Antike, die wieder aufleben sollen: Der einzelne Mensch darf nun wieder eine Persönlichkeit mit individuellen Eigenschaften sein. Das gilt sowohl für die Künstler – zunächst in Florenz –, aber auch für alle Figuren, die sie malen und formen.

B

Eine der größten Neuerungen der Renaissance, vergleichbar mit heutigen 3-D-Filmen, ist die Entdeckung der **Perspektive**, die Bildern räumliche Tiefe verleiht. Das geschieht zum Beispiel, indem eine im Vordergrund auftauchende Straße im Hintergrund immer schmaler wird, bis sich ihre Linien im »Fluchtpunkt« treffen. So wird der Blick des Betrachters in die abgebildete Szene hineingezogen. Die Maler der Renaissance stellen Menschen, Tiere und Pflanzen möglichst naturgetreu dar, ohne sie zu verfremden.

A

Wenn auf irgendjemanden das Wort »Universalgenie« zutrifft, dann auf **Leonardo da Vinci** (1452 – 1519). Der aus Florenz stammende uneheliche Sohn eines Notars und eines Bauernmädchens malt nicht nur das berühmteste Bild der Welt, die »Mona Lisa« (Louvre, Paris), sondern fertigt zahlreiche Skizzen an, die ihn als Kenner von Anatomie, Zoologie und anderen Naturwissenschaften zeigen. Seiner Zeit weit voraus ist er mit Zeichnungen von Erfindungen wie Fallschirmen, Pumpen, Kränen, optischen Instrumenten und Waffen. Obendrein ist er Bildhauer und Baumeister. Leonardos Gemälde scheinen in ein weiches Halblicht (»Sfumato«) getaucht zu sein, was ihnen einen besonderen Reiz verleiht.

Kein geringeres Genie ist der in der Toskana geborene **Michelangelo Buonarroti** (1475 – 1564): Der bedeutendste Bildhauer seit der Antike lässt nicht nur die berühmte vier Meter hohe Marmorstatue »David« entstehen, er ist auch Bauleiter des Petersdoms in Rom. Ebenfalls für den Vatikan malt er in der Sixtinischen Kapelle die berühmten Bilder der 13 mal 26 Meter großen Decke und an der Altarwand das aus 391 Figuren bestehende »Jüngste Gericht«. Und Dichter ist er auch noch: »Der Farbe Sudelei tropft aus dem Pinsel auf die Wange sacht« – so endet ein Vers, mit dem Michelangelo seine anstrengende Deckenmalerei beschreibt, die er, auf dem Rücken liegend, auf einem Gerüst ausübt.

Ein Künstler als reicher Mann: Das ist in der Renaissance nicht ungewöhnlich. Michelangelo, Botticelli, Tizian und Leonardo da Vinci sind schon zu Lebzeiten (um 1500) berühmte Zeitgenossen. Adelige und hohe Kirchenfürsten sind stolz darauf, ihnen persönlich zu begegnen. Man trifft sich auf Augenhöhe. Im Jahr 1510 besucht Papst Julius den Maler Michelangelo, als dieser gerade die Decke der Sixtinischen Kapelle ausmalt: »Wann kommst du damit zu Ende?«, fragt der Papst. Selbstbewusst antwortet der Künstler: »Wenn ich fertig bin!«

Leonardo da Vinci ist so interessiert daran, lebensechte, realistische Gesichter und Gebärden zu malen, dass er einmal einige Männer aus dem Volk einlädt, bewirtet und mit lustigen Geschichten unterhält – dabei studiert er ihr Lachen und ihre Mimik, um anschließend ein Bild mit lachenden Bauern malen zu können. Ebenso beobachtet er die Gebärden von zur Hinrichtung geführten Verbrechern, um den Gesichtsausdruck von Angst und Schrecken darzustellen.

Michelangelo sucht sich sogar tote Vorbilder: Heimlich schleicht er sich zu Ärzten, die aus wissenschaftlichen Gründen die Leichen frisch Verstorbener sezieren – was damals streng verboten ist. So kann er sehen, wie jeder einzelne Muskel verläuft. Das Ergebnis ist noch heute zu bewundern (in der Galleria dell'Accademia in Florenz): »David«, der seinen Körper leicht dreht und einen Arm hebt, hat genau jene Muskeln angespannt, die ein lebender Mensch hierfür tatsächlich einsetzen würde.

In wohlhabenden Städten wie Florenz, Venedig und Mailand sowie in den Niederlanden finden reiche Bürger und Fürsten Gefallen daran, sich von Künstlern darstellen zu lassen. Möglichst realistisch, möglichst teuer, nach antikem Vorbild, wie einst die römischen Senatoren und Kaiser. So erhält 1459 der Künstler Benozzo Gozzoli den Auftrag, die reiche Familie Medici zu malen – als Teilnehmer in einem »Zug der Heiligen drei Könige nach Bethlehem«. Die einzelnen Familienmitglieder sind wiederzuerkennen und tragen kostbare Gewänder. Und damit jeder weiß, welchen Rang die Medicis haben, werden der Papst und der byzantinische Kaiser gleich dazugemalt.

B

Zu den großen Künstlern der Renaissance gehört auch der Italiener **Raffael** (eigentlich Raffaello Santi, 1483–1520). Mit

21 Jahren kommt er nach Florenz – das kulturelle Zentrum seiner Zeit –, wo er von Michelangelo und Leonardo da Vinci lernt. Er fertigt Fresken und Altarbilder an und malt Madonnen, Engel und Menschen, die aussehen, als würde heiterer Sonnenschein sie anstrahlen; sie wirken so harmonisch und schön, dass Raffael später zeitweise »der Göttliche« genannt wird. Der Kirche ist er tatsächlich nahe: Er darf die Gemächer des Vatikans ausmalen und mit 31 Jahren den Bau des Petersdoms leiten.

A

Einsam hält ein Deutscher die Stellung zwischen Italienern und Niederländern: Der Nürnberger **Albrecht Dürer** (1471–1528). Akribisch genau stellt er das Fell eines Hasen und die Falten im Gesicht seiner Mutter dar. Seine Kupferstiche (»Adam und Eva«), Holzschnitte und Gemälde, darunter viele Landschaften und Selbstporträts, verschaffen ihm auch bei seinen berühmten Kollegen im Ausland Anerkennung.

Überquellende Pracht im Barock

Großes Drama: Die Stilepoche des **Barock** (1600–1720) ist ein monumentales Gesamtkunstwerk. Gemälde gleichen bunten Theaterstücken, die Räume der Kirchen sind ausstaffiert bis an die Grenze des Überladenen, ihre mit Gips, Stuck und Blattgold verzierten Wände glänzen im Kerzenlicht. An den bemalten Decken der Gotteshäuser scheint sich der Himmel zu öffnen; Engel zwischen plastischen Wolken preisen Gott, Heilige knien im Gebet, und weit oben ist Christus zu entdecken, der seinen Segen erteilt. Dazu gehört die Musik des Barock, mit Chören und dem hellen Klang von Blasinstrumenten.

B

Barocke Architekten und Künstler wollen die Natur imitieren. Sie lieben runde Formen und geschwungene Bögen, die aussehen, als seien sie organisch gewachsen. Die Fenster der Kirchen sind hell, ohne verdunkelnde Glasmalereien – das Licht des Himmels soll hereinströmen. Die zu dieser Zeit an den Höfen regierenden Herrscher lassen sich gerne in Posen darstellen, die an berühmte Vorbilder erinnern – beliebt sind Alexander der Große, Cäsar oder, ganz bescheiden, Götter wie Zeus und Apollo.

A Die drei großen Holländer: Rubens, Rembrandt und Vermeer

Große und repräsentative Bilder wünschen sich die europäischen Könige und Fürsten des Barock – und da ist die erste Adresse der Niederländer **Peter Paul Rubens** (1577–1640). Er liefert ihnen für ihre Paläste prächtige Gemälde in sinnlich-warmen Farben und mit Frauen, die durch ihre füllige, »barocke« Figur auffallen.

Sein Landsmann **Rembrandt van Rijn** (1606–1669) produziert rund 500 Gemälde, 300 Radierungen und über 1000 Zeichnungen, darunter mehr als 100 Selbstporträts. Berühmt ist das etwa zwölf Quadratmeter große und überwiegend in erdigen, dunklen Farben gehaltene Gemälde »Die Nachtwache« – die Gesichter der abgebildeten Männer sind so deutlich als damals bekannte Personen zu erkennen, dass man auch dieses Bild als Komposition von Porträts betrachten kann.

Jan Vermeer (1632–1675) zeigt Menschen häufig in ihrer häuslichen Umgebung (»Brieflesendes Mädchen am offenen Fenster«). Er gibt ihnen eine geheimnisvolle Wirkung, indem er sie so malt, als wären sie mit einem Scheinwerfer angestrahlt. Bilder mit solchen Alltagsszenen, deren dargestellte Personen meist anonym bleiben, nennt man **Genre-Bilder**.

B

Nicht nur das sinnliche, pralle Leben zeigen die Künstler des Barock – ein häufiges Motiv ist auch die Vergänglichkeit aller Dinge. Die Maler lieben die Darstellung des Verderblichen. So tanzt auch der Tod im Hintergrund oft mit. Deshalb kann ein Bild nicht nur Obst, Fleisch, Fisch und Blumen auf einem Tisch zeigen, sondern auch einen Totenschädel – gemalt in höchster realistischer Vollendung, wie zum Beispiel die Stillleben von Jan Davidsz de Heem (1606–1683).

Zart und zierlich – der Stil des Rokoko

Es sind keine Gemälde oder Statuen, die man mit der Epoche des **Rokoko** (1720–1770) verbindet, sondern eher Möbel und kostbare Seidentapeten in den Palästen französischer Könige. Typisch für ihren verspielten Stil sind zum Beispiel vergoldete Tischchen und Kommoden mit zierlichen Beinen.

B

Bilder entstehen in dieser Zeit natürlich auch: Sie zeigen vorzugsweise ein Picknick in grüner Idylle, galante Herren und feine Damen bei einer Bootsfahrt oder ein unbeschwertes Gartenfest. Auch erotische Andeutungen kommen vor – aber meist nichts, was große Gefühle erregen könnte. Das gilt auch für die verwendeten Farben: Zarte Töne wie Rosa und Hellblau erzeugen eine harmlose Leichtigkeit.

Dazu passen die Porzellanfiguren des Rokoko. Ein Beispiel: eine lieblich lächelnde Schäferin, an deren Beine sich ein unschuldiges Lämmchen schmiegt. Dass diese Dame jemals hart zupacken und ein Schaf scheren könnte, ist schwer vorstellbar.

Das 19. Jahrhundert: von Klassizismus bis Impressionismus

1770–1830: Der Klassizismus besinnt sich auf das Einfache

Schluss mit den Schnörkeln – zurück zur klaren Gliederung: Der **Klassizismus** ist eine Gegenbewegung zum verspielten Rokoko und ahmt die klaren Formen der antiken Klassik nach (daher »Klassizismus«). Das geschieht noch direkter als bei den Künstlern der Renaissance (Seite 415), die ja auch schon die Klassik der Antike wiederbeleben wollten. Das Rokoko war der Stil der Könige, doch seit der Französischen Revolution (1789) ist eine neue Kunst gefragt – auch wenn sie eigentlich eine alte ist. So entstehen zum Beispiel wieder Marmorstatuen, Büsten und Bauwerke wie das Brandenburger Tor in Berlin.

B

Die Motive der klassizistischen Malerei werden häufig der griechischen Sage entnommen und auf die Gegenwart übertragen. So stellt zum Beispiel der Franzose **Jacques Louis David** (1748–1825) in seinem Bild »Der Schwur der Horatier« drei junge Kämpfer der Antike dar, und der Betrachter des 18. Jahrhunderts soll denken: Diese Helden sind ein Vorbild für unsere eigenen Revolutionäre.

Einer der großen Künstler dieser Zeit ist der Spanier **Francisco de Goya** (1746–1828). Er verbindet kühlen Klassizismus mit südländischer Sinnlichkeit und mit politischen Aussagen: Seine **Radierungen** (das Bild wird mit der Nadel in eine Metallplatte geritzt und später gedruckt) zeigen die Erschießung von Aufständischen und die brutalen Schrecken des Krieges zwischen Spaniern und den Soldaten Napoleons.

Um 1800 malt Goya eine schöne Frau in zwei Versionen. Auf jedem der beiden Bilder liegt die Schwarzhaarige lebensgroß in derselben Position mit hinter dem Kopf verschränkten Armen auf dem Rücken – aber einmal ist sie modisch bekleidet und einmal splitternackt. Sehr wahrscheinlich wurden beide Bilder kombiniert, sodass sie je nach Betrachter ausgewechselt werden konnten. Die katholische Kirche stört sich an beiden Gemälden: Im Jahr 1815 beschlagnahmt sie »Die bekleidete Maja« ebenso wie »Die nackte Maja«.

1790–1830: Künstler wecken romantische Gefühle

Mit Stimmungen und Sehnsüchten beschäftigen sich die Maler der **Romantik**. Sie löst den Klassizismus nicht ab, sondern besteht weitgehend zur selben Zeit. Während sich die Künstler des Klassizismus (vor allem in Frankreich) nach außen wenden, ziehen sich die Romantiker (vor allem in Deutschland und England) nach innen zurück, ins Individuelle und Private – weshalb es keine romantische Architektur gibt.

Der deutsche Maler **Caspar David Friedrich** (1774–1840) erzeugt mit seinen Bildern eine stimmungsvolle Idylle – ein typischer Künstler der Romantik. In seinem Gemälde »Der Wanderer über dem Nebelmeer« (1818) steht ein einsamer Mann mit dem Rücken zum Betrachter auf einem Felsen, hoch über allen Gipfeln. Er stützt sich auf einen Stock, hat einen dunklen Gehrock an, und seine rotblonden Haare sind vom Wind zerzaust. Obwohl das Gesicht nicht zu sehen ist, spürt der Betrachter intensiv, dass der einsame Wanderer in den Anblick der Natur vertieft ist. Licht und Nebel erzeugen starke, fast schwermütige Gefühle, eine tiefe Sehnsucht nach Weite und Ferne.

1830–1860:
Realistische Blicke auf den Alltag

Von einer kunstgeschichtlichen Epoche zu reden, wäre übertrieben: Es ist eher eine im Lauf der Jahrhunderte gelegentlich wiederkehrende Mode, die mit dem Begriff **Realismus** bezeichnet wird. Um 1850 wollen viele Maler in ihren Bildern das »wahre« Leben zeigen, und das heißt meist, den Alltag einfacher Menschen auf dem Land. Oder auch ihren eigenen: So entstehen nicht nur Werke mit Namen wie »Die Steinklopfer« (von **Gustave Courbet,** 1819–1877) und »Die Ährenleserinnen« (**Jean-François Millet,** 1814–1875), sondern auch »Das Atelier des Künstlers« (Courbet).

B

Zum Realismus dieser Zeit passen zwei neue künstlerische Ausdrucksformen: Um 1840 entstehen die ersten Fotografien, und der Franzose **Honoré Daumier** (gesprochen: »Domjeh«, 1808–1879) zeichnet politische Karikaturen. In einer davon fordern die Abgebildeten Pressefreiheit.

1860–1910: Impressionismus – Spiel mit Farben und Licht

A

Ausgerechnet jene Kunstrichtung, die heute die beliebteste ist, wird in ihren Anfangsjahren immer wieder angefeindet. Die Maler des **Impressionismus,** deren Bilder in unserer Gegenwart zu den wertvollsten der Welt gehören, werden von dieser heftigen Ablehnung überrascht, denn es ist gar nicht ihre Absicht, zu provozieren. Aber ihre Werke passen nicht zu den bisherigen Sehgewohnheiten: Wenn man sie aus der Nähe betrachtet, sieht man ein Chaos von bunten Pinselstrichen und kräftigen Farbtupfern – erst mit einigem Abstand ergeben sich daraus die schönsten Kompositionen. Für die damalige Zeit ist das ungewohnt, und so glauben viele Kritiker, die impressionistischen Maler seien unfähige Stümper.

Die Künstler wollen nicht naturgetreu malen, es geht ihnen um die Veränderung der Farben, um die Wirkung von Licht und Schatten – je nach Tageszeit und Wetter. Sie malen überwiegend im Freien und nicht wie bisher im Atelier.

C

Das Glück der Impressionisten: Sie verwenden neuartige Farben in Zinktuben, die leicht zu transportieren und lange haltbar sind. So können die Künstler draußen malen und müssen die Farben nicht mühsam im Atelier anrühren.

B

Einen Riesenskandal erregt **Édouard Manet** (1832 – 1883) mit seinem Gemälde »Das Frühstück im Grünen« (oft auch als »Das Frühstück im Freien« übersetzt). Es zeigt zwei Frauen und zwei Männer, die es sich in einem Wald unter Bäumen bequem gemacht haben; die Männer und die zweite Frau im Hintergrund sind komplett bekleidet, doch die Frau im Vordergrund ist nackt.

C

Manet hat das Motiv von Raffaels Kupferstich »Das Urteil des Paris« übernommen. Bei Raffael sind alle drei Hauptfiguren nackt – doch eine nackte Frau inmitten bekleideter Männer? Das finden die Betrachter im Jahr 1863 obszön. Gerade deshalb ist das Bild eine Sensation, und alle wollen es sehen.

B

Nur befreundet mit den Impressionisten ist der Maler **Edgar Degas** (1834 – 1917). »Für euch ist Natürlichkeit wichtig, für mich das künstliche Leben«, sagt er ihnen. Er geht nicht hinaus in die Natur, sondern sucht seine Motive in nächtlichen Straßen und Cafés, malt erschöpfte Mädchen beim Ballett und zwei Büglerinnen, von denen eine gerade gähnt. »Meine Frau-

427

en gehören zum einfachen, ehrlichen Volk«, sagt Degas. Sie zu malen sei »wie wenn man durch ein Schlüsselloch späht«.

Claude Monet (1840–1926), der berühmteste Impressionist, stellt seine Staffelei vor die Kathedrale von Rouen und malt ihre Fassade ein Dutzend Mal – immer im gleichen Ausschnitt: Ein Bild gibt den Eindruck am frühen Morgen wieder, ein anderes tagsüber, ein weiteres im warmen Abendlicht. Der Künstler will zeigen, wie sich ein Objekt mit unterschiedlichem Licht verändert. Zu seinen weiteren Motiven gehören Heuschober, Gärten, Badende und Pariser Straßenszenen. Selbst als er zuletzt erblindet, malt Monet noch täglich bis zu zehn Stunden lang Seerosenbilder – nun aus der Erinnerung.

Mit seinem Kollegen **Auguste Renoir** (1841–1919) arbeitet Monet anfangs so eng zusammen, dass man bei manchen Bildern nicht sieht, wer von beiden sie gemalt hat. Renoirs berühmtes Gemälde »Le Moulin de la Galette« lässt den Betrachter in ein Gartenlokal blicken, in dem Paare unter Bäumen sitzen oder tanzen. Die Blätter werfen Schatten auf Gesichter, Kleider und Gläser, an den übrigen Stellen sieht man helle Sonnenflecken – die Luft scheint zu vibrieren, und die gelöste Stimmung der Anwesenden überträgt sich auf den Zuschauer. Renoir malt auch Badende, Ruderer – und in zarten Farben immer wieder Mädchen, Mütter mit Kindern und Frauen als Akt.

B

Der Niederländer **Vincent van Gogh** (1853–1890) fängt erst 1881 mit dem Malen an, und er malt nur knapp zehn Jahre lang, weil er sich dann nach mehreren Schüben einer Geisteskrankheit umbringt. Aber in diesem Jahrzehnt entstehen 800 Gemälde (sowie zahlreiche Zeichnungen). Ihre kräftigen, explodierenden Farben lassen erahnen, wie zerrissen, aufgewühlt und von Ängsten geplagt van Gogh immer wieder ist. In seinem Bild »Sternennacht« (1889) malt er den Nachthimmel mit beinahe gewalttätigen Pinselhieben in leuchtend bunten, wirbelnden Kreisen, weit weg von jeder romantischen Stimmung. Von all seinen Bildern verkauft er nur ein einziges, weshalb sein Bruder ihn finanziell unterstützen muss.

Auch der mit van Gogh befreundete Franzose **Paul Gauguin** (1848–1903) malt Bilder, die mit ihrer Farbigkeit und Leuchtkraft den Impressionismus hinter sich lassen und Züge der nächsten Stilepoche in sich tragen. 1891 lässt sich Gauguin in der Südsee nieder; auf den polynesischen Inseln findet er viele Motive für seine Werke, bevor er einsam kurz vor seinem 55. Geburtstag stirbt.

A 1890–1910: Jugendstil – Harmonie
statt Ecken und Kanten

Ornamente, Ranken, geschwungene Linien – mit solchen der Natur nachempfundenen Formen erfasst der **Jugendstil** auch alltägliche Gebrauchsgegenstände wie Spiegel und Lampen. Ein bekannter Maler dieser Stilrichtung ist der Österreicher **Gustav Klimt** (1862–1918), dessen mosaikartige Bilder vor allem sinnlich-erotische Frauen und Paare zeigen (»Der Kuss«).

Auch der eine oder andere Architekt lässt sich vom Jugendstil beeinflussen, und der Spanier **Antoni Gaudí** (1852–1926) baut 1907 in Barcelona sogar ein Haus, in dem es nur abgerundete Wände gibt.
In Frankreich heißt der Jugendstil, der auch Elemente der japanischen Kunst enthält, **Art nouveau** (gesprochen: »Ahrnuwoh«).

Das 20. Jahrhundert: Es lebe die Vielfalt!

Einen gemeinsamen Stil gibt es in der Kunst nach 1900 nicht mehr. Verschiedene Künstlergruppen und Richtungen existieren nebeneinander und beeinflussen sich gegenseitig, oft streiten sie aber auch miteinander. Wichtiger als die Zugehörigkeit zu einer »Schule« wird die Originalität der einzelnen Künstler. Immer häufiger suchen sie das Neue und einen unverwechselbaren Platz im wachsenden Kunstmarkt.

1900 – 1920: Expressionismus – starke Farben und Gefühle

A

Um 1900 weckt der Wiener Arzt und Psychologe **Sigmund Freud** (1856 – 1939) mit seinen Veröffentlichungen über das Unbewusste, über Triebe und Traumdeutungen das Interesse der Menschen an ihrem eigenen Seelenleben. Auch die Künstler des **Expressionismus** öffnen sich ihren Gefühlen. Mit kräftigen Farben und Kontrasten drücken sie in ihren Bildern Leidenschaft und innere Zerrissenheit aus (Expression = Ausdruck). Alle bisherigen künstlerischen Formen sollen zertrümmert werden.

B

Diesmal gehen die Impulse nicht von Frankreich aus – die beiden wichtigsten Künstlergruppen der neuen Stilrichtung kommen aus Deutschland. 1905 wird in Dresden »**Die Brücke**« gegründet. Ihr Mitglied **Emil Nolde** (1867 – 1956) drückt in seinen Bildern religiöse Empfindungen aus und sagt, er wolle »Strenge und Gefühlstiefe« vermitteln.

Eine beklemmende Atmosphäre erzeugen die starken schwarzen Schatten, die **Ernst Ludwig Kirchner** (1880 – 1938) malt – als ahne er bereits das kommende Unheil des Ersten Weltkriegs.

Auch die Künstler, die sich 1912 in München zur Gruppe **»Der Blaue Reiter«** zusammenschließen, wollen mit den Traditionen der Vergangenheit brechen. Den Impressionismus lehnen sie ebenso ab wie jene Malerei, die auf genauer Abbildung der Natur beruht. Der Schweizer Maler **Paul Klee** (1879–1940) bringt Humor in die Kunst: mit zarten und heiteren Figuren, die manchmal an Strichmännchen erinnern; eines seiner Bilder heißt »Die Zwitscher-Maschine«. Der Münchner **Franz Marc** (1880–1916) malt »Zwei blaue Pferde vor rotem Felsen«.

Noch radikaler bricht der in Moskau geborene Maler **Wassily Kandinsky** (1866–1944) mit der Vergangenheit: Anstelle des Pinsels benutzt er gelegentlich einen Zerstäuber, und 1910 malt er ein **Aquarell** (= mit Wasserfarben), auf dem nur farbige Flecken zu sehen sind – die **abstrakte Kunst** ist geboren.

Nicht abstrakt sind die Menschen und Landschaften, die Kandinskys Freundin **Gabriele Münter** (1877–1962) malt – mit leuchtenden und kräftigen Farben, die sie meist schwarz umrahmt. Um 1900 sorgt eine weitere Malerin für Aufsehen: **Paula Modersohn-Becker** (1876–1907) stellt ihren eigenen Körper mehrfach im Selbstbildnis als Akt dar, was bis dahin noch niemand gewagt hat. Die Expressionistin malt mehr als 750 Gemälde. Einige davon entstehen in Paris, andere in der **Künstlerkolonie Worpswede** bei Bremen, wo sich Maler und Schriftsteller zusammenfinden, um im Einklang mit der Natur zu leben und zu arbeiten.

Kandinsky und Klee unterrichten am **Bauhaus,** einer 1919 vom Architekten **Walter Gropius** (1883 – 1969) gegründeten Hochschule für Gestaltung. Hier sollen Künstler und Handwerker gemeinsam ausgebildet werden, um Technik, Design und Kunst miteinander zu verbinden. Der Stil wird weltberühmt, sodass zum Beispiel in der Architektur viele Gebäude mit der Bauhaus-typischen klaren, schnörkellosen Sachlichkeit entstehen. Als 1933 die Nationalsozialisten an die Macht kommen, muss das Bauhaus in Dessau schließen.

1910 – 1940: Kubismus – Die Welt wird neu zusammengesetzt

Der französische Maler **Paul Cézanne** (1839 – 1906) hat in seinen Bildern schon auf räumliche Tiefe verzichtet und die Natur in Form von geometrischen Körpern dargestellt. Wenige Jahre nach seinem Tod greifen die Künstler des **Kubismus** (Kubus = Würfel) seine Ideen auf und entwickeln sie weiter. Sie lösen die realen Formen von Menschen und Gegenständen auf und bauen sie als Anordnung von Quadraten, Kegeln und Zylindern wieder auf. Vorreiter dieser neuen Kunst sind der Franzose **Georges Braque** (1882 – 1963) und der Spanier **Pablo Picasso** (1881 – 1971).

»Was soll denn das sein?«, fragen Kunstkenner voller Spott, als sie im Jahr 1909 Picassos »Porträt des Kunsthändlers Ambroise Vollard« (1909) sehen. Keiner kann erkennen, was das grau-grün-braune Bild, bestehend aus strengen, kleinteiligen Formen, darstellen soll. Nur ein vierjähriger Junge tippt mit dem Finger darauf und sagt: »Das ist Vollard!« Erst der vorurteilsfreie Kinderblick ist in der Lage, das kubistische Bild zu verstehen.

B Picasso – vom Wunderkind zum berühmtesten Maler der Welt

Schon als Elfjähriger besucht Pablo Picasso eine Kunstschule, und mit 16 Jahren besteht er mühelos die Aufnahmeprüfung an der Kunstakademie in Madrid. Auf seine anfangs poetisch-melancholischen Bilder (»Blaue Periode«, überwiegend in Blautönen) folgen Harlekine und andere Figuren aus der Zirkuswelt (»Rosa Periode«). 1907 malt er sein berühmtes kubistisches Gemälde »Les Demoiselles d'Avignon«; es zeigt fünf Frauen, deren nackte Gestalten aus verschobenen und verzerrten Teilen zusammengesetzt sind.

Später ignoriert der Spanier herkömmliche Stilrichtungen, stattdessen schafft er eigene; die mehr als 20 000 fantasievollen Werke des produktiven Genies – darunter Keramiken und Plastiken – lassen sich keiner bestimmten Richtung mehr zuordnen. Picasso im Rückblick: »Wenn mir ein Motiv mehrere Ausdrucksmöglichkeiten anbot, dann habe ich nie gezögert, sie aufzugreifen.«

1925–1945: Surrealismus – Ausflüge in die Unwirklichkeit

Eine Kunst, die ins Unterbewusste eindringt und mit allen räumlichen Gesetzen bricht: Die Surrealisten malen rätselhafte Fantasieszenen, die aussehen, als seien sie Träumen (oder Albträumen) entsprungen.

Ihre Bilder sind zwar so realistisch wie Fotografien, zeigen aber Zusammenhänge und Erscheinungen, die es so nicht gibt. Zum Beispiel Uhren, die wie weiche Pfannkuchen an einem Ast hängen oder sich auf Mauern ausbreiten – wie sie der Spanier **Salvador Dalí** (1904–1989) in seinem Bild »Die Beständigkeit der Erinnerung« zeigt.

C

Dalí, dessen Bilder den Betrachter verstören sollen, ist ein exzentrischer Selbstdarsteller, der häufig mit spektakulären Aktionen für Schlagzeilen sorgt; einmal bringt er zu einer Ausstellung das Ohr eines Elefanten mit, bei einer anderen Gelegenheit fährt er mit einem Rolls-Royce vor, der mit Blumenkohl vollgeladen ist. »Der einzige Unterschied zwischen mir und einem Verrückten ist, dass ich nicht verrückt bin«, sagt der Träger eines auffälligen Zwirbelbarts.

Ebenfalls aus Spanien stammt **Joan Miró** (1893–1983), der den Surrealismus mit Elementen der abstrakten und naiven Malerei verbindet. Wer seine farbenfrohen Bilder einmal gesehen hat, erkennt den unbeschwerten, beinahe kindlichen Stil dieses Malers sofort wieder.

Ein weiterer bekannter Surrealist ist der in Brühl bei Köln geborene **Max Ernst** (1891–1976). Er malt nicht nur, sondern experimentiert mit verschiedenen Materialien (Holz, Zeitungsausschnitte), die er zu **Collagen** zusammenklebt. Oft lässt er den Zufall entscheiden und sieht sich als Zuschauer, der die Entstehung seiner eigenen Werke betrachtet: »Bevor ein Taucher ins Wasser geht, weiß er nicht, was er findet.«

1958–1970: Pop-Art – Konsumartikel werden zu Kunstwerken

A

Bunt und frech sehen die Bilder einer Kunstrichtung aus, die ihren Ursprung in England und den USA hat und deren Motive ganz normale Alltagsgegenstände sind: Colaflaschen, Geldscheine oder die amerikanische Flagge. Der US-Amerikaner **Andy Warhol** (1928–1987) nutzt die Welt der Werbung und des Konsums, um sie gleichzeitig zu feiern und zu kritisieren: Seine Siebdrucke zeigen verfremdete Serien von identischen Fotos, zum Beispiel 32 Abbildungen einer Suppendose der Firma Campbell oder Porträts der Schauspielerin Marilyn Monroe.

B

Der New Yorker **Roy Lichtenstein** (1923–1997) will »unpersönliche Kunst« machen, wie er sagt. Seine Bilder wirken nicht so, als habe hier ein Maler seinen individuellen Stil verwirklicht: Sie erscheinen als Vergrößerungen aus Comics, mit Sprechblasen und Rasterpunkten.

B Joseph Beuys: Deutschlands umstrittener Star

Für viele Experten ist er der größte deutsche Künstler der Nachkriegszeit, Laien dagegen finden zu seinen Werken nicht immer Zugang. Der in Krefeld geborene Aktionskünstler und Bildhauer **Joseph Beuys** (1921–1986) wird durch seine **Objektkunst** international bekannt. Mehrfach stellt er sie auf der alle fünf Jahre stattfindenden **documenta** in Kassel aus, und renommierte Museen in London und New York zeigen sie nach seinem Tod bis heute.

Beispiele: Das von Beuys geschaffene »Revolutionsklavier« besteht aus einem Klavier, das mit rund 200 roten Rosen und Nelken bedeckt ist; in der Veranstaltung »Wie man dem toten Hasen die Bilder erklärt« sitzt der Künstler selbst auf einem Stuhl und redet leise auf einen toten Hasen auf seinem Schoß ein.

Als das Münchner Lenbachhaus 1980 die Installation »Zeige deine Wunde« ankauft, die aus alten Leichenbahren und Fett besteht, spotten Kritiker, dies sei der »teuerste Sperrmüll aller Zeiten«. Dass Beuys' Kunst nicht für jeden als solche erkennbar ist, wird auch deutlich, als eine Putzfrau seine in der Düsseldorfer Kunstakademie installierte »Fettecke« einfach wegwischt (nach seinem Tod). →

Weißes Hemd, Anglerweste und ein Filzhut, den er nie abzusetzen scheint – das sind die Markenzeichen von Joseph Beuys, der jedem Bürger den aktiven Zugang zur Kunst ermöglichen will: »Jeder Mensch ist ein Künstler. Damit sage ich nichts über die Qualität. Ich sage nur etwas über die prinzipielle Möglichkeit, die in jedem Menschen vorliegt.«

Dass Beuys in seinen Werken so häufig Filz und Fett verwendet, hat mit seiner persönlichen Vergangenheit zu tun: Im Zweiten Weltkrieg wurde er verletzt aufgefunden und von Helfern gesund gepflegt, die ihn mit Fett einrieben und in Filz einhüllten – seitdem verkörpern für ihn diese Materialien die Erhaltung des Lebens.

Die Gegenwart: Alles ist möglich

B

In früheren Jahrhunderten gab es in der Kunst Epochen und Stilrichtungen, die viele Jahre lang Bestand hatten, bis mutige Künstler Neues wagten, Grenzen sprengten und die Öffentlichkeit damit nicht selten schockierten. Heute sind alle Grenzen mehrfach überschritten, und nur noch selten gelingt es der Kunst, Aufsehen zu erregen.

Am ehesten mit großem Aufwand, wie ihn 1995 der Künstler **Christo** (geboren 1935 in Bulgarien) und seine Frau Jeanne-Claude betreiben, als sie den Berliner Reichstag mit Stoff umhüllen.

Oder – das andere Extrem – so einfach, wie es die serbische Künstlerin **Marina Abramović** macht, die 2010 im New Yorker Museum of Modern Art 75 Tage lang vom Vormittag bis zum frühen Abend auf einem Stuhl sitzt, ohne sich zu bewegen. Mit ihrer Performance (»The Artist Is Present«) rührt sie einige der Zuschauer, die ihr gegenüber auf einem zweiten Stuhl Platz nehmen dürfen, zu Tränen.

Kunst kann also auch im 21. Jahrhundert noch ihr ureigenstes Ziel erfüllen: die Menschen zu bewegen.

Musik

Nur nicht aus dem Takt bringen lassen

Schon als kleine Kinder haben wir die ersten einfachen Lieder kennengelernt, und seitdem begleitet uns Musik durch unser Leben. Auch wenn sie uns vielleicht nicht in jeder ihrer vielen Erscheinungsformen gefällt, können wir sie sofort verstehen – anders als chemische Formeln, englische Vokabeln oder den Satz des Pythagoras, deren Bedeutung wir erst lernen müssen. Musik spricht nicht den Verstand an, sondern erreicht uns unmittelbar, auf einer emotionalen Ebene. Was kann man also, wenn es um Musik geht, überhaupt lernen? Eine ganze Menge.

Das fängt schon mit den einfachsten Begriffen an: Könnten Sie zum Beispiel auf Anhieb definieren, was ein Takt und was ein Rhythmus ist?

Wenn man als Laie in einem musikalischen Lehrbuch blättert, verschwindet das Gefühl, Musik sei eine einfache Angelegenheit, schlagartig. Nicht anders als in einem Chemiebuch wimmelt es auch hier von Fachausdrücken. Doch keine Sorge: Hier soll es vor allem um Begriffe gehen, von denen man schon einmal gehört hat und die zum musikalischen Grundwissen gehören.

Übrigens: Sollten Sie von sich sagen: »Ich kann keine Noten lesen« – auf der übernächsten Seite lernen Sie's. Und wenn Sie das Kapitel zu Ende gelesen haben, werden Sie sogar wissen, wie man auf einem Klavier ein einfaches Lied spielt. Auch das ist nicht weiter schwer.

Was Ihnen in diesem Kapitel erspart bleibt:

»Mit dem verminderten Septakkord kann man jede Tonart des Quintenzirkels modulieren.« Hätten Sie das gewusst? Wenn ja, dann können Sie die folgenden Seiten auslassen, sie werden Ihnen wie Kinderkram vorkommen. Wenn nein, dann legen Sie auf Sätze wie diesen (aus einem Schulbuch für Musik) hoffentlich keinen Wert. Die finden Sie hier nämlich nicht.

Töne, Takt und Rhythmus: die Bausteine der Musik

Was **Töne** sind, weiß jeder: Ein Klavier erzeugt andere Töne als eine Gitarre, ein alter Sänger singt tiefere Töne als ein junges Mädchen. Eine Folge von verschiedenen hohen und tiefen Tönen nennt man eine **Melodie**. Die Töne, die eine Melodie bilden, können unterschiedlich lang sein. Längere Töne erzeugen einen langsamen **Rhythmus** und wirken eher beruhigend, kürzere Töne sind dagegen anregend und erzeugen einen schnelleren Rhythmus.

Unverändert bleibt dabei der **Takt:** Jede Melodie ist in lauter kleine, gleichmäßige Abschnitte (= Takte) eingeteilt, die aus unterschiedlichen Einzeltönen bestehen.

Zum Beispiel:

Der 1. Takt enthält zwei lange Töne,

der 2. Takt enthält zwei lange Töne,

der 3. Takt enthält vier kurze Töne,

der 4. Takt enthält einen langen und zwei kurze Töne,

der 5. Takt enthält einen langen Ton und eine lange Pause.

Jeder Takt enthält also dieselbe »Menge« an Musik (weil auch Pausen mitgezählt werden). Eine Melodie könnte also 32 Takte umfassen, unabhängig davon, ob sie in einem schnellen, langsamen oder wechselnden Rhythmus gespielt wird.

Bei manchen Melodien lässt sich die **Betonung** des Taktes deutlich heraushören. Zum Beispiel beim **Walzer,** der im sogenannten **Dreivierteltakt** gespielt wird. Hier enthält jeder Takt drei Noten (genaugenommen drei Viertelnoten; was das ist, steht im nächsten Abschnitt). Betont (etwas kräftiger gespielt) wird dabei immer der erste Ton des Takts: »*eins*zweidrei, *eins*zweidrei, *eins*zweidrei«.

Diesen ersten Ton (»eins«) zeigt der Dirigent mit seinem Taktstock durch eine deutliche Bewegung nach unten an, während die anderen Töne (»zweidrei«) zur Seite und nach oben angezeigt werden.

Ein **Marsch** wird dagegen im Takt des Gehens gespielt, entweder im **Zweivierteltakt** (»*eins*zwei, *eins*zwei, *eins*zwei«) oder, häufiger, im **Vierviertakt** (»*eins*zweidreivier, *eins*zweidreivier, *eins*zweidreivier«).

Damit Musikschüler nicht aus dem Takt geraten, können sie sich von einem mechanischen oder elektronischen **Metronom** unterstützen lassen, das mit einem gleichmäßigen Rhythmus (»Tak–Tak–Tak–Tak«) den Takt vorgibt; die Zahl der Schläge pro Minute lässt sich vorher einstellen, sodass man eine langsamere oder schnellere **Taktfrequenz** wählen kann.

Erst lesen, dann hören: die musikalische Notenschrift

Nehmen wir als einfaches Beispiel die ersten sechs Töne von »Alle meine Entchen«. Wir singen (in Gedanken oder laut): »Al-le-mei-ne-Ent-chen«, di-di-di-di-daa-daa, kurz-kurz-kurz-kurz-lang-lang.

Die beiden letzten Töne sind doppelt so lang wie die anderen. Die unterschiedliche **Tonlänge** lässt sich auf dem Papier in Form von **Noten** darstellen. Eine gespielte oder gesungene Note ist ein Ton.

Die wichtigsten musikalischen Noten sind:

- die ganze Note o

- die halbe Note ♩

- die viertel Note ♩

- die achtel Note ♪

- die sechzehntel Note ♬

Der Ton einer halben Note erklingt halb so lang wie der einer ganzen Note; eine viertel Note ist halb so lang wie eine halbe, und so weiter.

»Al-le-mei-ne-Ent-chen« könnte man also so schreiben:

In der Musik hat es sich aber eingebürgert, nicht eine ganze oder halbe Note als Standardnote zu verwenden. Die am häufigsten benutzte Note ist die viertel Note: Wenn man sie für einen Ton mittlerer Länge nimmt, dann hat man für längere Töne noch die halbe und die ganze Note zur Verfügung und für kürzere Töne noch die achtel und die sechzehntel.

445

»Alle meine Entchen« kann man also auch so schreiben:

Wenn das Lied schneller sein soll, dann wählt man noch kürzere Noten:

Oder sogar:

Entscheidend ist also nur, dass das Verhältnis der Noten zueinander nicht verändert wird und (in unserem Beispiel) die fünfte und sechste Note immer doppelt so lange erklingt wie die vier anderen Töne.

A

Eine Melodie entsteht aber nicht allein durch die unterschiedliche Tonlänge, sondern auch durch die unterschiedliche **Tonhöhe.** Wenn ein Mensch sich aufregt, wird seine Stimme höher. So ist es auch in der Musik: Wenn Töne ansteigen, wird dies als erregend empfunden, wenn sie tiefer werden, wirkt das beruhigend.

Wir bleiben bei unserem Beispiel und singen noch einmal: »Al-le-mei-ne-Ent-chen«. Von Silbe zu Silbe steigt die Melodie dabei ein bisschen höher, nur die beiden letzten Töne (»Entchen«) sind gleich hoch.

446

Um genau darstellen zu können, *wie* hoch oder tief ein Ton ist, wird seine Höhe im **Notensystem** eingezeichnet, das aus fünf waagerechten Linien besteht. Je höher oder tiefer ein Ton gesungen oder von einem Instrument gespielt wird, desto höher oder tiefer steht er im Notensystem.

B

Unser Beispiel »Alle meine Entchen« sieht im Notensystem so aus:

Einige Noten stehen auf einer Linie, andere dazwischen, und die erste Note steht so weit unten, dass sie eine Hilfslinie braucht, damit man erkennen kann, wo genau sie sich befindet. Solche Hilfslinien gibt es nicht nur unterhalb der regulären Notenlinien, sondern auch darüber.

Damit Musiker und Sänger wissen, von welchen Noten sie reden, hat jede Note, von der tiefsten bis zur höchsten, einen Namen. Nehmen wir als Beispiel wieder den Beginn von »Alle meine Entchen«:

Im Notensystem haben also unter anderem folgende Noten Platz (man kann oben und unten noch weitere Noten mit Hilfslinien anfügen):

Die Aneinanderreihung von Tönen in dieser Form, vom tiefsten Ton zum höchsten, nennt man **Tonleiter.** Die achte Note (von unten nach oben) auf dieser Tonleiter heißt genauso wie die erste, es gibt also ein »tiefes c«, den **Grundton,** und ein »hohes c«. Auch alle anderen Notenbuchstaben wiederholen sich entsprechend und beginnen erneut, in derselben Reihenfolge.

Dass Noten, die sieben Schritte auseinanderliegen, jeweils denselben Buchstaben haben, ist natürlich kein Zufall. Nehmen wir als Beispiel das c (für jeden anderen Ton gilt dasselbe): Das tiefe und das hohe c sind enge Verwandte, sie klingen wie aus einem Guss, nur ist eben der eine Ton höher, der andere tiefer.

Würde man das tiefe c auf der Saite einer Gitarre oder Geige spielen und die Länge dieser Saite anschließend halbieren, dann entstünde als neuer Ton das hohe c. Die Zahl der Schwingungen, mit denen die Saite den höheren Ton erzeugt, ist dann genau doppelt so hoch wie beim tieferen Ton.

Um nicht von einem »tiefen c«, einem »hohen c«, einem »ganz hohen c« und einem »noch höheren c« sprechen zu müssen, gibt es die folgenden Bezeichnungen, die entsprechend auch für alle anderen Töne gelten: Von unten nach oben sagt man »eingestrichenes c« (geschrieben: c′), »zweigestrichenes c« (c″), sowie drei- und viergestrichenes c (c‴ und c⁗).

B

Den Abstand zwischen zwei Tönen nennt man **Intervall**. Das Intervall zwischen dem tiefen und dem hohen c (oder zwei anderen Noten mit identischen Buchstaben) ist eine **Oktave**. Eine Oktave umfasst acht Töne, zum Beispiel vom tiefen c bis zum hohen c (das mitgezählt wird, obwohl es ja schon der erste Ton der nächsten Reihe ist).

Andere Intervalle sind zum Beispiel:
- die **Sekunde** (zwei Töne, zum Beispiel c – d)
- die **Terz** (drei Töne, c – e)
- die **Quarte** (vier Töne, c – f)
- die **Quinte** (fünf Töne, c – g)

Werfen wir noch einmal einen Blick auf die Tonleiter. Die Noten, die hier eingezeichnet sind, liegen jeweils einen Ton auseinander. Man kann aber auch Zwischentöne singen oder spielen. Jede Note lässt sich um einen **Halbton** tiefer oder höher setzen.

Wenn Noten um einen halben Ton erhöht werden, bekommen sie ein Kreuz als **Vorzeichen** und die Endung »-is« angehängt (zum Beispiel »gis« oder »a-is«).

Wenn Noten um einen Halbton tiefer gesetzt werden, bekommen sie ein b als Vorzeichen und die Endung »-es«. Mit drei Ausnahmen: »h« wird zu »b«, »a« wird zu »as«, und »e« wird zu »es«.

Ein halber Ton höher: Soll zum Beispiel das f einen Halbton höher klingen, setzt man ein Kreuz davor und nennt es »fis«. Diese Note liegt genau zwischen dem f und dem g.

Ein halber Ton tiefer: Soll zum Beispiel das g einen Halbton tiefer klingen, setzt man ein b davor und nennt es »ges«. Auch diese Note liegt genau zwischen dem f und dem g.

Das »fis« und das »ges« klingen also identisch.

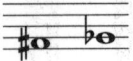

Logisch und hilfreich: die Tasten des Klaviers

Wer nicht weiß, wie man auf einem Klavier spielt, empfindet die Anordnung der Tasten als verwirrend. Dabei gibt es einen ganz einfachen Trick, mit dem man sie auf Anhieb versteht. Und dieser Trick macht dann auch das System der Halb- und Ganztöne deutlich.

Dazu braucht man nicht einmal ein richtiges Klavier, die Zeichnung rechts genügt schon.

Das Klavier enthält alle Töne, die wir kennen – und nur die. Denn anders als bei einer Geige, mit der man beliebig viele »falsche« Zwischenstufen spielen kann, für die es keine Namen gibt (und die entsprechend »schief« klingen), existieren auf dem Klavier nur klar definierte Halbtöne und Ganztöne. Weshalb ein ungeübter Klavierspieler, dessen Finger auf einer falschen Taste landet, die Ohren seiner Mitmenschen nie im gleichen Ausmaß quält wie ein ungeübter Geigenspieler, der »irgendeinen« Ton erwischen kann.

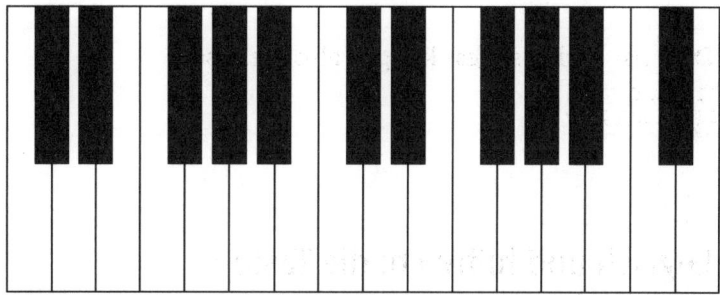

B

Ein Blick auf die Tastatur zeigt, dass es weiße und schwarze Tasten gibt. Die weißen sind die Ganztöne, die schwarzen sind die Halbtöne. Schwarze Tasten gibt es als Paare und als Dreiergruppen. So sieht es zumindest aus, in Wirklichkeit sind sie unabhängig voneinander. Wo auf der Tastatur befindet sich welcher Ton? Das lässt sich ganz leicht ermitteln:

1. Man sucht eines der schwarzen Tastenpaare.
2. Man blickt auf die linke dieser zwei schwarzen Tasten.
3. Die weiße Taste unmittelbar links daneben ist immer ein c.

Entweder ein tiefes c, ein mittleres, ein hohes oder noch höheres c.

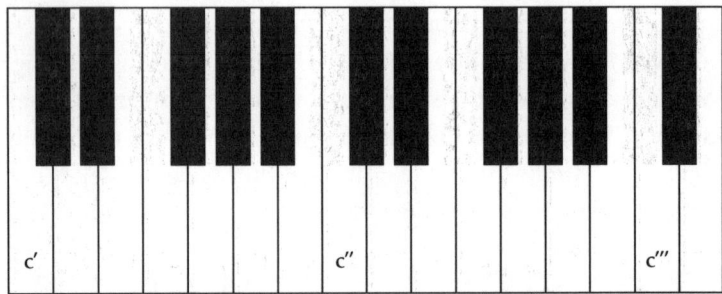

Vom c aus kann man nun nach rechts auf den weißen Tasten die gesamte Tonleiter spielen (c-d-e-f-g-a-h), bis man wieder auf einem c landet. Eine Oktave höher als das vorherige c, aber wieder links neben einem der schwarzen Tastenpaare.

Damit sind schon alle ganzen Töne bekannt, und man könnte sofort den Beginn des Liedes »Alle meine Entchen« spielen: c-d-e-f-g-g.

Blicken wir nun auch noch auf die schwarzen Tasten. Gleich rechts neben dem c befindet sich die erste. Sie liegt genau zwischen dem c und dem d. So erklingt dieser Ton auch: als um einen Halbton erhöhtes c, also ein cis, oder um einen Halbton vermindertes d, also ein des. Was ja dasselbe ist (siehe Seite 450).

Hier noch einmal alle Ganz- und Halbtöne, diesmal mit ihren Bezeichnungen:

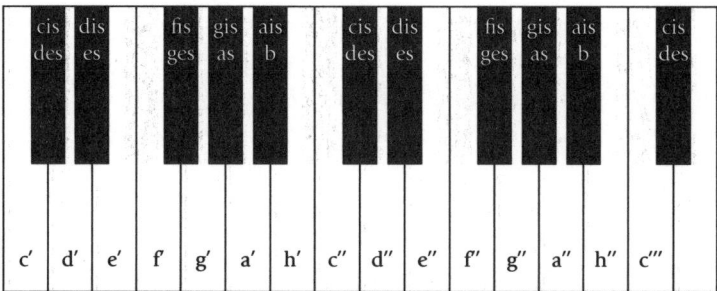

Auffallend an den schwarzen Tasten ist, dass sie lückenhaft angeordnet sind. Innerhalb jeder Oktave (c bis c) fehlen die dunklen Tasten an zwei Stellen: zwischen e und f sowie zwischen h und c. Gibt es zwischen diesen Noten keine halben Töne?

Doch, aber sie sind schon da. Der Abstand e-f sowie h-c beträgt jeweils nur einen Halbton, so merkwürdig das auch erscheinen mag. Wenn wir eine Tonleiter spielen oder singen, nehmen wir diese Besonderheit nicht wahr, weil unsere Ohren von Kindheit an daran gewöhnt sind.

Innerhalb einer aus acht verschiedenen Ganztönen bestehenden Oktave gibt es also 13 verschiedene Intervalle: acht Ganzton-Schritte und fünf Halbton-Schritte. Die oben erwähnten Intervalle (Terz, Quarte, Oktave etc.) lassen sich weiter unterteilen, sodass man an ihrer jeweiligen Bezeichnung erkennen kann, wie viele Halbtöne sie umfassen.

Beispiele:

- die **kleine Sekunde** umfasst einen Halbton (zum Beispiel c–des)
- die **große Sekunde** umfasst zwei Halbtöne = einen Ganzton (c–d)
- die **kleine Terz** umfasst drei Halbtöne (c – es)
- die **große Terz** umfasst vier Halbtöne = zwei Ganztöne (c– e)

Dur und Moll: Mathematik zum Hören

Wenn eine Oktave aus genau acht ganzen Tönen oder 13 Halbtönen besteht, dann ist das nur eine willkürliche Übereinkunft. Es ist ein Ergebnis unserer westlichen Tradition, und die in unserer Kultur entstandene Musik ist uns zur Gewohnheit geworden.

Wissenschaftler haben herausgefunden: Das menschliche Ohr kann innerhalb einer Oktave mehr als 200 einzelne Tonhöhen unterscheiden. Man könnte also jedem dieser Töne einen Namen geben und ganz neue, viel differenziertere Tonleitern erfinden.

B

Tatsächlich gibt es nicht nur die Tonleitern, die wir kennen: In anderen Kulturen besteht eine Tonleiter nicht aus acht gleichmäßigen Schritten, sondern aus sieben (Westafrika) oder aus fünf (Java). Ebenso existieren Tonleitern mit zwölf Schritten. Da die zur Verfügung stehenden Abstände zwischen den Tönen von Kultur zu Kultur unterschiedlich sein können, wirken Melodien aus fernen Ländern für unsere Ohren häufig ungewohnt und nicht **harmonisch,** sondern **disharmonisch.**

C

Man könnte ohne weiteres ein Musikstück komponieren, das nur auf den schwarzen Tasten des Klaviers gespielt wird. In diesem Fall würde man die **pentatonische Tonleiter** verwenden, die aus nur fünf Tonschritten besteht.

B

Erst im Mittelalter entstanden die beiden heute in Europa gebräuchlichen **Tongeschlechter: Dur** und **Moll.** Der Unterschied zwischen Dur und Moll entsteht nur durch eine andere Anordnung der Halbtöne und Ganztöne. **Die Dur- und Moll-Regel** lautet: Bei den Dur-Tonleitern befindet sich ein Halbtonschritt zwischen dem 3. und 4. sowie zwischen dem 7. und 8. Ton; bei Moll-Tonleitern liegen die Halbtöne zwischen dem 2. und 3. sowie dem 5. und 6. Ton.

Tonleitern werden nach ihrem jeweiligen Grundton benannt. Der erste Ton einer C-Dur-Tonleiter ist also das c, dann folgt ein Ganztonschritt (d), ein Ganztonschritt (e), ein Halbtonschritt (f) – bis zum hohen c. Ein mit diesen Noten geschriebenes Stück steht in der **Tonart** C-Dur. Es ist die einfachste Tonart, weil hier keine der Noten ein Vorzeichen (Kreuz oder b) besitzt.

455

Wenn die Tonart ebenfalls mit c beginnt, der erste Halbtonschritt aber zwischen der 2. und 3. Note liegt, dann handelt
es sich um die Tonart C-Moll. Damit hier die 3. Note (das e)
nur einen halben Schritt von der 2. Note (dem d) entfernt ist,
muss aus dem »e« ein »es« werden. Ein entsprechendes Vorzeichen am Beginn der Notenlinien (ein »b« auf Höhe der Notenlinie für das e) weist die Musiker darauf hin, dass sie jedes
e einen halben Ton tiefer spielen müssen.

B

Die **C-Dur**-Tonleiter (c – c) kann jeder auf Anhieb auf dem
Klavier spielen: einfach die weißen Tasten von einem c zum
nächsten nacheinander anschlagen (siehe Abbildung auf
Seite 453). Dasselbe gilt für die **A-Moll**-Tonleiter, mit dem Unterschied, dass sie mit a beginnt. Bei allen anderen Tonarten
spielen auch die schwarzen Tasten eine Rolle, da man nur mit
ihrer Hilfe die entsprechende Aneinanderreihung von Ganz-
und Halbtönen erreicht.

Jeder Komponist überlegt sich, welche Tonart er für ein Stück
wählt, denn jede hat ihren besonderen Charakter: Eine in Dur
komponierte Melodie klingt für unsere Ohren meist klarer
und fröhlicher, eine in Moll komponierte erscheint gedämpf-
ter und melancholischer. So wirken zum Beispiel Musikstücke
in **D-Moll** oft »tragisch«, während Stücke in **D-Dur** einen festli-
chen Klangeindruck erzeugen.

Man kann Musikstücke von einer Tonart in eine andere übertragen. Das geschieht zum Beispiel, wenn ein Komponist oder Musiker alle Noten für ein bestimmtes Instrument etwas anheben (oder tiefer setzen) will. Das nennt man **transponieren.** Beim Transponieren muss man darauf achten, dass die Halb- und Ganztöne an der richtigen Stelle sitzen (siehe Dur- und Moll-Regel). Das geschieht mithilfe der Vorzeichen (Kreuze und b-Zeichen).

Wie schnell, wie laut?
Die Interpretation der Noten

Wie lange muss ein bestimmter Ton erklingen? Soll zum Beispiel eine viertel Note 0,3 Sekunden lang ertönen? Oder länger? Das ist nirgendwo festgelegt. Man kann eine Melodie langsamer oder schneller spielen, mit denselben Noten. Weil die Noten allein keine zuverlässige Auskunft über das **Tempo** geben, machen Komponisten mit verschiedenen Bezeichnungen deutlich, wie schnell ein Stück gespielt werden soll. Diese Bezeichnungen stehen am Anfang eines Musikstückes über der ersten Notenlinie.

B

Beispiele für verschiedene **Tempi:**

- **Presto** bedeutet »äußerst schnell«
- **Vivace** (gesprochen: »wiwahtsche«) bedeutet »lebhaft«
- **Allegro** bedeutet »schnell«
- **Andante** bedeutet »gehend«
- **Adagio** (gesprochen: »adahdscho«) bedeutet »langsam«.

Es gibt noch weitere solcher Empfehlungen. Aber auch sie legen nicht eindeutig fest, in welchem Tempo ein Stück am Ende tatsächlich erklingt – denn was der eine Musiker als »äußerst schnell« empfindet, ist für einen anderen vielleicht nur »mittelschnell«. So kann ein großes Sinfoniekonzert (siehe Seite 463) je nach Dirigent ohne weiteres eine halbe Stunde länger oder kürzer dauern. Die **Interpretation** des Stückes ist in diesem Fall individuell.

Dasselbe gilt für die **Dynamik** (Lautstärke) von Tönen. Auch hier ist es eine Sache der Interpretation, wie man die Angaben des Komponisten auslegt:

- **Fortissimo** bedeutet »sehr laut«
- **Forte** bedeutet »laut«
- **Mezzoforte** bedeutet »mäßig laut«
- **Piano** bedeutet »leise«
- **Pianissimo** bedeutet »sehr leise«
- **Fortepiano** bedeutet »laut und sofort wieder leise«

Wie hoch soll ein Ton erklingen?

B

Lautstärke und Tempo einer Melodie lassen sich verändern. Eines aber ist in der Musik eindeutig festgelegt: wie hoch oder tief eine Note ertönt. Das »a« zum Beispiel ist definiert als Ton, dessen Schallwellen genau 440-mal pro Sekunde schwingen. Es ist der **Kammerton,** der mit einer **Stimmgabel** hörbar gemacht oder mit einem elektronischen Stimminstrument gemessen wird. Nach diesem Ton werden dann alle Instrumente eines Orchesters oder einer Band gestimmt, damit jede Note von allen Musikern mit derselben Tonhöhe gespielt wird.

C

Aber auch dieser Standardwert von 440 Schwingungen pro Sekunde (= 440 Hertz) für das »a« ist kein Naturgesetz. Er beruht lediglich auf einer Vereinbarung und ist nicht verbindlich. So spielen zum Beispiel deutsche und österreichische Orchester meist mit einem leicht erhöhten Kammerton (443 Hertz), weil die Streichinstrumente dann etwas voller klingen. In der Vergangenheit lag das »a« auch schon bei niedrigen 392 Schwingungen (Frankreich, um 1700) und bei deutlich höheren 466 Schwingungen (Italien, um 1650).

Die auf **Stimmton-Konferenzen** beschlossenen Veränderungen wurden stets heftig diskutiert. So klagte der Komponist Richard Strauß im Jahr 1942: »Die hohe Stimmung unserer Orchester wird immer unerträglicher.« Er befürchtete, dass

459

Opernsängerinnen die ohnehin schon schwer zu treffenden höchsten Töne nicht mehr erreichen könnten. Auch heute gibt es Sängerinnen, die dafür plädieren, den Kammerton »a« etwas tiefer als zurzeit üblich zu legen. Zum Beispiel auf 435 Hertz, wie es um 1900 schon einmal der Fall war.

Kanon und Kantate, Fuge und Sonate: Grundbegriffe der Musik

B

Sicher haben Sie auch schon einmal einen grellen Pfeifton gehört, als jemand mit einem Mikrofon zu nah an einen angeschlossenen Lautsprecher kam (dabei entsteht eine sogenannte Rückkopplung).

Was hier fehlt, um gut zu klingen, sind **Obertöne,** die kaum hörbar mit einem reinen Ton mitschwingen und ihm seinen vollen Klang verleihen. Auch der schrille hohe Ton einer Blockflöte kann unangenehm klingen. In all diesen Fällen spricht man von **Dissonanzen;** das Gegenteil sind **Konsonanzen** (angenehm klingende Töne).

Dissonanzen sind in der Musik aber nicht immer ungewollt. Gezielt eingesetzt, können sie eine Komposition durchaus reizvoll machen (zum Beispiel beim Jazz), während es einem Stück, das nur aus Konsonanzen besteht (zum Beispiel ein Kinderlied), an Spannung fehlt.

Eine Konsonanz entsteht unter anderem, wenn eine Terz ertönt (zum Beispiel die Töne c und e) oder wenn sogar drei

Töne gleichzeitig erklingen, die für unser Hörempfinden gut zusammenpassen – wie der **Dreiklang** der Töne c-e-g.

Der Oberbegriff für mindestens drei Töne, die gleichzeitig erklingen, heißt **Akkord**. Auf einer Gitarre kann man Akkorde erklingen lassen, indem man mehrere Saiten gleichzeitig anschlägt. Neben dem Dreiklang gibt es auch andere Akkorde, zum Beispiel einen etwas »schräg« klingenden Vierklang.

B

Das **Opus** ist das Werk eines Komponisten. Meist wird es durchnummeriert, die Abkürzung »op. 125« zum Beispiel steht für das 125. von Beethoven geschriebene Stück, seine 9. Sinfonie. Für Wolfgang Amadeus Mozart gibt es ein eigenes Verzeichnis: Der Chronist Ludwig Köchel hat 1862 in seinem **Köchelverzeichnis** alle Werke des Komponisten in zeitlicher Reihenfolge aufgelistet; Mozarts 18. Klavierkonzert hat zum Beispiel die Nummer KV 458.

Streichinstrumente sind Musikinstrumente, bei denen man mit einem Bogen über die Saiten streicht. **Holzblasinstrumente** bestehen meistens aus Holz, aber nicht immer: Auch das **Saxofon** gehört in diese Gruppe. Es wurde 1841 von dem Belgier Adolphe Sax erfunden und nie aus Holz gebaut, ist aber dennoch ein Holzblasinstrument – weil sein Mundstück aus einem hölzernen Rohrblatt besteht. Zu den **Blechblasinstrumenten** gehören Trompeten und Posaunen, nicht aber die Querflöte, obwohl auch sie aus Metall besteht: Sie ist ein Holzblasinstrument. Weil sie früher oft aus Holz bestand und weil die Blechbläser eine andere Blastechnik haben als die Holzbläser.

Ein **Quartett** ist ein Musikstück für vier Instrumente; so besteht zum Beispiel ein **Streichquartett** traditionell aus zwei Geigen (= Violinen) sowie einer Bratsche (= Viola) und einem Cello (= Violoncello); diese beiden Streichinstrumente sind ähnlich geformt wie Geigen, nur größer. (Cello, gesprochen: »Tschello«, Plural = Celli).

Ein **Klavierquartett** setzt sich aus einem Klavier und drei Streichinstrumenten zusammen. Auch eine Gruppe von vier Musikern oder Sängern wird »Quartett« genannt. Ein **Quintett** ist für fünf Instrumente komponiert (»Forellenquintett« von Schubert); außerdem bezeichnet man so eine fünfköpfige Gruppe von Musikern oder Sängern.

Mit einer **Ouvertüre** (Eröffnung) beginnt eine Oper oder ein Ballett; es gibt aber auch ganze Kompositionen, die so genannt werden. Eine **Suite** besteht aus einer Aneinanderreihung mehrerer kurzer Stücke, meist Tänze, die häufig von einer Ouvertüre eingeleitet werden.

Eine **Kantate** besteht aus mehreren Sätzen, in denen nicht nur Musiker mitwirken, sondern auch ein Chor und Solo-Sänger(innen). Wenn von denen eine(r) so singt, dass es fast schon ein Sprechen ist, dann nennt man das ein **Rezitativ.**

Eine **Fuge** ist ein nach strengen Regeln aufgebautes Musikstück;

es beginnt damit, dass ein Instrument oder Sänger eine Melodie vorgibt, die anschließend von einem zweiten (dann meist dritten, vierten etc.) in einer anderen Tonlage aufgegriffen wird.

Eine Sonderform der Fuge ist der **Kanon:** Bei seiner bekanntesten Form (**strenger Kanon** genannt), setzen mehrere Stimmen zeitlich versetzt ein und singen dieselbe Melodie; beim **Kreuzkanon** (= **Krebskanon**) singt die eine Stimme die Melodie vorwärts, die andere rückwärts; beim **Spiegelkanon** singt eine Stimme dieselben Töne aufwärts, die eine andere Stimme abwärts singt.

Eine **Serenade** ist ursprünglich ein leichtes musikalisches Abendständchen, meist im Freien gespielt (»Eine kleine Nachtmusik« von Mozart).

Eine **Sonate** ist ein groß angelegtes Musikstück, das aus mehreren Teilen besteht, zum Beispiel als **Klaviersonate,** wenn ein Klavier als Soloinstrument mitspielt. Eine Sonate für ein ganzes Orchester nennt man **Sinfonie.**

B Was ist eine Sinfonie?

Die bekanntesten Sinfonien hat Beethoven komponiert, aber »erfunden« hat diese musikalische Form Joseph Haydn: Ein Orchester (meist ohne Gesang) spielt vier abgeschlossene Teile,

➜

sogenannte Sätze. Jeder Satz hat ein anderes Tempo: Der erste ist meistens schnell, der zweite langsamer, der dritte gemäßigt oder heiter, und der letzte ist wieder schnell.

Der Komponist muss sich für eine Sinfonie (= Symphonie) nicht nur eine Melodie ausdenken, sondern die Noten für alle im **Sinfonieorchester** mitwirkenden Instrumente bestimmen. Sie haben ihren festen Platz, damit alle gut zu hören sind: direkt vor dem Dirigenten die leisen Instrumente (Geigen und andere Streichinstrumente), in der Mitte die Holzblasinstrumente (Flöten, Klarinetten, Oboen) und hinten die lauten Instrumente – Trompeten, Posaunen, Hörner sowie die Trommel und Kesselpauken. Ein Klavier gehört traditionell nicht dazu.

In großen Sinfonieorchestern können über hundert Instrumente mitwirken. Deutlich kleiner sind dagegen **Kammerorchester**: Wenn **Kammermusik** gespielt wird, sind nicht mehr als etwa zehn Instrumente im Einsatz.

Oft hört man auch die Bezeichnungen **Philharmonisches Orchester** oder **Staatsorchester** für ein Sinfonieorchester; diese und ähnliche Namen entstanden nur, um Verwechslungen zu vermeiden und haben darüber hinaus keine besondere Bedeutung.

B

Eine **Partitur** ist die Zusammenfassung der Noten aller Instrumente, die in einem Musikstück beteiligt sind; Takt für Takt untereinander geschrieben, als Übersicht für den Dirigenten.

464

A

Eine **Oper** ist ein musikalisch anspruchsvolles Bühnenstück, bei dem die Darsteller ihre Texte ganz oder überwiegend singen, unterstützt von einem Orchester. Häufig wird auch getanzt. Das gilt ebenso für die **Operette** – mit dem Unterschied, dass die Musik hier leichter, eingängiger und unterhaltsamer ist. Aus der Operette entwickelte sich in Nordamerika das **Musical**; auch bei diesem Musiktheater wird nach populären und eher unkomplizierten Melodien getanzt und gesungen. Beim **Singspiel** überwiegen dagegen gesprochene Texte, nur gelegentlich gibt es Gesangseinlagen.

Bei den **Stimmlagen** von Sängerinnen unterscheidet man von oben nach unten: Sopran, Mezzosopran, Alt. Bei den Sängern: Tenor, Bariton, Bass.

B

Ein **Oratorium** ist eine Art Oper ohne Kostüme und ohne szenisch dargestellte Handlung: ein Stück mit meist religiösem Inhalt, in dem mehrere Solo-Sänger(innen), ein Chor und ein Orchester zusammenwirken.

Ein **Requiem** ist eine musikalische Totenmesse der katholischen Kirche. Obwohl es mehrere Requien von verschiedenen Komponisten gibt (Mozart, Brahms), beginnen sie alle mit denselben lateinischen Worten: »Requiem aeternam dona eis« (Herr, gib ihnen die ewige Ruhe).

Das **Libretto** ist der Text einer Oper oder Operette.

Berühmte Klänge: musikalische Epochen und ihre Komponisten

1600 – 1750: Die Musik des **Barock**

B

Gleich zu Beginn dieser Epoche entstehen in Italien die ersten Opern; in Venedig eröffnet 1633 das erste Opernhaus der Welt. Das herausragende Instrument dieser Zeit ist die Orgel, die auch in den Kompositionen von Bach und Händel eine große Rolle spielt.

Der Italiener **Antonio Vivaldi** (1678 – 1741) ist nicht nur ein bekannter Komponist, sondern genießt zu Lebzeiten auch als Geiger hohes Ansehen. Zu seinen über 750 Werken gehören 61 Sinfonien und 46 Opern, von denen nur 21 erhalten sind. Besonders bekannt ist der Ausschnitt eines seiner zwölf Violinkonzerte: die »Vier Jahreszeiten«.

Johann Sebastian Bach (1685 – 1750) wird zu Lebzeiten noch nicht verehrt, weil seine Musik als schwierig und gelehrt gilt. Der Organist kommt aus einer großen Thüringer Musikerfamilie; mit zwei Ehefrauen zeugt er 20 Kinder, von denen vier ebenfalls bekannte Komponisten werden. In Leipzig komponiert Bach mehrere Jahre lang jeden Sonntag eine Kantate für die Kirche. Zu seinen bekanntesten Werken gehören die »Brandenburgischen Konzerte« und das »Weihnachtsoratorium«.

Georg Friedrich Händel (1685 – 1759) wird mit dem »Messias« weltberühmt, einem Oratorium für Solisten, Chor und Orchester. Das »Halleluja« hieraus gehört zu den am häufigsten aufgeführten Werken der Kirchenmusik. Händel zieht als 18-Jähriger für immer nach England, wo er später für den König ein Opernhaus errichtet. Von seinen zahlreichen Werken werden zwei besonders populär: die bei einem Musikfest auf der Themse präsentierte »Wassermusik« und die für ein königliches Gartenfest komponierte »Feuerwerksmusik«.

1750 – 1830: Die Musik der **Klassik**

Der älteste Komponist dieser Epoche ist der Österreicher **Joseph Haydn** (1732 – 1809), der 104 Sinfonien und zahlreiche andere Werke schreibt, darunter die bekannte »Sinfonie mit dem Paukenschlag«. Die von ihm komponierten Stücke sind leicht verständlich, eine Melodie aus seinem »Kaiserquartett« wird zur Nationalhymne der heutigen Bundesrepublik Deutschland. Haydn lebt zeitweise in London. Als 60-Jähriger unterrichtet er vorübergehend den 21-jährigen Beethoven, doch die beiden verstehen sich nicht besonders gut.

A

Der in Salzburg geborene **Wolfgang Amadeus Mozart** (1756 – 1791) spielt schon als Sechsjähriger vor Publikum Klavierkonzerte. Ein Jahr später geht das Wunderkind mit seiner Familie auf eine dreijährige Tournee, mit Auftritten in Brüssel, Paris, London, Amsterdam und anderen Städten. Mit elf Jah-

467

ren schreibt Mozart seine erste Oper, der weitere folgen (»Die Zauberflöte«, »Die Hochzeit des Figaro«); insgesamt sind es rund 20 (darunter ein paar unvollendete und zusammen mit anderen komponierte). Als 18-Jähriger hat er schon 25 Sinfonien (von insgesamt 41) und rund 200 andere Werke komponiert.

Der Komponist Joseph Haydn ist für Mozart ein väterlicher Freund – und sagt zu Mozarts Vater (Leopold Mozart, ebenfalls Komponist): »Ihr Sohn ist der größte Komponist, den ich von Person und Namen nach kenne.« Wie kein zweiter verbindet er in seiner Musik unbeschwerte Heiterkeit mit gefühlvoller Tiefe. Obwohl Mozart nicht in Armut lebt, hat er oft Geldsorgen. Mit knapp 36 Jahren stirbt er aus unbekannter Ursache; er selbst glaubt kurz vor seinem Tod, man habe ihn vergiftet. Wie für Musiker üblich, wird Mozart in Wien in einem einfachen Grab bestattet. Dessen genaue Lage auf dem Friedhof ist unbekannt.

Ludwig van Beethoven (1770–1827), in Bonn geboren, komponiert keine gefälligen Melodien, sondern drückt aufwühlende Leidenschaft und Tragik aus. Das ist zu seinen Lebzeiten für die Ohren der Zuhörer ungewohnt. So lehnt mancher diese Musik ab, weil sie ihm zu unharmonisch und kühn erscheint. Mit knapp 17 Jahren wird Beethoven für kurze Zeit ein Schüler Mozarts. Einige Jahre später verschlimmert sich ein Ohrenleiden des inzwischen in Wien lebenden Komponisten. Er wird zunehmend schwerhörig, am Ende sogar taub – und komponiert sein Spätwerk, ohne es hören zu können.

Zu Beethovens größten Kompositionen gehören seine einzige Oper »Fidelio« und neun Sinfonien, darunter die dritte mit dem Namen »Eroica«. Seine 9. (letzte) Sinfonie, in der ein Chor »Freude, schöner Götterfunken« singt, wird zugleich seine populärste; die berühmten Verse stammen von Friedrich von Schiller.

B

Franz Schubert (1797–1828) kommt in Österreich als 13. von 16 Kindern auf die Welt. Er komponiert unter anderem acht Sinfonien (darunter »die Unvollendete«) und rund 600 Lieder – Dutzende davon mit Texten aus Goethe-Gedichten. Sein erstes öffentliches Konzert gibt Schubert mit 31 Jahren. Es ist zugleich sein letztes: Kurz danach stirbt er an Typhus.

1830–1900: Die Musik der **Romantik**

B

In dieser Epoche entstehen Kompositionen, die vielfältiger und abwechslungsreicher sind als bisher. Das gilt nicht nur für die Farbigkeit der Melodien, sondern auch für ihre Länge und die unterschiedlichen Lautstärken innerhalb eines Stückes.

Robert Schumann (1810–1856) schreibt neben vier Sinfonien zahlreiche Lieder (»Wenn ich ein Vöglein wär«).

Grüblerisch und ernst ist dagegen die Musik von **Johannes Brahms** (1833–1897), der ebenfalls vier Sinfonien komponiert.

Richard Wagner (1813–1883) schreibt zu seinen gewaltigen Opern, die meist im Mittelalter spielen, auch die Texte (»Lohengrin«, »Der Ring des Nibelungen«).

1880–1925: Die Musik des Impressionismus

Sie klingt leise, zart und schwebend, ohne große Gefühlsausbrüche, die Melodien sind nur wenig ausgeprägt. Bekannte Vertreter dieser Richtung sind die Franzosen **Claude Debussy** (gesprochen: »Klohd Debüßieh«, 1862–1912) und **Maurice Ravel** (1875–1935), dessen »Boléro« zu den bekanntesten Kompositionen der Musikgeschichte gehört.

Nach 1925: Moderne Musik

Der Österreicher **Arnold Schönberg** (1874–1951) komponiert die ersten modernen Musikstücke, indem er zwölf Töne einer in Halbtonschritten angeordneten Tonleiter auf eine ganz neue Art verwendet: Kein Ton dieser **Zwölftonmusik** darf sich wiederholen, bevor nicht die elf anderen erklungen sind. Das ist ungewöhnlich, und so klingt es auch.

Der Komponist und Pianist **Béla Bartók** (1881–1945) verbindet klassische Musik mit Volksmusik. Das klingt nach Tradition – tatsächlich aber schafft der Ungar aufsehenerregend Neues. So komponiert er ein Stück für zwei Klaviere und ein Schlagzeug.

Besonders vielseitig ist **Sergej Prokofieff** (1891–1953). Sinfonie, Klavierkonzert, Bühnenmusik, Oper, Ballett – keine musikalische Gattung ist ihm fremd. In Deutschland, Österreich und der Schweiz wird der erfolgreiche Russe vor allem durch sein musikalisches Märchen »Peter und der Wolf« bekannt.

Nicht nur als Komponist, sondern auch als Dirigent ist **Paul Hindemith** (1895–1963) international erfolgreich. Doch ebenso wie moderne Kunst stößt moderne Musik auch auf Ablehnung: Seine radikalen Kompositionen machen den temperamentvollen Hessen zum Bürgerschreck.

Irritiert reagieren Musikliebhaber auch, als der russische Komponist **Igor Strawinsky** (1881–1971) im Jahr 1914 auf das übliche Orchester verzichtet. Stattdessen lässt er nur acht Soloinstrumente und eine Singstimme erklingen.

Und so geht es noch vielen Komponisten in den nachfolgenden Jahrzehnten – beim Jazz, beim Rock und Pop und allen anderen Stilrichtungen, die zunächst ungewohnt klingen: Anfangs stoßen sie bei den einen auf heftigen Widerstand, bei den anderen auf enthusiastische Begeisterung. Gefühle weckt die Musik in jedem Fall. Selbst dann, wenn die anfangs so revolutionär neuen Melodien Jahre später als »Klassiker« gelten und in den Ohren wohlige Zustimmung erzeugen.

Ausgewählte Literatur

Bellinger, Gerhard J.: *Knaurs großer Religionsführer*. München, 1992.

Bergmann, Hans (u. a.): *Maxi Training Mathematik 7./8. Schuljahr*. Stuttgart, 2005.

Bischoff, Gunther: *Speak you English?*. Reinbek, 1974.

Bosewitz, René und Robert Kleinschroth: *Englisch für Büffelmuffel*. Reinbek, 2004.

Das aktuelle Buch der Allgemeinbildung. Gütersloh, 2003.

Das visuelle Lexikon der Naturwissenschaften. Hildesheim, 1998.

Die visuelle Geschichte der Kunst. Hildesheim, 1999.

Droit, Roger-Pol: *Wer glaubt was?*. München, 2003.

Duden-Lexikon der Allgemeinbildung. Mannheim, 1993.

Eberhard-Metzger, Claudia: *Das Wichtigste über Länder & Kontinente*. München, 2006.

Ferry, Luc: *Leben lernen: Eine philosophische Gebrauchsanweisung*. München, 2007.

Fischer, Peter: *Pocket Teacher Abi Erdkunde*. Berlin, 2000.

Götz, Hans-Peter: *Pocket Teacher Physik*. Berlin, 1997.

Haerkötter, Heinrich: *Deutsche Literaturgeschichte*. Darmstadt, 1991.

Haim, Kurt (u. a.): *Chemie macchiato*. München, 2007.

Harenberg, Bodo (Hg.): *Chronik der Menschheit*. Dortmund, 1984.

Hensel, Georg: *Spielplan*. Berlin, 1966.

Heukäufer, Norbert: *Pocket Teacher Abi Musik*. Berlin, 2004.

Holst, Imogen: *Das ABC der Musik*. Stuttgart, 1992.

Jakob, Jan: *Die Großen der Geschichte*. München, 1982.

Kaiser, Joachim (Hg.): *Das Buch der 1000 Bücher*. Dortmund, 2002.

Kompakt-Wissen Hauptschule Mathematik. Freising, 2008.

Kosmala, Jessica: *AbiWissen kompakt Biologie*. Stuttgart, 2005.

Krywalski, Diether: *Knaurs Lexikon der Weltliteratur*. München, 1979.

Kuballa, Manfred Dr. und Jens Schorn: *Pocket Teacher Chemie*. Berlin, 2009.

Lamberty, Michael (u. a.): *Abitur-Training Erdkunde*. Freising, 2006.

Lamping, Dieter und Simone Frieling (Hg.): *Allgemeinbildung – Werke der Weltliteratur*. Würzburg 2006.

Markl, Jürgen (Hg.): *Biologie*. München, 2006.

Meyers großes Taschenlexikon in 24 Bänden. Mannheim, 1992.

Mittelstädt, Holger: *Pocket Teacher Musik*. Berlin, 2004.

Olles, Helmut (Hg.): *Literaturlexikon 20. Jahrhundert*. Reinbek, 1971.

Otte, Margaret D.: *Englisch komplett 5.–8. Schuljahr*. Stuttgart, 2004.

Partoll, Heinz (u. a.): *Mathe macchiato*. München, 2003.

Pasakarnis, Ernest: *Grammar Questions from A to Z*. Reinbek, 1987.

Pinksterboer, Hugo: *Pocket-Info Musiklehre*. Mainz, 2004.

Pleticha, Heinrich: *Geschichts-Lexikon*. Frankfurt a. M., 1991.

Poskitt, Kjartan: *Mathe voll logisch*. Bindlach, 1998.

Sauer, Wolfgang W.: *Basiswissen Grammatik*. Braunschweig, 2007.

Schülerduden Biologie. Mannheim, 2000.

Schwarz-Reiflingen, Erwin: *ABC der Musik*. München, 1960.

Teichmann, Jürgen: *Mit Einstein im Fahrstuhl*. Würzburg, 2008.

Weischedel, Wilhelm: *Die philosophische Hintertreppe*. München, 1975.

Anmerkungen

* »Stern« vom 15. Oktober 2009

Sachregister

Personenregister